上海出版资金项目
Shanghai Publishing Funds

蒙英华　著

自贸试验区背景下
中国文化贸易发展战略研究

格 致 出 版 社　　上海人民出版社

本研究是国家社科基金"区域服务贸易协定效应测算及政治经济学解释"(16BJL088)、中国自由贸易试验区协同创新中心"中国（福建）自由贸易试验区与两岸经济协同发展"、上海市人民政府决策咨询研究基地"黄建忠工作室"课题"中国自贸区服务业开放的'负面清单'研究"(2016-GZ-13) 的系列成果之一。

前　言

2013 年党的十八届三中全会审议通过《中共中央关于全面深化改革若干重大问题的决定》,作出了"在推进现有试点基础上,选择若干具备条件的地方发展自由贸易园(港)区"的决策,这是党中央以开放促改革、挖掘改革红利的重大举措。在实施中国(上海)自由贸易试验区战略后,2014 年,国家继之规划完成津、闽、粤自贸试验区建设的战略布局,并积极推进"亚太自贸区"与"一带一路"战略。

沪津闽粤自贸试验区的设立,是以自贸试验区作为开放型经济发展的体制机制创新突破口,是完成党的十八大提出的"全面提高开放型经济发展水平"这一战略任务的"试验田",是中国贸易政策进一步开放的试验场。自贸试验区实施的试验性优惠政策,为我国提升文化贸易国际竞争力带来了很好的机遇与示范作用,对培育一批具有国际竞争力的外向型文化企业,加快文化企业在自贸试验区周边地区的集聚等也起到了重要和积极的推动作用。因此,我们应充分利用自贸试验区在产业开放、贸易便利化、行政审批、财税支持等方面的优势,激发各自贸试验区的文化贸易投资创造效应、竞争效应、市场扩张效应与体制机制示范效应,促进以自贸试验区作为全国文化贸易与产业发展的核心区域,进而对形成全国可复制的政策和经验起到重要的参考作用。通过自贸试验区创新政策发展文化贸易,有利于以协同效应带动多层次、立体化试点推进我国对外文化开放新格局,对优化全国文化产业空间布局,提升我国在全球文化产业价值链中的地位,促进文化资源优化配置及产业转型升级等方面都起着积极的促进作用。从目前四大自贸试验区战略布局来看,上海建设全球科技创新中心,福建对接台湾,广东侧重港澳,天津重点面向东北亚并统筹京津冀协同发展,因此,四大自贸试验区区域化特征与发展目标明确,文化贸易发展战略定位与政策设计应有所区别。

正是在自贸试验区建设的背景之下,本书结合发达国家文化产业与文化贸易发展的经验,着重解决回答下列方面的问题:当前制约我国文化贸易发展的局限性因素,自贸试验区实施的管理制度创新措施对扩大我国文化贸易及对提升我国文化贸易国际竞争力所起到的积极作用和意义,应如何有效设计对文化企业及文化贸易的相关补贴政策,沪津闽粤自贸试验区文化贸易政策对比,在自贸试验区背景下我国发展文化贸易存在的主要问题与对策建议等。因此,本研究将探讨自贸试验区对提升中国文化贸易的国际竞争力的作用,并在此基础上形成我国对外文化贸易发展战略和政策,这无疑对我国由文化资源大国向文化贸易强国的转变具有十分重要的现实意义。

本书分为6章。第1章主要介绍本书的选题意义、相关研究评述及各国发展文化产业与贸易的相关经验。第2章主要介绍在自贸试验区建设背景下,我国文化产业与文化贸易主要城市发展状况及其取得的成绩。第3章主要结合我国文化贸易发展特征,对影响我国文化贸易竞争力的主要决定因素进行评估。第4章针对在自贸试验区建设的背景下,梳理并提出我国实施文化贸易补贴的理论依据、问题及策略。第5章围绕自贸试验区制度创新对文化贸易发展的影响机制、沪津闽粤自贸试验区文化贸易政策措施差异比较,以及对四大自贸试验区建立以来所实施的文化产业与贸易政策等问题进行综合分析。第6章通过剖析在自贸试验区建设背景下中国文化贸易及文化产业发展所存在的问题,提出如何利用四大自贸试验区提升中国文化贸易竞争力的政策建议。

目　录

第1章
导　　言

1.1　自贸试验区建设对中国文化贸易发展的意义

在过去 20 年间,包括广播、电视、新闻、出版、表演艺术、电影等在内的文化产业创造出巨大的社会财富,同时也推动了全球文化贸易额以惊人的速度持续增长。依托于近五千年的历史文化,中国的文化贸易本应该很发达,但现实情况却是持续位居全球对外文化贸易逆差国前列,文化贸易的发展水平与我们应有的国际地位极不相称——文化企业整体实力不强,出口规模较小;文化产品竞争力不强,出口产品大多为文教娱乐及设备器材等硬件产品,文化软件类产品很难"走出去",品牌价值和影响力与所谓的"年轻"国家都相距甚远,高附加值领域仍由发达国家占据贸易主导地位。据统计,目前中国是仅次于美国的世界第二大文化硬件产品出口国,但在文化贸易的"软件贸易"领域,包括电影、电视、演出、动漫、游戏等方面却非常薄弱,文化出口贸易逆差比较高;文化贸易地区结构不合理,出口主要集中于亚太地区,进入欧美地区的产品很少;贸易主要集中在文化产品的加工贸易,原创的文化产品较少。但值得借鉴的是,韩国在过去 10 年间,借助影视、网络游戏和卡通动漫三大文化产业,文化娱乐业规模扩大了 5 倍,并逐渐向亚洲其他国家和地区蔓延,进一步带动了国内其他文化货物的出口。

此外,从当前全球文化贸易的格局来看,文化贸易高度集中于少数几个发达国家之间,产业内贸易成为文化贸易的主要贸易模式(UNESCO, 2005),而中国的文化业产业内贸易却始终游离于全球文化贸易的边缘,反映外贸竞争力的文化贸易产业内贸易指数要远低于国际平均水平。因此,中国虽然拥有丰富的历史和自然文化资源,但并没有将其转变为竞争优势,文化产业仍然处于幼稚阶段,文化产品在国际市场上处于边缘地位。究竟中国该如何提升自己的文化竞争力,使中国文化"走出去"?

近年来,由于文化产业具有成本低、利润大、附加值高等特点,逐渐被各国确立为支柱性产业,占 GDP 比重越来越大,国际文化贸易也得到迅速发展。美国等发达国家的文化产业已经形成规模经济效应,并同时向全世界推广其文化产品,而其他发展中国家也纷纷采取行动发展其对外文化贸易。改革开放 30 多年来,虽然我国的文化产业与对外文化贸易在国家政策的扶持下发展迅速,但是,作为新兴产业,文化产业在我国尚属于"幼稚产业"。我国文化产业发轫于改革开放之初,历经计划经济、市场经济、加入 WTO、受国际金融危机的冲击和洗礼,在当前正处于爬坡起步阶段。从文化产业和文化贸易的发展规模看,我国文化产业并不发达,文化贸易国际竞争力相对较弱。

总体说来,我国文化贸易发展现状主要有三大特征:虽然目前文化产业和文化贸易的发展速度较快,但供给质量和水平欠佳;文化服务的出口贸易比重较低,长期存在逆差;对外文化贸易结构不合理,内容也较为单一。近年来,文化贸易中的这种结构失衡问题仍然存在,但是发生了一些改变。我国相继在上海、北京、深圳等地建立国家对外文化贸易基地,在各项利好政策的推动下,本土的文化创意企业品牌效应在加强,核心产品增长明显;同时,党的十八届四中全会通过了《中共中央关于全面推进依法治国若干重大问题的决定》(以下简称《决定》),《决定》指出,制定文化产业促进法,把行之有效的文化经济政策法定化,健全促进社会效益和经济效益有机统一的制度规范。《决定》对我国文化产业的发展给予了突出的关注与保障,文化产业的发展与我国经济发展新常态相适应,必将成为我国经济发展的新动力。

金融危机后,全球贸易和投资规则加速重构,包括投资自由化、服务贸易开放等关键内容的新全球贸易秩序正在形成。在这样的趋势面前,中国需要"再入世",以负责任大国的形象,参与国际自由贸易新规则的制定。2013 年党的十八届三中全会作出了"在推进现有试点基础上,选择若干具备条件的地方发展自由贸易园(港)区"的决策,这是党中央以开放促改革,挖掘改革红利的重大举措。在实施中国(上海)自贸试验区战略后,2014 年国家继之规划完成津、闽、粤自贸(园)区建设的战略布局,并积极推进"亚太自贸区"与"一带一路"战略。由此可见,中国正在推进和形成多层次、立体化的自贸区战略格局,并借此实现对国际经贸新规则对接与压力测试平台,进而谋取国际经贸新规则制定的参与权、引导权或话语权。

自由贸易试验区的设立,是以自贸区作为开放型经济发展的体制机制创新突破口,是完成党的十八大提出的"全面提高开放型经济发展水平"这一战略任务的"试验田"。自贸试验区实施的试验性优惠政策,为提升自由贸易试验区乃至全国文化贸易国际竞争力带来了很好的机遇,对促进文化资源优化配置及文化产业转型升级,对文化贸易新型业态的发展,培育一批具有国际竞争力的外向型文化企业、加快文化企业的集聚等起到了重要和积极的推动作用。沪津闽粤自贸试验区作为我国探索对外开放的新领域,在文化产业方向的探索尤为关键,这无疑会为文化服务扩大开放注入新的活力,为中国对外文化贸易的提升提供崭新的平台。目前,从沪津闽粤四大自贸试验区出台的与文化产业与文化贸易相关的管理措施来看,存在着明显差异;另外,四大自贸试验区定位明确,区域化指向明显:上海面向全球、天津面向东北亚、福建面向台湾、广东侧重港澳。因此,天津、福建、广东自贸试验区建设必然会对全国文化产业的分布及竞争力产生重要影响,同时也对上海对外文化贸易的发展形成了挑战。

从理论上看,国内外文献针对负面清单管理模式对文化产业影响的论述并不十分集中,因此,在负面清单管理模式下自贸试验区的文化产业发展理论亟需探讨与研究,从而为文化业进一步管理体制改革与扩大对外开放寻求新机遇与新发展;从过去几十年其他国家与城市的实践与发展经验来看,韩国、美国、印度等国家不断探索与积累了大量文化产业与文化贸易发展的先进经验,形成了各自特色鲜明的文化产业与文化贸易发展模式。

正是在自贸试验区建设的背景之下,本研究结合其他国家文化产业和文化贸易发展的经验,通过对我国沪津闽粤自贸试验区实施的对文化产业、贸易政策等多方面的解读,以及对我国当前文化贸易发展现况与问题的分析,挖掘沪津闽粤自贸试验区的政策安排对我国文化贸易发展的机遇及影响。本研究拟对下列问题进行回答:当前我国文化贸易发展的局限性因素是什么?造成具有丰裕文化资源的中国在文化贸易上发展滞后的主要原因是什么?自贸试验区实施的哪些管理新模式与贸易便利化措施对提升我国文化贸易国际竞争力起着积极作用？如何通过自贸试验区建设加快我国文化产业的集聚？如何有效设计对文化企业及文化贸易的相关补贴政策？沪津闽粤自贸试验区实施的文化产业、文化贸易政策有何区别？在自贸试验区建设背景下政府应如何设计对外文化贸易发展战略？

因此，本研究将深入探讨自贸试验区提升中国文化贸易国际竞争力的机制与作用进行研究，这无疑可以为我国其他地区的文化产业与贸易发展提供重要经验，而且通过探讨制度与管理创新模式对文化产业发展的影响，将同时有利于促进其他相关新兴产业的发展，并促进我国产业结构转型升级及我国经济发展；另外，这同时对扩大中国文化出口，并在此基础上形成我国对外文化贸易发展战略和政策，由文化资源大国向文化贸易强国的转变具有十分重要的现实意义。

本研究的重点在于：如何准确将经济学相关理论、自贸试验区相关政策及文化贸易发展三个主体联系起来（定位问题）；如何识别自贸试验区管理措施对文化贸易的影响机制与效应（评价问题）；如何设计合适的政策方案来提升我国对外文化贸易的国际竞争力（解决问题）。同时，通过对沪津闽粤自贸试验区出台的相关文化政策进行横向与纵向对比，力求准确判断出在不同时期、不同自贸试验区实施的针对文化产业的政策特点及相互差异，并归纳总结出国际上发展文化贸易的不同模式与经验。在自贸试验区建设背景下，对中国对外文化贸易发展提出目标明确、有层次的政策设计与改革方向。

本研究的创新点和特色是：关于文化贸易国际竞争力的以往研究，基本上都集中于解释文化贸易国际竞争力的主要决定因素，缺乏从开放经济的角度研究考察政策性冲击（自贸试验区建设）对一国对外文化贸易所造成的影响，而本课题通过理清自贸试验区管理措施与文化贸易发展的相互关系，并结合各国文化贸易的实际发展经验，深入剖析其中的影响机制，而且将该理论应用于提升我国对外文化贸易国际竞争力的政策设计上，因而具有现实性和政策的可操作性。此外，本研究将文化贸易纳入规范经济学视角下，对影响文化贸易国际竞争力的各种因素进行分析，以刻画出影响文化贸易国际竞争力独有的内部因素、层次结构和发展机制。

而本研究难点则在于：目前文化贸易数据稀少，挖掘难度较大。目前，文化产品与文化服务贸易的国内数据很不健全，国际数据集中于联合国贸易数据库、国际货币基金组织（IMF）的《国际收支手册》、联合国教科文组织的《1994—2003 年文化商品和文化服务的国际流动》报告,时效性和实用性并不太高;同时,各种文化类统计数据尚无统一口径,并且缺乏连续性。因此,数据的收集整理问题是本研究的主要难点。虽然我国商务部、中宣部、文化部、新闻出版广电总局、海关总署于 2015 年 7 月联合发布了《对外文化贸易统计体系(2015)》,但这一成果还需要时日才能真正可以利用。其次,文化贸易国际竞争力指标如何选取和指标体系如何构建,文化贸易国际竞争力评价指标体系涉及很多种文化产品与文化服务的不同聚类方式,这都会构成不同的指标评价体系,导致不同的评价方法和相异的评价结果。因此,如何全面、准确、客观地选取指标并构建指标体系用以进行文化贸易国际竞争力的评价,是整个研究的一个难点。此外,沪津闽粤自贸试验区出台的政策较多,而且更新较快,如何从中筛选并理顺影响文化产业及文化贸易的相关政策也有一定的难度。

1.2　文化贸易相关文献研究评述

1.2.1　文化贸易的基本概念及其分类

1. 文化贸易的基本概念

(1) 政府机构对文化贸易的界定

IMF 的《国际收支手册》中,对国际文化贸易有这样的描述:(它是)居民与非居民之间,有关个人、文化和娱乐的服务交易。细分为下面两类:一是声像和有关服务,二是其他文化和娱乐服务。文化服务在联合国中央产品分类(United Nations Provisional Central Product Classification,简称 CPC)中由两大部分组成,作为信息服务一个分支的视听服务又被分为几个小类,现场表演被包含在"文化、娱乐和体育服务"分类里。

在联合国教科文组织公布的《1994—2003 年文化商品和文化服务的国际流动》报告中,联合国教科文组织曾对文化产品和文化服务作了如下定义:文化产品一般是指传播思想、符号和生活方式的消费品。它能够提供信息和娱乐,进而形成群体认同并影响文化行为,基于个人和集体创作成果的文化商品在产业化和在世界范围内销售的过程中,被不断复制并附加了新的价值。图书、杂志、多媒体产品、软件、录音带、电影、录像带、视听节目、手工艺品和时装设计组成了多种多样的文化商品。文化服务是指满足人们文化兴趣和需要的行为,这种行为通常不以货物的形式出现,它是指政府、私人机构和半公共机构为社会文化实践提供的各种各样的文化支持,这种文化支持包括举行各种演出、组织文化活动、推广文化信息以及文化产品的收藏(如图书馆、文献资料中心和博物馆)等。

WTO 三大协议中并没有独立于经济贸易规则外的文化贸易规定。文化贸易的相关规则大都包含在《服务贸易总协定》(GATS)和《与贸易有关的知识产权协议》(TRIPs)中。

(2) 学者对文化贸易的界定与分类。

关于国际文化贸易的概念,国内外众多学者都持有不同的观点。有些学者把文化贸易分为硬件贸易和软件贸易。一般来说,文化硬件指用来生产、储存、传播文化内容的器物工具和物态载体,如摄影器材、视听设备、影视器材、舞美设备、游戏和娱乐器材、艺术创造和表达的工具等;文化软件则指包含文化内容的产品和文化服务,包括广播电视节目,电影动画片和故事片,印刷品,出版物,视听艺术,表演艺术,载有文化艺术内容的光盘、视盘和多媒体,娱乐,会展等。Grasstek(2005)认为,可交易的文化实体可被定义为能生产或分配物质资源的产品和服务,这些产品和服务能通过音乐、文学、戏剧、喜剧、文档、舞蹈、绘画、摄像和雕塑等艺术形式娱乐大众或激发人们思考。这些艺术形式,有的能以现场表演的方式(如音乐厅和舞台剧)展示给大众,有的却是先被存储记录下来(如在压缩光盘里)再卖给大众。这里面同样还包括储存和分配文化产品的机构,它们有的以公共服务的形式存在(如图书馆和博物馆);有的以商业的形式存在(如电视台和美术馆);有的则两者兼而有之。徐嵩龄(2005)将国际文化产品贸易分为 4 种类型:①国际性文化演示与展示。如歌、音、舞等文化娱乐项目的跨国演出,美术作品与博物馆藏品的跨国展览,国际性文化、艺术、体育类竞赛等;②文化产品、用品的跨国销售。这里的文化产品的内容是广泛的,如图书等出版物、音像产品、文化器具、可拍卖的艺术品与文物等;③国际文化旅游。即一切以文化与自然遗产为目的的或以文化、艺术、体育活动为目标的旅游活动;④产权的跨国转让。这里主要是指以著作权、创作权、制作权等为主要内容的知识产权转让与以特许经营为主要方式的经营权转让。高洁(2005)认为,文化贸易主要是指与知识产权有关的文化产品(Cultural Goods)和文化服务(Cultural Services)的贸易活动。周成名(2006)认为,文化产品贸易属于国际贸易中的一种特殊的服务贸易,它是与知识产权有关的文化产品和文化服务的贸易活动。文化产品不仅具有商品属性,同时也具有精神和意识形态属性。李怀亮、闫玉刚(2007)指出,国际文化产品贸易是指世界各国(各地区)之间进行的以货币为媒介的文化交换活动,它既包括有形商品的一部分,例如音像录音制品、纸制出版物等,也包括无形商品,例如版权、关税等。塔尼亚(2010)的研究将文化产品局限在由音像、印刷和出版等文化产业生产和提供的文化产品内。

2. 文化贸易的分类

由于文化的多样性,不同的组织对文化贸易都提出了不同的分类,例如作为国际收支的组成部分,IMF 对有关国际服务交易的分类上记录了国际文化贸易的各个方面;但该分类不如 CPC 详细,主要原因在于 CPC 适应的对象是总的生产结构,不仅包括了国际交易,还包括国内交易内容。相对于国际交易,CPC 补充了一些项目,这些项目在国内交易中十分重要,但在国际交易中的重要性相对要弱一些。

表 1.1 国际文化贸易分类

分类标准	内　　　容
服务贸易 总协定(GATS)	《服务贸易总协定》涉及的服务范围有 14 个大类,其中与文化贸易有关的有 7 类。第一,商业性服务:与计算机硬件装配有关的咨询服务、软件执行服务、数据处理服务、数据库服务等,自然科学、人文社会科学及交叉科学的研究服务,文化娱乐的场地和设备租赁服务,翻译服务,展览管理服务,广告服务,管理咨询服务,与科技相关的咨询服务,摄影服务,包装服务,印刷出版服务,会议服务等;第二,电信服务:声频、电报、传真、电子邮件、声频邮件电信服务,电影与录像带的生产与批发、电影放映、无线电与电视及传输、音像等视听服务;第三,分销服务:与文化有关的批发零售服务、与销售有关的代理、特许经营及其他销售服务;第四,教育服务:包括各成员方之间在高等教育、中等教育、学前教育、继续教育、特殊教育和其他教育中的交往;第五,文化、娱乐及体育服务:如剧场、乐队与杂技表演娱乐服务,新闻机构服务,图书馆、档案馆、博物馆及其他文化服务,体育及其他娱乐服务;第六,旅游及相关服务:如旅馆、饭店提供的住宿、餐饮及相关的服务,旅行社及导游服务等;第七,健康及社会服务:如医疗服务,其他与健康有关的服务等。在知识产权层面直接涉及文化贸易的是其第 11 条和 14 条。其中第 11 条是关于计算机程序和电影作品的相关规定;第 14 条是关于对表演者、录音制品(唱片)制作者和广播组织者的保护

分类标准	内　　　容
国际货币基金组织(IMF)的《国际收支手册》	1.声像和有关服务:(影片或录像带形式的)影像、收音机,(实况或提前录制的)电视节目和音乐录制品,租用费用的支出和收入,演员、导演、制片人等(或编表经济体中非居民)从作品在国外播放而得到的报酬,卖给传播媒介、在指定地点上映次数有限的播映权费,有关戏剧、音乐作品、体育活动、马戏等活动的演员、制片人收到的费用,以及这些活动(电视、收音机等)的放映权费用。2.其他文化和娱乐服务:包括其他个人、文化和娱乐活动,如同博物馆、图书馆、档案馆等其他文化、体育和娱乐有关的活动,还包括国外教师或医生提供的函授课程的费用
HS系统(The Harmonized System)	1.文化软件的分类包括49类(书籍、报纸、图画及其他印刷业产品)和97类(艺术品,收藏品和古董)。2.文化硬件从37类(摄影和录像产品)到92类(乐器)
CPC	1.信息服务、视听服务又被分为几个小分类,现场表演被包含在"文化、娱乐和体育服务"分类里。2.文化服务,如图书馆、文档和博物馆;新闻服务等则没有包含在内;体育服务等还有待商榷
联合国教科文组织(UNESCO)的文化统计框架(Framework for Cultural Statistics,简称FCS)	国际上通行的文化产品贸易统计标准。FCS将当前国际流通中的文化商品和服务划分为十大类,分别为:文化遗产(编码为0)、印刷品及文学作品(1)、音乐(2)、表演艺术(3)、视觉艺术(4)、电影和摄影(5)、广播电视(6)、社会文化活动(7)、体育及游戏(8)、环境和自然(9)。UNESCO有关研究机构发布的文化产品贸易数据就是在FCS的基础上从国家间商品贸易数据库(COMTRADE)中统计得到

资料来源:根据WTO、IMF等公开发布的资料整理。

长期以来,我国在对外文化贸易的数据统计上存在诸多缺陷。如在文化产品上,以往我国海关统计所称的文化产品是指视觉艺术品、印刷品、视听媒介、声像制品、文化遗产等明显具有核心文化特征的有形进出口商品,统计口径偏窄。2015年,商务部、中宣部、文化部、新闻出版广电总局、海关总署联合发布了《对外文化贸易统计体系(2015)》。这一重要成果的发布,对迫切需要具有国际可比性统计数据的中国对外文化贸易影响深远。新的统计体系修订了我国现行的文化产品和服务进出口统计目录,形成《我国文化产品进出口统计目录(2015)》和《我国文化服务进出口统计目录(2015)》。新修订的《对外文化贸易统计体系(2015)》在分类上实现了与国家统计局《文化及相关产业分类(2012)》和海关总署《商品名称及编码协调制度(2015)》的有效衔接,涵盖了更广范围的文化产品和文化服务类别。《对外文化贸易统计体系(2015)》的发布为有效评价我国文化贸易及文化产业的发展提供了更好的统计基础。

1.2.2 文化贸易研究的文献评述

一般而言,对于普通的跨国商品贸易,人们通常倾向于以李嘉图的比较优势理论,乃至赫克谢尔—俄林的要素禀赋理论为分析工具。但由于国际文化贸易格局的复杂性,文化贸易跟其他服务部门的贸易有着不同特点,如文化贸易实际上交易的是产品和服务背后隐藏的文化,所以,仅仅从一般贸易理论的角度考虑是不够的,还要涉及历史文化禀赋等因素对文化贸易的竞争力影响等方面。

文化贸易是服务贸易中的一部分,而近年来对服务贸易研究的深入,为探讨文化贸易的理论基础提供了较多的研究素材。如在理论方面,在构造服务部门贸易模型时都考虑到了服务产品的差异性(Markusen,1989;van Marrewijk,1996;Francois,1990)、市场结构(Kierzkowski,1986;Francois & Wooton,2001a,2001b)与提供模式(Markusen,1989;Wong et al.,2006)等诸多因素;在经验研究层面,对各服务部门贸易的决定因素进行了考察,如运输服务业(Kierzkowski,1989)、国际电话服务(Tang,1999)、保险和金融服务业(Li 等,2003、2005)、多个服务部门(Lee & Lloyd,2002;Shelburne & Gonzalez,2004;Sichei 等,2006;程大中,2008)。上述研究结果大多认为,人均收入水平差异、市场规模差异、经济自由度差异、外商直接投资(FDI)规模差异等因素都会对服务业产业内贸易产生影响。但是,文化贸易跟其他服务部门的贸易有着不同特点,如历史文化禀赋对文化贸易的竞争力起到关键作用;文化贸易可分为文化产品贸易(可复制与不可复制)和文化服务贸易;文化要素跨国流动的普遍性(如演出)等,这需要学者对每种情况进行深入分析。以下我们就对文化贸易的相关文献进行详细、深入探讨:

1. 文化贸易的基础理论研究

由于文化贸易的特殊性,人们对传统贸易理论是否适用于文化贸易产生了质疑,以下文献是众多学者在研究中逐渐形成的一些观点:

(1) 比较优势论。Mas-Colell(1999)、冯子标和焦斌龙(2005)认为,世界文化贸易格局是各国按比较优势分工的结果,比较优势理论可适用于文化贸易;Schulze(1999)在 Mas-Colell 的基础上更进了一步,他认为,由于文化产品(尤其是艺术品)的特殊性,文化产品贸易不仅是大工业化的生产,差异性的小规模文化产品贸易也会存在发展,而且他认为,比较优势论和要素禀赋论对可复制的文化产品比较有解释力,但对不可复制文化产品的贸易和发展水平相似国家之间的文化贸易却不适用;特别是,欧阳有旺和郭炳南(2005)运用比较优势论指出,中国文化产业参与国际贸易的主要优势在于供给方面的资源禀赋、知识技术优势和需求规模;另外,陈春慧和纪秋颖(2008)将文化互补理论应用到文化贸易中,认为一国特定的自然条件、历史传统和发展路径而形成的"文化禀赋",会对该国企业的分工和专业化产生影响。邱继洲(2005)运用比较优势理论对国际文化贸易进行分析认为,由于发达国家早已完成了工业化进程,第三产业成为了创造财富的主要手段。借助于网络化和信息化手段,发达国家的第三产业进一步升级,文化产业的异军突起就是第三产业升级的表现。在国际文化产业的发展中,发达国家据有资金、技术、创意上的相对优势,可以拉开与发展中国家文化产品的价格差异,而价格差异会导致文化产品由发达国家流入发展中国家。

(2)规模经济论。Wildman 和 Siweck(1988)、Frank(1992)、李怀亮(2003)将规模经济理论运用到对文化贸易的分析中,认为美国之所以在文化贸易上具有明显的比较优势,原因之一是在于其文化产品(服务)的生产存在着内部规模经济与外部规模经济。外部规模经济具体表现在文化生产者在地理位置上的集聚,如美国好莱坞的形成,而内部规模经济则表现在文化产品生产过程中;Hoskins 和 McFadyen(1995)认为,美国之所以能够占据全球电视市场的绝对份额,不断向外输出文化产品,主要原因在于其拥有规模经济与第一行动者优势;另外,魏婷、夏宝莲(2008)从内部规模经济和外部不经济角度解释了中国的文化进口贸易主要来自英、美、法、日等高收入国家,而出口则主要集中在韩国、菲律宾等具有相似文化背景的国家和地区的现象。

(3)产业内贸易理论。国际文化产品与文化服务贸易也呈现出产业内贸易的特征。按照产业内贸易理论,文化业产业内贸易的出现得益于下列因素的作用:①两国文化背景的相似。文化背景差异很大的国家间文化商品贸易规模和发展势头远不如文化背景相同或相似国家之间。如西欧、北美这些国家属西方文化体系,在人文历史传统、种族、思想观念、价值体系、宗教信仰等方面较为相似。②文化产品的差异化是产业内文化贸易的重要基础。文化产品是典型的异质产品，不同电影之间、流行音乐之间、图书之间、广告之间、电视节目之间，也存在着众多品质差异与不同的消费者偏好，可区分出不同的品质档次。③经济发展水平是制约产业内贸易的重要因素。经济发展水平越高，产业部门内差异产品的生产规模也就越大，产业部门内部分工就越发达。同时，经济发展水平越高，人均收入水平也就越高，消费者的需求会变得越加复杂、越加多样化，呈现出对差异产品的强烈需求，从而形成差异产品的消费市场。同时，收入水平的接近使各国的文化消费结构趋于相似，发生产业内文化贸易的可能性就越大；④从20世纪后期开始，包括数字信息技术、压缩解压技术、存储技术、光纤技术、卫星通信技术、信息加密技术等技术革新大大便利了无形文化产品和服务的传送。例如，电影片通过互联网或卫星传输，通过卫星传送的广播节目和影视节目大大增加。⑤跨国文化产业集团，如时代华纳、迪士尼、维亚康姆、新闻集团、贝塔斯曼、索尼、美国国家广播环球公司等的全球化价值链体系推动了国际产业内文化贸易的发展。

针对国际文化贸易的进出口高度集中于有着共同文化背景的欧美各国之间以及北美的美国和加拿大之间的现象，Throsby(1999)、李怀亮(2003)认为，文化贸易大多属于产业内贸易，可以用需求偏好论对其进行分析。黄锦明(2006)认为，不同国家间文化背景的相同或相似是国际文化商品贸易产生和发展的基础和原因；同类文化产品的异质性和两国需求偏好的相似能够阐释文化产业内贸易形成和发展的原因。龚晓莺(2008)认为，文化产品是典型的异质产品，文化商品和文化服务是中高档消费品，某些文化商品和服务甚至是奢侈品，具有较高的需求收入弹性。文化背景相似的两个国家的消费者容易理解、接纳、欣赏来自对方的文化产品和文化服务，所以，国际文化产品与文化服务贸易也呈现出产业内贸易的特征。张宏伟(2011)对中国图书版权贸易的研究结果认为，国家的收入水平或收入类别与贸易规模正相关，表明需求偏好相似理论能较好地解释中国图书版权贸易的现实。但是，霍步刚(2008)和黄娟(2009)则指出，中国主要文化贸易伙伴国的人均收入水平是中国的十几倍甚至几十倍，需求相似条件论并不能解释中国文化贸易的模式，他们认为，导致这种结果的主要原因在于中国的海外"移民"改变了文化消费行为和消费内容，扩大了中国与西方国家之间的文化贸易。

（4）竞争战略理论。还有一些学者运用波特的国家竞争战略理论解释文化产品的国际贸易。方惠、尚雅楠(2012)依据发展后的"动态钻石模型"所作的实证分析则表明，固定资产投资额、人均 GDP 和宽带普及率 3 个（短期要素）解释变量对现阶段我国文化贸易有显著影响，而人力资本、海外市场、相关产业支持、市场结构等长期因素并没有发挥其应有的效应。

2. 文化贸易的相关经验研究

（1）文化贸易决定因素的实证研究。

Marvasti(1994)利用 1962—1987 年美国和加拿大双边音像、杂志、图书和报刊等文化贸易数据指出，一国人均收入、资本劳动比率和人口规模是影响其文化贸易的重要因素；此后，Schulze(1999)利用 154 个国家的文化贸易数据(1970—1994)，陈晓清、詹正茂(2008)对美国与 15 个国家和地区的双边文化贸易数据(1996—2006)，Anne-Célia Disdier(2010)针对日本等 11 个国家的文化贸易数据(1988—2004)，王璐瑶、罗伟(2010)以 2000—2008 年我国与另外 12 个主要贸易国和地区的双边图书版权贸易数据为样本，曲如晓、韩丽丽(2010)以 1992—2008 年中国与其他 61 个国家和地区的双边文化贸易数据为样本，姬锦霞(2011)选取 2009 年与中国开展文化贸易的 61 个国家和地区的截面数据，分别通过贸易引力模型对文化贸易的决定因素进行了实证研究。但由于在研究过程中，上述学者分别选取了表述不同、含义不同和数量不等的分析变量，以及针对的文化贸易类别、选取的国家（或地区）样本、所依据的数据来源不同，得出了不一致甚至相反的结论。

（2）针对不同种类的文化贸易进行研究。

① 与动画产业、影视产业相关的文化贸易的研究现状。

Lnet(1998)描述了美国动画产业为了降低成本，将中期制作转移到海外完成的情况。李怀亮(2006)分析了国际电影贸易和国际电视节目贸易，指出当代国际电影贸易的基本格局，介绍了全球三大电视节目交易市场。苏锋(2006)审视了动画产品的国际贸易历程，归纳总结了动画产品的国际贸易模式。王建陵(2009)从创新优势的角度研究了美国动画产业的国际竞争力。白远、池娟(2009)对文化创意产业中的文化产品进行了分行业贸易现状分析，提出提升我国电影、动漫产品贸易竞争力需要构建完整的产业链，加强原创，并进行外包的建议。沈大勇、金孝柏

(2010)对视听产品服务贸易自由化问题的研究文献进行了梳理,提出视听部门的自由化首先取决于各自经济主体的利益。

② 与知识产权相关的文化贸易的研究现状。

徐建华(2005)对版权贸易进行了系统研究,揭示了版权贸易发展的动因、经济效应及机制,对版权贸易的引进和输出程序进行了系统分析。王雪野(2009)对比研究了北美地区、欧洲主要国家、澳大利亚等市场的图书贸易。詹宏海(2009)从法学和经济学结合的综合角度,介绍了知识产权贸易的种类和一般过程。洪涓、刘柳(2010)采用1996—2008年出版业文化产品的贸易数据,对贸易规模、产品结构和市场分布进行系统描述后的结果显示,出版业文化产品的产品结构较为互补,且贸易伙伴主要集中在发达国家和地区,进出口市场集中度高。

③ 创意经济文化贸易。

在2008年联合国贸发会议(UNCTAD)发布《创意经济报告》之后,中国学者陆续开始从"创意文化贸易"概念开展对相关问题研究,这些研究大多依据UNCTAD这份报告所提供的数据进行比较分析。李嘉珊、赵晋晋(2007)通过比较中国和英国在发展文化创意产业方面的现状,提出中国在发展文化创意产品出口方面的对策;胡飞葛、秋颖(2009)研究发现,中国内地创意产品贸易发展迅猛,贸易顺差逐步扩大,已经成为创意产品的主要出口地区;创意产品进出口类别结构不断调整,但总体相对稳定。白远、陶英桥(2009)研究认为,我国创意产品出口增长迅速,在"核心"创意文化产品出口规模上已居世界第三位,仅次于英国和美国,我国创意文化产品贸易呈现明显贸易顺差。何伟、常深(2009)则认为,我国在创意产业国际贸易中存在商品结构单一等问题。白远(2010)从进口角度分析我国创意文化产品,结果表明,与世界上其他创意文化产业大国相比,我国是一个创意文化产品进口与消费小国。戴翔(2010)以标准的垄断竞争模型为基础,构建了分析创意产品贸易决定因素的计量方程。周经、刘厚俊(2011)运用显示性比较优势指数和产业内贸易指数,对世界范围内的工艺品、视听、设计、音乐、新媒体、出版和视觉艺术共7种文化创意产品的比较优势和产业内贸易状况进行深入研究,结果表明,发达国家在世界文化创意产品贸易中占据主导地位。

3. 中国文化贸易现状及竞争力的相关研究

对中国文化贸易的研究,涉及从图书版权扩展到包括图书版权在内的新闻报刊、音像制品、广播影视作品、计算机软件以及网络游戏、动漫作品的版权贸易等各个领域。文献在诸多方面取得了不少进展,如中国版权贸易(姚德权、赵洁,2007;包温慧、王秋月,2008;王清、杨威,2010)、中国文化贸易逆差的原因(赵有广,2006;魏婷、夏宝莲,2008;曹岚、卢萌,2010)、文化贸易出口方式(廖佳音,2008;刘爽,2009;杜海涛,2012)、文化贸易与文化安全(李嘉珊,2008;隋岩、张丽萍,2010)、文化贸易管理方式(成林,2009;王晓芳,2012)等各个方面。

在评价中国文化贸易竞争力方面,学者主要是利用衡量贸易竞争力的"显示性"指标,包括贸易竞争力(TC)指数、国际市场占有率(MS)指数、显性比较优势(RCA)指数和产业内贸易(HT)指数等,对中国文化贸易(或创意文化贸易)进行研究。如:雷光华(2004)对我国图书、期刊、报纸、音像制品和电子出版物进行了国际竞争力比较;韩栋(2011)和李薇、于子涵(2011)对中国电影出口竞争力进行比较分析。王莉(2009)对中国版权贸易国际竞争力进行比较研究。赵书华等(2011)比较分析了中美视听服务贸易国际竞争力。胡飞葛、秋颖(2009)和尚涛(2010、2011)基于 UNCTAD 发布的"创意经济"数据,测算了中国创意文化产品的国际竞争力。方忠、张华荣(2011)对中韩文化创意产品竞争力状况进行了比较研究。周升起、兰珍先(2012)基于 UNCTAD《2010 创意经济报告》发布的最新数据,对中国创意服务贸易及其国际竞争力演进情况进行了实证分析。朱品(2009)和胡琼哗(2011)以灰色关联理论为基础,分别测定比较了中国和世界主要文化贸易国的文化产业竞争力。方英、李怀亮等(2012)认为,中国文化贸易的竞争优势主要体现在手工艺品、设计、视觉艺术品和新媒体这些"外围"文化产品中,具有"核心"内容的影视、音乐、出版物及版权、文化休闲等文化产品的国际竞争力较弱。曲如晓、杨修(2015)认为,本地市场效应决定了中国文化产品贸易的相对规模,并逐渐取代传统的要素禀赋优势成为中国文化产品贸易发展的新源泉。汪素芹、汪丽(2015)通过选取京沪粤苏浙 5 个省份作为研究对象,从文化产业发展、文化贸易规模和文化贸易发展政策等方面进行比较分析,结果表明,北京服务贸易优势明显,可以打造成我国文化服务贸易发展的战略高地;上海凭借发达的文化产业基础及自贸试验区先行先试相关政策,最有可能成为全国文化贸易发展的标杆;广东在省级层面上优势较大,文化产品贸易全国占比最高;江苏、浙江相对落后,但在文化贸易发展中具备多方面的特色。

4. 文化贸易政策研究

对文化贸易究竟是实施"自由贸易政策"还是"保护贸易政策"问题,学者们进行了大量的研究。其中,赞成文化自由贸易的学者认为,文化产品同一般产品无异,而自由贸易可以给一国带来福利,国家对文化贸易不应加以干预。如:把美国在文化产业领域的成功归结于美国的自由贸易政策(Boorstin, 1982; Adams & Goldbard, 1986; Rothkopf, 1997);印度作为文化产品输入国在文化产业的自由开放政策中受益(Mukherjee, 2004)。

而赞成文化保护贸易的学者则从国家安全和文化主权等角度阐述了实施保护政策的必要性和重要性,他们认为,文化产品的大量进口会对本国文化产品生产和销售带来巨大冲击,特别是视听服务、音像制品等部门,因此,需要对文化产业进行保护(Goff & Jenkins, 2006; Iapadre, 2004, Doyle, 2004, Papandrea, 2004)。另外,在对中国文化贸易的研究中,李永增、陈泽伟(2004)指出,中国应通过实行配额限制文化产品和服务进口。付竹(2007)认为,文化壁垒在一定条件下可作为一种贸易保护手段,我国可适当考虑利用文化壁垒保护本国经济,甚至将我国文化渗透于东道国文化中,来促进我国文化产品的出口。余雄飞(2009)指出,为保护本国的影视产业避免遭受好莱坞影视的冲击,可以借鉴绿色贸易壁垒法律制度来处理文化贸易问题,建立一个"文化贸易壁垒"。

对中国文化贸易发展提出有针对性对策措施的相关文献,可以分为两大类:一是从美、欧、日、韩等发达国家的文化贸易发展经验中总结出值得借鉴的政策措施(安宇、沈山,2005;刘晓惠,2007;卢倩,2008;何春华,2009;魏婷,2009;邓向阳等,2010;叶曦,2010;杨宇婷,2010;曾珠,2011);二是基于中国文化贸易发展现状、问题及原因,提出有针对性措施的相关文献,如:构建我国文化贸易产业基础(王海文,2010;杨磊,2011;朱瑛、段陆雪,2011);实施战略性文化贸易政策,建立文化企业"走出去"风险防范与服务保障机制(花建,2005;韩方明,2007;赵建军、陈泽亚,2008;陈德铭,2011);尽快建立文化贸易统计制度、统计标准和统计信息系统(杨宇婷,2010;梁昭,2010);加强文化领域知识产权保护和国际合作,不断完善图书版权信息系统(姚德权、赵洁,2007;姚领靖、彭辉,2011);创建文化产业创新型融资平台,建立多元化文化产业投融资体系(徐坷,2006;孙海鹊,2011;方惠、尚雅楠,2012);实施"文化产业特区"战略,加大对文化创意产业园区的政策支持(王海文,

2010;杨磊,2011;朱瑛、段陆雪,2011);扶持文化贸易中介机构发展壮大,建立文化产业和贸易人才培养和实习基地(徐庆峰、吴国蔚,2005;刘文俭,2007;中国文化出口对策研究课题组,2007;李雍,2009;张啤,2011);加快文化经营与管理体制改革,培育更具国际竞争力的文化产业集团(丁伟,2004;祁述裕、殷国俊,2005;王学成、郭金英,2007);打造国际文化贸易营销渠道,以缩短"文化距离",克服"文化折扣"现象(田祖海,2012)等。

总之,从上述国内外相关文献可看出,目前文化贸易理论还在发展之中,虽然有关文化贸易的案例研究逐渐丰富,但理论研究没有形成完整的体系。而且,由于文化贸易及文化产品的特殊性,目前在关于决定一国文化贸易竞争力方面的解释并没有完全统一,且缺乏系统性,因而在解释文化贸易模式、文化贸易的比较优势培育与政策建议方面,可靠性和说服力都十分有限。其次,不同学者、机构对文化贸易的界定各不相同,从而存在划分标准不统一、数据缺乏等问题,而目前可进行比较的联合国教科文组织的现存数据又过于陈旧,因此,在实证方面的相关研究较为缺乏,从而限制了我们对文化贸易内涵的理解及相关政策的制订。第三,虽然文化贸易具有典型的产业内贸易特点,但由于当前文献涉及较少,忽视了其对于决定一国文化贸易竞争力上的重要性。第四,文化产品种类、文化贸易方式不断地推陈出新,例如通过社交网站、网络视频等方式进行的文化贸易,都能极大地改变与拓展我们对传统文化贸易的理解。

5. 中国文化产业研究综述

基于比较优势理论,一国贸易发展的基础主要来自于两国产业发展的比较,产业发展水平的高低是一国进行贸易的基础。提升我国文化产业的竞争力是增强我国文化贸易竞争力的源泉。目前,我国已经有大量文献研究文化产业竞争力与集聚能力的相关问题。如从文化产业效率上看,王家庭、张容(2009)基于三阶段DEA模型对文化产业效率进行研究,指出我国文化产业的运营效率受我国经济发展水平及人们对文化产品和服务需求的影响显著。文化产业运营效率一方面受制于文化体制的不合理,一方面受制于规模效率的低下,而影响文化产业综合技术效率的主要因素为规模效率。蒋萍和王勇(2011)基于超效率DEA模型的研究则显示,文化产业投入产出效率受环境影响较大,我国大部分省份文化产业投入产出效率不容乐观。乐祥海和陈晓红(2013)的研究显示,2001—2011年我国文化产业技术水平呈现波动趋势,这可能和经济形势的变化和文化政策的调整有关。另外一个研究思路集中于从我国区域文化产业发展角度进行的相关研究,顾江等(2013)发现,中国各地区文化产业行业间发展不平衡,新兴文化产业增长率高于传统文化产业,文化产业在空间上分布不平衡,东部大城市集聚程度更高,不同类型文化产业在相同地区的集聚程度也呈现出明显的差别。郭国峰和郑召锋(2009)的研究表明,我国中部六省份文化产业之间也存在着较大差异。李卫强(2012)指出,北京文化基础设施和文化资源有优势,但文化产出较弱。孙玉梅、秦俊丽(2011)则分析了山西文化产业,提出了利用历史文化资源的手段来促进文化产业发展。总之,对于文化产业的量化研究已经积累了一定的成果,但缺乏从制度创新角度分析区域文化产业发展的研究课题。

1.3　各国发展文化产业与文化贸易的经验

目前,自贸区经济成为许多国家和地区经济发展的重要特征之一,它们都在根据自身实际发展情况和地区资源优势,不断摸索自贸区经济发展之路,而这些经验及教训为中国四大自贸试验区的建设发展提供了值得借鉴参考作用。近年来,关于如何利用自贸区发展的国际经验方面的研究也层出不穷。田纪鹏、刘少湃等人(2015)分别从纽约港自贸区的集聚发展模式、中国香港自贸区的自由发展模式、新加坡自贸区的举国发展模式以及迪拜自贸区的融合发展模式入手,提出了上海自贸试验区可借鉴的宝贵经验。李鸿阶(2014)通过介绍中国香港、新加坡的自由港政策以及韩国济州岛、日本冲绳岛、中国台湾地区的免税岛政策,重点从经济、金融领域为福建自贸试验区的功能定位和政策发展提出了建议。庞英姿(2013)从新加坡文化产业的发展历程及现状的角度,提出了我国在自贸试验区的文化产业发展中,应做好规划、注重优势资源的整合利用、积极培养人才等启示。但目前,笔者尚未发现有文献明确对利用自贸试验区政策促进文化贸易发展的相关研究。

我国建立沪津闽粤四大自贸试验区,主要目的就是借各自贸试验区的制度创新促进形成我国新的对外开放格局,而文化贸易作为对外开放的内容之一,可在自贸试验区内试行其他国家和地区促进文化贸易发展的有益经验。在此我们选取目前世界上文化贸易发展政策较为成熟、发展速度较快的韩国、日本及美国为研究对象，从中总结出我国文化贸易发展可值得借鉴的经验。

1.3.1 韩国发展文化产业与文化贸易的经验

1. 韩国文化产业发展现状

根据韩国文化体育观光部《2013年文化艺术新趋势分析及展望》报告，随着"PSY"开创的韩流国际化路线——通过社交网站，以独特、有趣的内容吸引观众，以共享形式拓展影响力——韩国文化正在从 K-Pop 到 K-Culture 转变。报告认为，韩流"1.0时代"是20世纪90年代末到2005年，这段时期的韩国文化主要以 K-Drama 即韩剧的形式走出国门，受到世界关注；2005年到2010年，韩流迎来了"2.0时代"，利用 K-Pop 即韩国流行音乐的热风，以偶像组合为主体的韩国明星占据了国际化的主要地位；从2010年开始，韩流进入"3.0时代"，K-Culture 即韩国文化在韩流国际化过程中起到了主要作用。

2. 韩国文化产业发展模式的基本经验

亚洲金融风暴后，为了重振经济，韩国在1998年提出了"文化立国"战略，将文化产业作为21世纪国家经济发展的战略性支柱产业。之后韩国政府陆续制定了《国民政府的新文化政策》、《21世纪文化产业的设想》、《文化韩国21世纪设想》、《文化产业发展五年计划》、《文化产业前景21》和《文化产业发展推进计划》等多部文化产业发展规划，以把韩国建设成为21世纪文化大国和知识经济强国为目标，明确了文化产业发展战略和中长期发展计划。在"文化立国"战略统领下，韩国把进军国际市场作为重要的战略目标，分阶段、战略性进行开拓。以中国、日本为重点的东亚地区是其规划登陆世界的基石，进而进军东南亚和欧美市场，并不断发展潜在的中东和中南美市场。

韩国同时制定了较多政策支持文化业的发展。1998年，韩国政府将电影产业作为扶植的重点对象，给予取消审查制度、税收优惠等多项扶持政策。1999年，韩国政府第一次制定了有关文化产业的综合性法规《文化产业振兴基本法》，对文化产业进行界定，提出了振兴文化产业的基本方针政策，并首次规范文化产业的具体行业门类,奠定了文化产业发展的法制基础。近年来,韩国政府又陆续对《影像振兴基本法》、《著作权法》、《电影振兴法》、《演出法》、《广播法》、《唱片录像带暨游戏制品法》等进行修订,为文化产业发展提供了更加明确的战略方向、较为全面的政策依据与制度环境。

另外,韩国企业十分注重对文化产品的综合开发,一旦某种文化产品或服务在市场取得成功,便进行后续或相关产品和服务的开发,产生连锁的高效产业附加值。例如韩国电视剧往往是带动了旅游、餐饮、图书、语言培训、美容整形的一系列"商业链条",创造了难以想象的连锁经济价值。

3. 中韩自贸区协定的签订与双边文化贸易发展

中韩自由贸易区(FTA)谈判于 2012 年 5 月启动,前后历时两年多。2014 年 11 月,中韩两国元首在北京共同宣布结束实质性谈判。2015 年 2 月 25 日,中韩双方完成中韩自贸协定全部文本的草签,对协定内容进行了确认。至此,中韩自贸区谈判全部完成。2015 年 6 月 1 日,中韩两国政府正式签署《中韩自由贸易协定》。中韩之间所形成的将是一个人口高达 13.5 亿、GDP 高达 11 万亿美元的共同市场。中韩经济体制之间的框架协议形成以后,相对中国已经签订的 12 个双边自贸区而言,这是内容最为丰富的一个自贸区。《中韩自由贸易协定》第十七章"经济合作"专门对中韩双方文化领域的合作做了规定,其中包括"为加深缔约双方的相互了解,缔约双方致力于促进在广播和视听传播服务领域的合作"。协定第八章附件 B《联合摄制电影》就是促进视听服务领域合作的重要举措。为进一步扩大中国文化贸易出口,可建议推进中韩双方文化业开放的具体措施如下:

(1)中韩影音创意基地建设。

① 推进中韩联合制作电视剧等政策试点。双方鼓励联合制作电视剧、纪录片和动画片,并且同意考虑就联合制作电视剧和动画片签订协议。

② 建设中韩影视拍摄制作服务基地。吸引韩国剧组前来拍摄影视剧,为中国和韩国的电影、电视、音乐创意和制作企业提供服务。

③ 建设影视数据及后期制作服务中心。重点加强面向韩国影视后期制作项目的服务功能,加大影视设备服务范围的拓展和延伸,加大影视后期制作业务的承接和服务量,促进影视产品返销韩国及其他海外市场。

④ 建设动漫游戏制作服务外包分发平台。利用动漫游戏行业较为成熟的研

发技术和加工制作能力,着力打造聚合优质动漫游戏生产力和接包资源的外包分发专业平台,推动优秀制作力量与韩国创意、资本接轨,提高和拓展动漫游戏产业"走出去"的水平和渠道。

(2)中韩文化贸易基地建设。

① 打造中韩文化企业集聚基地。

吸引一批国内外知名的影视、出版、网络、传媒、演艺娱乐等文化企业入驻,特别是从事文化进出口业务的企业以及国际文化采购商、文化投资商,重点吸引这些行业内标志性的龙头企业入驻,同时吸引韩国知名文化企业与国内文化企业进行以产品出口为导向的战略合作,将基地打造成具有品牌影响力的中韩文化企业进行沟通、展示、谈判及交易的首选地。

② 搭建文化贸易中介服务机构集聚平台。

增加基地内直接入驻和形成合作关系的国际文化贸易中介服务机构数量,引导各类国际文化贸易中介服务机构加强与文化企业的对接合作,努力形成围绕基地的贸易代理、金融服务、推介宣传、法律服务等各类国际文化贸易中介服务机构群,提升基地面向中韩文化企业的贸易配套服务能力。

③ 推动建立中韩文化贸易信息平台。

联合专业机构共同建设中韩文化贸易信息平台,进一步实现文化贸易信息的交流和共享。信息平台将面向政府和企业,整合各级文化贸易工作相关部门项目规划、工作成果和最新经验等信息,搜集行业协会、企业网站、政务平台等多渠道发布的中韩文化市场动态资讯,形成定期动态信息简报和专报制度,定期编撰专题咨询报告,为政府制定中韩文化贸易推进策略和企业调整中韩文化贸易产品结构提供支持。积极筹划举办"中韩文化贸易论坛",通过论坛形式,邀请韩国主要的大型文化产业运营商集聚基地,为国内文化企业搭建一个开放、友好、全面的对韩业务合作和信息交流平台。

(3)加快中韩文化贸易渠道建设。

① 深化节庆会展文化贸易渠道建设。依托节庆会展搭建影视、图书、演艺、动漫等版权贸易平台,争取尽快形成分门类、分层次的专业中韩文化贸易细分市场。

② 加强对韩文化贸易渠道建设。主动对接韩国文化创意博览会及专业领域公认的会展平台,建立长期合作(互惠)关系,遴选组织重点文化企业亮相韩国市

场,参加电影电视、艺术演艺、动漫游戏、出版印刷等方面具有文化贸易功能的重点展会,依托展会活动策划组织具有相当规模的文化产品展示推广活动。

1.3.2　日本发展文化产业与文化贸易的经验

1. 日本文化产业与文化贸易发展现状

在日本,文化产业一般称为"内容产业",在有些资料中,也叫做"创造产业"。从 20 世纪七八十年代起,日本的发展战略逐渐开始转向"文化立国"。20 世纪 90 年代,在日本称之为"失去的十年"中,尽管经济不景气,但文化产业仍持续增长。如今,日本文化产业已经在全球范围内居于领先地位。以动漫、电子游戏、流行音乐为核心大量向海外出口。目前世界的动画片中就有 65％为日本动画片。

2002 年 8 月,美国《时代周刊》亚洲版开辟日本大众文化特辑,指出日本正从一个产品制造大国向一个"酷文化"输出大国转变。此后"酷日本(COOL JAPAN)"逐渐成为日本文化创意产业的代名词和日本政府大力倡导的文化贸易战略口号。在"酷日本"战略理念的支撑下,日本开始将海外对动漫的兴趣转化为政治资本,通过动漫文化促进日本与海外的相互理解与友好,从而输出日本的价值观,在公共外交层面为提升国家形象、改善国际关系做出贡献,动漫外交战略由此逐渐成形。在动漫外交的助力之下,推动内容产业国际化已经成为日本政府"酷日本"文化战略的核心。该计划明确提出,到 2020 年,将把日本动漫等文化产品的出口额从 2009 年的 4.5 万亿日元提高到 12 万亿至 17 万亿日元,远远高于日本其他传统产业的增速。为此,2010 年,日本经济产业省制造产业局成立专门帮助企业向海外推销日本的设计、动漫以及时装等流行文化产业的新部门——"酷日本室",旨在应对全球化和信息化迅猛发展下中韩等国在文化产业和文化影响力方面的冲击,通过发展"新文化产业",推动日本经济发展——要把所有的产业都作为内容产业的舞台,通过节目交易、数字传输强化、放宽海外内容流通规定、防止盗版等措施,以民间企业为中心,在海外拓展与"酷日本"相关的业务,变"产品输出"为"文化输出",把出口"酷日本"文化当成国策。日本政府正在紧锣密鼓地通过一系列措施推动"酷日本"计划的实现,其中内容产业的海外发展是重要战略支柱。

2. 日本文化产业与文化贸易发展的基本经验

(1) 建立本土化与国际化相结合的文化产业平台。

与传统意义上的"资源小国"不同的是,日本一直将自己视为在世界范围内的"文化资源大国"。日本致力于为文化产业的发展创造一个良好的环境,建立一整套完善的产业体系并积极寻找世界性的元素,以迎合各种文化消费者的需要。他们通过和海外的电视台、电影公司、财团等进行充分的合作交流并建立战略同盟关系来整合资源。如聘请不同文化背景、意识形态的工作人员参与其中,在创作开发阶段就充分考虑到各地消费者的兴趣取向。日本还利用学校、财团等民间团体,在海外设立了大量的日本文化研究和推广机构,比如在亚洲不少大学都设立有日本文化创意中心、日本文化研究所的机构,通过派遣教员、邀请学者访问和接受留学生等方式促进日本文化的传播。

同时,通过国际交流推动日本的传统文化产业向世界传播,例如茶道、花道等,并通过产业间的良好互动,发展多线品牌效应。在日本文化产业各个业种之间,无论是动画、漫画、游戏还是音乐,都是相互联系、相互影响、相互作用的,由此形成品牌,从而推动了日本文化产业的出口。比如,日本的动画片大多来源于漫画。一部漫画出版后,可以产生出许多其他产品,如拍摄动画影片、电视连续剧,制作相关主题音乐 CD,甚至可以与游戏和玩具业合作,制作网络游戏和玩具。从原来的一种产品衍生出多种产品,相互促进,从而增加市场份额。同时,日本公司不断创新硬件产品,使之更好地支持软件的发展。如随身听、CD、MD、PS2、PSP 等的先后出现,也为日本游戏、音像制品软件的流行提供了条件。在此推动下,日本的游戏产业一直是其文化产业中最闪亮的出口部门。因此,大量生产、大量消费的产业链,再加上面向国际化的市场,以及高科技和复合的媒体与媒体资本的支持,使得日本的文化产品很快在世界范围类流行开来。因此,在日本经济近乎于停滞的 20 年间,其文化产品却仍然以极快的速度走向世界。

(2) 通过企业间的合并、合作以增强日本文化产业的国际竞争力。

日本的大型文化产业集团正在不断打破行业与地区之间的分工界限,通过在资金、技术、经营组织方式等方面的重新组合,形成传媒业、娱乐业、电信业、电脑业、出版业等产业之间的相互融合、相互渗透的新格局,出现了几家大型和超大型的跨行业、跨国界的强势文化产业集团。例如索尼公司和日本广播公司就是其中的典型代表。索尼在数十年间先后并购了哥伦比亚、米高梅等多家美国大型传媒公司。成功的并购使得索尼不仅在音视频产品的开发制造方面领先于其他世界上同类公司,在进军影视音乐娱乐业上也获得了成功,目前索尼美国公司的营业额已占索尼公司总营业额的 1/3。

另外,文化产业在向海外拓展的过程中,往往存在着技术风险、市场风险及财务与管理风险等多方面风险因素,对此,以商业银行为代表的传统金融机构往往望而却步。而日本的风险投资深入到了文化产业发展的各个层次,在创业初始投资研发的过程中都起到了巨大的作用,通过有效地控制风险并分享收益,成为日本文化产业拓展国际市场的巨大推动力。

(3) 通过各种大型会展和颁奖向世界宣传日本文化产业。

近年来,日本正通过以文化为主题的各种授奖和展览活动扩大其在世界范围内的影响,比如一年一度的东京国际电影节、东京电玩展等都给日本的文化产业带来了巨大商机。最近几年,东京国际电影节在单纯的"电影市场"基础之上,又增加了以音像制品、出版物等为对象的电影衍生文化市场,可以说无论是参展数量还是成交额都已经在亚洲首屈一指。在国内举办各种会展的同时,日本政府还积极鼓励本国企业走上世界的展会大舞台,宣传其文化产品。比如每年的奥斯卡、戛纳国际电影节等大型国际展会,都由日本经济产业省、文化厅、日本贸易振兴会等牵头,负责联系和组织国内企业参加,并拨出经费用于日本展台的租用、布置,促进了本国电影的海外宣传和销售。

1.3.3　美国发展文化产业与文化贸易的经验

1. 美国文化产业与文化贸易发展现状

美国作为当今世界文化贸易大国,文化产业已经成为国内经济发展的支柱产业,其在国际文化贸易中的优势明显。从 20 世纪 90 年代起,随着经济全球化进程加快,美国文化贸易迅速增长。早在 1998 年,《华盛顿邮报》就在题为《美国流行文化渗透到世界各地》的文章中指出,美国最大的出口产品不再是地里的农作物,也不再是工厂里的产品,而是批量生产的流行文化产品,包括电影、电视节目、音乐、书籍和电脑软件等等。很多欧洲人对美国的文化不屑一顾,但事实上,美国文化在欧洲已经无处不在,许多欧洲的媒体和文化公司都在美国大公司的控制之下。比如,迪士尼公司就是欧洲体育电视网、德国有线电视频道 TM3 和大陆频道及西班牙等国电视台的大股东。事实上,20 世纪 80 年代和 90 年代,美国的媒体集团大肆对外扩张,无论是电视台、纸媒体,还是电影、音乐,其并购足迹遍布世界。

美国一直保持着文化服务贸易绝对出口大国的地位。2014 年,美国文化服务贸易进出口总额高达 1 753.62 亿美元,其中出口额达到了 1 450.17 亿美元,占世界文化服务贸易出口总额的比例高达 45.21%,接近 50%,其中文化服务版权转让(许可服务)和文化休闲娱乐服务的国际市场占有率分别达到了 49.28% 和 36%,遥遥领先于其他国家,具有非常明显的竞争优势;影视媒介和新闻出版是其文化服务贸易的核心内容,国际市场占有率分别为 4.96% 和 12.35%,说明了美国文化市场的高度发达和强劲的发展态势。而在以劳动力为主的设计和手工艺品等传统行业中,美国的国际市场占有率不高。

2. 美国文化产业与文化贸易发展的基本经验

(1) 美国文化服务贸易之所以取得巨大的发展,与文化科技支撑紧密相连。

在当今世界文化产业中,不论是电影、录像、光盘、游戏、动画、互联网,还是出版、印刷、期刊、广告等各个领域,美国都一直保持着颇高的创新能力和领先水平,能在短时间内迅速引进所需技术发展文化贸易,同时加快技术消化吸收与技术利用效率,而且还扩大了文化生产企业和贸易企业的规模和实力。例如影片《阿凡达》的制作因为借助了高科技手段,从原计划 3—5 年的时间缩短至 1—2 年来完成,并以其精美画面和良好的视觉特效夺得当年度全球票房冠军。目前,美国的高科技手段已广泛应用于影视出口产品的制作、文化创意设计、演艺特效、数字化出版等领域。

(2) 注重品牌塑造与知识产权保护。

美国创造了好莱坞、百老汇等世界顶级文化产业品牌,同时不断加大品牌营销,在国际上始终保持很高的关注度。美国的版权保护制度是世界上最为系统、严密和与时俱进的知识产权制度。美国文化产业品牌强调版权保护,自 1790 年制定第一部版权法以后,又相继通过了《半导体芯片保护法》、《跨世纪数字版权法》、《电子盗版禁止法》等一系列版权保护的法律法规。美国已建立起比较完善的知识产权保护体系,形成了保护与激励原创的机制,从制度上保证了美国成为世界文化创意创作中心。随着互联网时代的到来和版权产业海外发展的需要,美国更是积极努力将全球版权保护提高到一个新水平。因此,《与贸易有关的知识产权协议》(TRIPs)在关贸总协定乌拉圭回合谈判中获得通过之后,美国借助这一具有强制性的贸易规则,将版权保护与贸易挂钩,全面开启了海外版权利益保护和扩张运动。在国际贸易谈判中,美国政府坚持把贸易自由化问题同文化贸易开放问题联系在一起,对各国政府施加压力,要求各国开放文化产品市场,这为美国文化产品占领国际文化市场开创了宽松的国际经营氛围。

(3) 文化产业投资主体多元化,运作高度企业化。

美国文化产业的投资主体,除政府以外,还包括各种经济机构与团体、非营利机构与团体。以纽约两个文化产业集聚区为例,政府以外的投资主体的投资规模接近总投资规模的一半。另外,文化产业运作高度企业化。文化产业发展采取企业化与多元化发展模式,形成分工明确的四级孵化器:项目孵化器、企业孵化器、"大孵化"器(即二级孵化器的企业升级孵化)以及跨国孵化器。同时,纽约文化产业发展采取园区化,园区的主办者包括政府、私人、学术机构和公私合营机构等。产业化经营是美国文化产业很重要的特点。以电影产业为例,这一产业高度集中,各相关产业部门密切合作,通过市场协同战略,形成了成熟有效的生产发行等运作体系。资金相对缺乏的小公司与实力雄厚的大公司合作,形成了生产和市场营销发行的链条,实现了双赢的合作伙伴模式。

(4) 利用品牌进行营销。

美国知名文化品牌好莱坞、迪士尼、百老汇等,都将其品牌与文化产品紧密结合,通过跨行业、跨媒介以及跨国界的延伸,增加品牌的覆盖面,提高其文化产品的附加值。例如美国的《国家地理》杂志在将品牌向其他媒体延伸的基础之上,还积极进行杂志的海外扩张,并延伸出了不少姊妹刊。该杂志在各国(除日本)的本地刊更是充分利用了当地的办刊体验、基础设施和内容资源,许多合伙人还被授权和出版带有"国家地理协会"品牌的其他产品。

第 2 章
自贸试验区建设与中国文化贸易发展状况分析

2.1 中国文化产业发展及沪津闽粤文化产业地位分析

近几年,随着国家经济转型的逐步展开,文化产业及贸易由于其高附加值、低耗能、低污染等特点,刚好符合了我国大力优化对外贸易结构、发展低碳经济、推动可持续发展等经济战略。《文化产业振兴规划》的提出,以及"十二五"发展规划中对推动文化创新、繁荣发展文化事业及文化产业的强调,都为文化产业及文化贸易发展提供了有利的政策环境。据《中国文化产业年度发展报告(2014)》数据显示,从近 10 年的测算结果来看,我国文化产业增加值呈现出持续上升的趋势,且发展较为平稳。与 2004 年至 2010 年相比,2011 年有较大幅度的上升。2012 年,我国颁布了新的《文化及相关产业分类(2012)》方法,根据新的统计口径,国家统计局将 2011 年文化及相关产业增加值由原来的 13 479 亿元修订为 15 516 亿元,与当年 GDP 之比由 2.85% 修正为 3.28%。在新的统计口径之下,我国文化产业增加值占 GDP 的比重首次突破 3%,并在 2012 年又提高了 0.2 个百分点,达到 3.48%。2013 年,文化产业增加值进一步增加,占 GDP 比重提升至 3.63%,2014 年,这一比重又升至 3.76%。

2.1.1 中国文化产业发展分布情况

赵彦云、余毅、马文涛(2006)对中国各省市文化产业的竞争力进行了评价和分析,他们根据中国 36 个省市(31 个省份以及青岛、大连、深圳、宁波、厦门 5 个副省级城市)的数据,以文化实力竞争力、市场收益竞争力、文化产出竞争力、公共文化消费竞争力、人才研创竞争力、政府文化竞争力、文化资源和基础设施竞争力 7 个要素为主要要素,构建中国文化产业竞争力的指标体系,结果认为:我国文化产业集聚主要集中在沿海地区,在文化产业综合竞争力方面,上海的总体竞争力在 36 个研究对象中位列第一;而从政府文化竞争力要素的情况来看,北京、上海等地的要素集中度较高,说明政府对地方文化发展竞争力的影响较为显著。彭翊《中国省市文化产业发展指数报告(2014)》中使用 2013 年统计数据及调研数据计算全国各省、市、自治区的文化产业发展情况,具体排名及得分如表 2.1:

表 2.1 2013 年我国各省份文化产业发展指数排名

排名	综合指数		生产力指数		影响力指数		驱动力指数	
1	北京	82.1	广东	83.9	上海	84.7	北京	83.5
2	江苏	81.1	江苏	80.8	江苏	84.6	辽宁	81.5
3	浙江	79.7	山东	80.8	北京	83.6	青海	80.3
4	广东	79.6	北京	79.1	浙江	83.6	宁夏	80.1
5	上海	78.8	浙江	78.3	广东	79.7	西藏	78.9
6	山东	77.7	四川	76.8	湖南	79.0	江苏	78.0
7	辽宁	77.2	上海	76.1	山东	78.1	浙江	77.1
8	河北	75.2	河北	75.7	江西	77.6	山西	76.5
9	湖南	75.1	河南	74.9	辽宁	76.5	河北	76.5
10	江西	74.2	辽宁	73.8	安徽	76.3	上海	75.4

从表 2.1 可知,在我国各省份文化产业发展指数排名前十的名单里,只出现有上海及广东两个自贸试验区所在地区,福建和天津并没有列入前十名单。

另外,我国文化产业集聚水平是文化产业发展的重要指标,对此我国有众多学者已进行了较多分析与比较。袁海(2010)的研究表明,金融服务对文化产业集聚的影响有限,财政支持对文化产业集聚具有显著的正向影响,显示出在文化体制改革与文化产业集聚培育上政府的主导作用。雷宏振(2012)等人对于文化产业空间集聚影响因素估计的分析表明:文化基础设施、人力成本和交易便捷性显著影响着文化产业的空间集聚程度;政府对文化、体育、娱乐业的固定资产投资力度显著地促进了文化产业空间集聚。根据文化产业在中国各省份分布情况,雷宏振、潘龙梅等人(2012)总结了中国文化产业核心层与外围层的十大产业①的地域分布排行(2005—2009 年),见表 2.2。

表 2.2　文化产业十大行业地域分布排行(2005—2009 年)

省　份	上榜次数②	集　聚　产　业
江　苏	40	图书出版业,录音制品出版,广告业,艺术表演团体/场馆,图书馆业,广播电视节目制作
广　东	38	音像制品出版,广告业,艺术表演场馆,图书馆业,广播节目制作,群众文化业
浙　江	25	图书出版业,广告业,艺术表演团体/场馆,图书馆业,电视节目制作
上　海	19	录音制品出版,广告业,艺术表演场馆,群众文化业
山　东	19	图书出版业,音像制品出版,广播电视节目制作
辽　宁	18	音像制品出版,图书馆业,广播电视节目制作,群众文化业
河　南	13	艺术表演团体/场馆,图书出版业
北　京	11	广告业,图书出版业
湖　南	9	图书出版业,音像制品出版,电视节目制作,群众文化业
安　徽	6	艺术表演团体
福　建	5	录像制品出版
河　北	3	群众文化业
广　西	3	录像制品出版
四　川	2	群众文化业
贵　州	2	录音制品出版
山　西	1	艺术表演团体
黑龙江	1	录像制品出版
甘　肃	1	群众文化业

① 文化产业十大行业:根据 2004 年国家统计局公开印发的《文化及相关产业分类》,文化产业划分为核心层、外围层和相关层。此处主要研究核心层和外围层的相关产业,选取行业为:艺术表演团体、艺术表演场馆、图书馆业、群众文化业、广告业、广播节目制作、电视节目制作、图书出版业、图像制品出版、录音制品出版等 10 个子行业。
② 上榜次数:雷宏振等人选取了 2005—2009 年间十大行业的集聚程度(CR_4 指数)位于前四的省份,将上榜的省份按照上榜次数进行了区分。

　　从表2.2内容可知,十大文化产业集聚程度居于前4位的地域中,以广东的上榜次数最多,其次是上海和福建,天津并未出现在名单中(2005—2009年),说明天津在文化产业发展方面力量还相对薄弱。但天津近年来实行了文化体制改革,使文化产业的市场化趋势日益明显。一方面,天津相关部门着力通过多元化的投资和大力度的资源整合,成立了一批注册资金在1 000万元以上,以广播、传媒服务为主体的企业;另一方面,天津独特的民间艺术,如泥人张、杨柳青年画、评书等也成为了政府重点开发的文化产业。在自贸试验区负面清单实施以后,天津地区有望吸引大量投资,用于文化娱乐业的建设。同时,天津作为中国唯一北方地区的自贸试验区,对与中国东北相邻的韩国、朝鲜等地的贸易起着不可替代的作用;而随着近年来中国国内韩国热的不断升温,中国与韩国间的贸易往来也逐渐频繁,多集中于旅游、电视剧与电影合作以及医疗等方面,天津自贸试验区的开放政策将会进一步促进该地区文化业的发展。

　　广东地区聚集的文化产业相对较多,涉及音像制品出版和制作、文化艺术服务及广播电视服务等多个领域。广东自改革开放以来,逐渐形成了以出版印刷发行行业为支柱、以报业为龙头、以广播电视行业为新增长点、以文化娱乐行业为重要补充的文化产业格局,仅广州一地就聚集了南方日报、羊城晚报、广州日报三大报业集团,这些集团间的竞争极大地拉动了设备制造、出版印刷、广告、互联网的相关产业的发展。而在自贸试验区的负面清单中,除图书音像制品制作仍受较大投资限制外,其余行业的政策均有所放宽,这将有利于广东地区报刊业的进一步发展,广告业的集聚也将有力地促进地区科学技术和人才的发展与培养。同时,文化艺术创作与表演业的发展,将有利于当地文化的传承与弘扬,增强广东在中国乃至世界的影响力。广东自贸试验区毗邻我国港澳地区,与东南亚地区隔海相望,可以预见,在今后的发展中,会更多地接受来自这3个地区的投资。我国港澳地区的旅游、博彩、金融等行业较为发达,而且东南亚地区与广东有着深厚的文化交流,这些地区为境外华人华侨的聚集地,不同种族和民族间的交流频繁,旅游资源丰富。因此,广东自贸区的与传统粤式文化相关的文化产业会较为集中。

　　福建地区虽然上榜次数不多,且范围局限在音像制品制作,但近年来,福建接连出台《关于加快福建省创意产业发展指导意见》、《关于加快文化产业发展的意见》等多项政策,旨在促进地区文化产业的发展。在一系列政策的支持下,福建的数字动漫、网络广播影视等新型文化产业快速发展。如：以网络游戏和互联网应用开发为主业务的网龙网络有限公司已成为美国市场上最大的中国网游运营商、中国第二大网游出口商。在地理位置上，福建自贸试验区同样位于沿海地区，与台湾地区仅一峡之隔，双方历来交往密切。福建作为我国东南部的信息门户，负面清单的出台，将更加有利于吸引境内外纸质媒介、互联网服务业对福建的投资建设。

上海自 2009 年实行文化体制改革以来，文化产业发展势头强盛，其中又以文化创意产业的发展为主要代表。2011 年，上海文化创意产业的产值占全市生产总值的 10.02%，对上海地区总体经济增长的贡献率达到 15.5%。上海文化创意产业的发展以网络视听行业和创意设计研发为主要代表，形成了一定的集聚，带动了上海文化娱乐业的发展。在自贸试验区相关文化产业开放政策的影响下，上海将深入发展文化创意产业，同时带动广告业、互联网服务等一系列相关产业的集聚。同时，上海在金融、证券等方面的开放政策将会吸引更多投资；本地人口流动的频繁又将促进上海与中国各地区间以及国外的文化交流，与文学艺术相关的文化产业会进一步集聚。

杨宇等（2014）对中国文化产业的空间集聚水平进行测度的研究成果具有参考性。他们选择市场集中度指数作为衡量产业空间集聚程度的指标，通过以规模最大的文化企业有关数值占全部文化产业市场份额来量化分析文化产业市场的集聚水平。计算方法为：$CR_n = \sum_{i=1}^{n} X_i / \sum_{i=1}^{N} X_i$，$CR_n$ 表示 X 行业中前 n 位规模文化企业的市场集中度；X_i 表示第 i 位企业的指标；N 表示 X 行业中所有文化企业数量。CR_4 选取该行业中前 4 位规模文化企业的市场集中程度。主要选取艺术表演团体、艺术表演场馆、图书馆业、群众文化业、广告业、广播节目制作、电视节目制作、图书出版业、录像制品出版、录音制品出版等 10 个子行业为研究对象，以 2007—2011 年全国 31 个省级单位的行业年产出或年收入额数据，从文化产业规模前 4 位省份的比重来测量分析文化产业的集聚特征，结果认为（见表 2.3）：我国文化产业空间分布和行业分布均不平衡，文化产业主要分布在东部沿海地区，文化产业规模前 4 位的省份多数属于经济发达地区。音像制品出版业、广告业和艺术表演团体的 CR_4 指数较高。上海是我国文化产业集聚水平较高的重要城市，但上海的文化产业发展不平衡，其录音制品出版规模列全国第一，广告业占据第二，录像制品出版占据第四,而在图书出版、电视广播节目制作、群众文化及文化艺术服务等方面,还有进一步的发展空间,同北京等传统文化产业较强、文化资源丰富的城市相比仍有一定差距。

表 2.3　2011 年文化产业集聚规模前 4 位的省份 CR_4 指数(%)

项　目	频　数								CR_4
	1		2		3		4		
录音制品出版	上海	10.72	江苏	3.92	湖南	3.64	广东	2.07	20.38
录像制品出版	辽宁	37.91	广东	14.03	湖北	2.56	上海	2.21	56.71
图书出版业	江苏	7.37	山东	5.08	湖南	4.51	广东	4.23	21.19
电视节目制作	江苏	6.48	辽宁	6.45	浙江	6.14	山东	5.79	24.66
广播节目制作	江苏	8.37	广东	7.42	山东	6.83	浙江	6.56	29.19
广告业	北京	25.60	上海	14.01	广东	11.68	江苏	8.00	59.29
群众文化业	浙江	12.66	江苏	12.14	北京	11.96	广东	10.49	47.25
图书馆业	浙江	12.86	江苏	9.63	广东	9.2	上海	6.03	37.72
艺术表演场馆	江苏	26.77	重庆	13.19	浙江	9.73	山西	6.13	55.82
艺术表演团体	福建	28.74	安徽	9.62	河南	9.11	浙江	8.80	56.27

为了更准确判断自贸试验区成立近几年时间里中国文化业发展分布的具体情况及趋势,我们对各省份文化产值的结果进行了对比:

表 2.4　各省份文化及其相关产业法人单位指标(2012 年)(万元)

行业省份	法人单位数(万个)	从业人员(万人)	资产总计(亿元)	营业收入(亿元)	主营业务收入	增加值(亿元)	占 GDP 比重(%)
全　国	46.07	1 008.22	27 486.6	27 244.3	26 802.2	7 166.1	2.28
文化制造业	8.88	508.14	10 438.2	14 477.6	14 201.3	2 944.8	0.94
文化批发和零售业	5.53	63.59	3 177.4	4 504.1	4 454.5	526.7	0.17
文化服务业	31.66	436.49	13 870.9	8 262.6	8 146.3	3 694.6	1.18
北　京	3.77	58.20	3 584.9	2 678.0	2 634.6	641.4	5.77
天　津	0.91	15.71	918.2	549.3	545.5	92.4	1.38

续表

行业省份	法人单位数（万个）	从业人员（万人）	资产总计（亿元）	营业收入（亿元）		增加值（亿元）	占GDP比重（%）
					主营业务收入		
河 北	1.22	24.10	475.2	359.0	355.8	122.4	0.76
山 西	0.84	13.45	207.0	115.7	114.1	72.1	0.99
内蒙古	0.60	9.84	167.8	275.4	273.1	111.2	1.31
辽 宁	1.79	27.46	687.1	688.5	672.1	179.7	1.31
吉 林	0.67	12.89	307.0	222.8	220.6	108.9	1.69
黑龙江	0.74	13.52	258.6	235.1	231.3	104.1	1.25
上 海	2.90	47.37	2 261.1	2 459.9	2 429.1	378.4	2.69
江 苏	3.72	78.24	2 084.9	2 551.5	2 523.0	644.8	2.08
浙 江	4.43	87.16	2 694.2	2 334.2	2 294.1	529.7	2.47
安 徽	1.30	23.11	447.7	376.8	371.5	117.8	1.33
福 建	1.80	45.65	1 092.2	1 039.4	1 029.7	296.5	2.74
江 西	0.69	19.68	349.6	398.7	396.1	159.2	2.28
山 东	3.38	77.45	1 895.3	2 547.0	2 453.4	651.0	2.10
河 南	1.62	39.97	618.7	767.1	759.3	249.7	1.39
湖 北	1.69	25.31	465.0	383.8	376.2	158.9	1.40
湖 南	1.57	27.48	592.0	611.0	607.0	283.9	2.46
广 东	4.91	240.33	5 413.3	6 565.2	6 469.0	1 545.0	4.20
广 西	1.14	19.56	363.9	266.5	259.4	99.4	1.42
海 南	0.25	4.76	242.7	82.5	81.8	21.7	1.45
重 庆	0.91	12.91	275.2	288.0	284.1	103.8	1.79
四 川	1.87	28.29	943.4	719.4	709.5	182.5	1.45
贵 州	0.46	6.41	105.9	77.8	75.7	26.6	0.75
云 南	0.77	13.27	353.2	224.6	216.3	77.2	1.36
西 藏	0.05	0.96	18.7	5.6	5.5	8.7	2.21

续表

行业省份	法人单位数（万个）	从业人员（万人）	资产总计（亿元）	营业收入（亿元）		增加值（亿元）	占 GDP比重（%）
					主营业务收入		
陕　西	0.88	16.72	354.9	235.5	232.6	116.0	1.59
甘　肃	0.41	7.39	88.4	57.2	55.1	28.9	0.91
青　海	0.12	2.06	19.7	12.8	12.5	10.3	1.01
宁　夏	0.16	2.64	84.3	35.6	35.3	13.8	1.14
新　疆	0.51	6.31	116.6	80.6	78.8	30.1	0.72

资料来源：《中国文化及其相关产业年鉴 2013》、《中国统计年鉴 2014》以及中国国家统计局网站。

表 2.5　各省份重点服务业文化企业基本情况(2012 年)(万元)

	企业单位数（个）	年末从业人员（个）	资产总计	营业收入
全　国	13 733	1 880 366	209 658 530	117 758 495
北　京	3 784	390 251	47 032 120	32 406 999
天　津	134	14 130	1 668 151	795 064
河　北	167	32 411	1 726 346	1 007 389
山　西	90	9 359	603 723	172 875
内蒙古	67	14 003	1 361 155	485 894
辽　宁	444	76 386	4 983 727	3 175 296
吉　林	54	12 855	964 553	503 688
黑龙江	50	8 600	529 421	237 528
上　海	1 751	263 016	38 899 559	21 389 287
江　苏	1 485	199 685	19 970 070	9 715 432
浙　江	1 102	139 811	16 690 242	10 105 456
安　徽	264	36 085	3 638 839	1 717 959
福　建	376	33 810	2 544 583	1 349 257
江　西	139	19 225	1 393 783	740 518

续表

	企业单位数(个)	年末从业人员(个)	资产总计	营业收入
山　东	563	61 604	5 723 178	2 107 534
河　南	251	67 036	5 928 257	1 879 509
湖　北	222	45 849	5 287 625	2 658 923
湖　南	295	36 912	4 876 932	1 281 059
广　东	1 524	228 729	24 069 421	16 357 097
广　西	121	21 334	1 334 116	675 155
海　南	53	8 024	1 212 583	246 750
重　庆	148	30 465	4 709 582	1 790 853
四　川	204	36 412	3 342 006	2 773 024
贵　州	79	11 573	1 178 033	466 349
云　南	136	24 302	2 534 827	1 123 990
西　藏	1	53	4 397	1 434
陕　西	129	42 874	6 689 638	2 150 242
甘　肃	26	4 755	265 404	132 853
青　海	8	1 099	45 467	27 253
宁　夏	18	2 836	157 811	84 394
新　疆	48	6 882	292 979	199 435

资料来源:《中国文化及其相关产业年鉴 2013》、《中国统计年鉴 2014》以及中国国家统计局网站。

表 2.6　各省份博物馆机构数(2010—2013)(个)

省　份	2013 年	2012 年	2011 年	2010 年
江　苏	292	266	245	213
河　南	222	180	159	111
陕　西	221	194	122	106
山　东	194	178	120	114
四　川	188	152	144	108
浙　江	183	166	100	100

续表

省　份	2013 年	2012 年	2011 年	2010 年
广　东	175	168	161	169
湖　北	170	161	125	120
黑龙江	156	104	103	76
安　徽	154	141	131	120
甘　肃	143	149	145	102
江　西	137	109	108	108
广　西	104	79	71	64
河　北	103	75	69	65
湖　南	103	95	85	81
上　海	100	90	36	27
福　建	98	94	95	94
山　西	97	92	89	89
云　南	84	85	84	120
新　疆	76	72	73	71
贵　州	75	66	53	59
吉　林	73	68	58	57
内蒙古	72	65	59	54
重　庆	71	39	39	37
辽　宁	63	62	62	61
北　京	41	41	41	41
青　海	22	22	22	18
天　津	20	20	19	18
海　南	18	19	18	16
宁　夏	11	9	6	6
西　藏	2	2	2	2

　　资料来源:《中国文化及其相关产业年鉴 2013》《中国统计年鉴 2014》以及中国国家统计局网站。

表 2.7　各省份广播电视节目覆盖率(2010—2013)(%)

省　份	2013 年	2012 年	2011 年	2010 年
北　京	100.0	100.0	100.0	100.0
天　津	100.0	100.0	100.0	100.0
上　海	100.0	100.0	100.0	100.0
江　苏	100.0	100.0	100.0	100.0
广　东	99.9	99.5	98.0	98.0
浙　江	99.6	99.5	99.2	99.2
河　北	99.3	99.3	99.3	99.3
湖　北	98.8	98.7	98.2	98.1
辽　宁	98.6	98.6	98.5	98.5
吉　林	98.6	98.6	98.5	98.5
黑龙江	98.6	98.6	98.6	98.6
山　东	98.5	98.3	98.2	98.1
重　庆	98.3	98.2	98.0	95.7
安　徽	98.3	97.9	97.6	97.3
福　建	98.2	98.0	98.0	97.8
内蒙古	98.2	97.9	97.4	96.6
河　南	98.1	97.9	97.7	97.3
甘　肃	97.7	96.9	93.7	93.5
江　西	97.4	97.2	97.1	96.8
陕　西	97.4	97.2	97.0	96.7
四　川	97.0	96.8	96.6	96.2
山　西	96.8	95.4	93.6	93.3
海　南	96.5	96.5	96.4	96.4
云　南	96.3	96.0	95.7	95.4
广　西	96.2	96.1	95.2	94.5
宁　夏	96.1	95.2	93.5	92.9

续表

省　份	2013 年	2012 年	2011 年	2010 年
新　疆	95.7	95.3	94.9	94.9
青　海	95.7	94.1	91.6	90.0
西　藏	94.4	93.4	91.7	90.3
湖　南	93.2	93.0	92.6	92.0
贵　州	90.0	88.5	88.0	87.6

资料来源:《中国文化及其相关产业年鉴 2013》、《中国统计年鉴 2014》以及中国国家统计局网站。

表 2.8　各省份图书出版种数(2010—2013)(种)

省　份	2013 年	2012 年	2011 年	2010 年
上　海	24 694	23 777	21 744	19 256
江　苏	23 268	20 407	17 951	14 400
吉　林	21 770	22 263	15 963	15 553
湖　北	13 900	14 145	11 122	10 464
山　东	13 885	11 654	9 638	6 987
浙　江	12 706	11 478	9 492	8 084
湖　南	11 468	10 821	10 162	7 395
辽　宁	10 737	9 998	9 885	9 060
广　东	10 355	9 851	7 257	6 354
北　京	9 830	9 431	167 942	155 209
安　徽	9 444	9 094	7 804	5 646
陕　西	9 395	8 468	6 636	6 378
广　西	8 803	8 667	7 695	7 344
新　疆	8 780	8 691	6 568	4 980
四　川	8 554	7 794	8 081	6 645
云　南	7 739	7 901	6 110	4 598
河　北	6 896	3 976	2 971	2 264

续表

省　份	2013 年	2012 年	2011 年	2010 年
河　南	6 889	6 314	5 557	4 876
江　西	5 583	5 127	4 263	3 870
天　津	5 539	5 319	4 236	4 550
重　庆	5 356	5 052	5 651	4 690
黑龙江	5 247	4 218	4 430	3 515
山　西	4 009	3 403	3 401	2 683
海　南	3 431	3 315	2 917	2 629
福　建	3 320	3 413	3 570	3 415
内蒙古	3 015	2 863	2 881	2 885
甘　肃	2 907	2 617	2 248	1 930
宁　夏	2 385	1 676	1 248	905
贵　州	894	966	856	823
青　海	663	557	543	429
西　藏	658	546	701	570

资料来源:《中国文化及其相关产业年鉴 2013》《中国统计年鉴 2014》以及中国国家统计局网站。

表 2.9　各省份出版物发行机构数(2010—2013)(个)

省　份	2013 年	2012 年	2011 年	2010 年
江　苏	14 428	14 497	12 045	11 909
广　东	12 895	13 180	13 142	14 487
浙　江	11 004	11 057	11 066	10 971
四　川	10 496	10 565	9 820	9 370
北　京	9 232	8 998	8 773	8 429
云　南	8 929	8 769	11 020	11 726
上　海	8 594	8 526	8 982	9 327
河　南	8 574	8 938	8 498	8 500

续表

省　份	2013 年	2012 年	2011 年	2010 年
安　徽	8 568	8 588	8 858	7 723
山　东	8 233	7 127	7 626	7 598
河　北	7 272	7 272	5 234	6 025
湖　南	6 150	7 711	8 132	8 086
辽　宁	6 008	5 964	4 848	5 372
重　庆	5 230	3 486	3 321	3 787
广　西	4 988	5 007	5 051	4 604
湖　北	4 876	4 933	5 560	5 404
福　建	4 330	4 387	4 340	3 932
陕　西	4 300	4 680	4 714	4 194
贵　州	3 739	3 736	3 317	2 862
江　西	3 455	3 414	3 238	3 030
吉　林	3 331	2 600	2 597	2 569
新　疆	3 003	2 991	2 585	2 464
山　西	2 830	2 945	3 225	2 908
天　津	2 807	3 060	2 962	2 689
黑龙江	2 326	3 031	3 031	2 817
甘　肃	2 206	2 203	2 204	2 278
内蒙古	1 707	1 942	1 946	2 180
青　海	987	1 052	534	661
宁　夏	945	989	939	1 014
海　南	724	723	696	594
西　藏	140	131	131	230

资料来源:《中国文化及其相关产业年鉴 2013》《中国统计年鉴 2014》以及中国国家统计局网站。

从上述几个表格的数据中可大致判断出我国各省份文化业分布的基本情况:我国文化产业发展主要集中分布在如北京、上海、广东等经济发达地区,地区之间并不均衡。事实上,文化产业的集聚发展又与文化市场的管制制度及文化市场的开放程度有关。为了更直观地进行比较,根据上述我国文化产业数据,我们从中挑出文化产业中有代表性的有关省份画出以下趋势比较图。

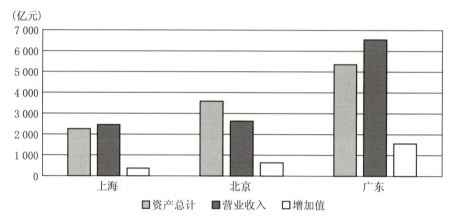

图 2.1　上海、北京、广东三地文化产业发展指标对比

从图 2.1 来看,虽然上海地区的文化产业发展水平处在我国前列,但和北京、广东相比仍有不足。

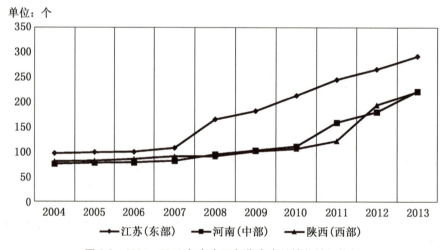

图 2.2　2004—2013 年东中西部代表省份博物馆机构数

从图 2.2 来看,代表东部地区的江苏拥有的博物馆数目最多,中部(河南)和西

部(陕西)博物馆数目基本一致。

图书出版种数与经济发展水平有着明显的相关性。从图 2.3 可知,上海图书出版种数明显要比陕西多,而代表中部地区的吉林图书出版种数的增长速度较快。

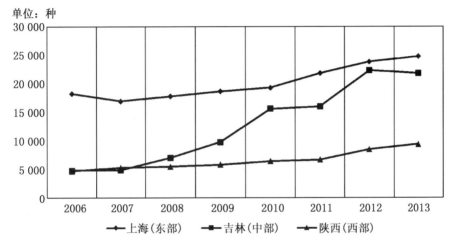

图 2.3　2006—2013 年东中西部代表省份图书出版种数

从图 2.4 出版物发行机构的分布来看,西部的四川要多于中部的河南,东部的江苏则相对较多。

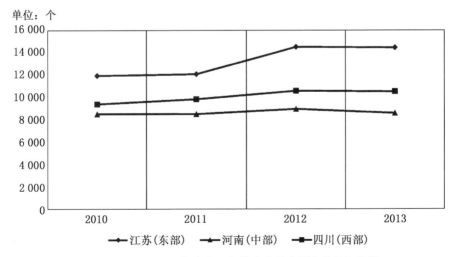

图 2.4　2010—2013 年东中西部代表省份出版物发行机构数

据上分析,我国文化产业发展总体而言存在着以下主要问题:

首先,我国文化产业规模较小,占 GDP 比重不高。相比发达国家而言,我国文化产业发展仍比较落后。虽然自 2004 年以来,中国文化产业保持高速增长的势头,2011 年,我国文化产业法人单位增加值为 13 479 亿元,比 2010 年增长 21.96%,高于同期 GDP 的现价年增长速度 4 个百分点。但文化产业增加值占 GDP 比重还较小,2010 年,中国文化产业在国内生产总值仅占 2.75%,远低于发达国家平均 10% 的水平。据中国社科院发布的《2011 年中国文化产业发展报告》显示,中国文化产业占世界文化市场不足 4%,而美国占 43%,欧盟占 34%,日本占 10%。产业是贸易的基础,只有国内产业基础雄厚,才可能支撑该产业的产品在国际市场上的竞争力。

其次,我国文化产业的国内需求相对不足。文化产品和文化服务属于收入弹性较高的消费品,收入水平对文化产品和文化服务需求产生的影响较大。2012 年,中国的人均国民总收入为 7 945 美元,在全球 215 个国家中排行 101 位,而中国城镇居民家庭人均可支配收入为 24 565 元,与发达国家相比,对文化产品和文化服务的需求明显相对不足。

第三,我国文化产业地区发展不均衡。目前,环渤海地区形成了以北京为龙头、涵盖天津、河北、山东等省份的文化产业集聚带,这一区域文化资源丰富,已初步建立了对外文化品牌;长三角地区形成了以上海为龙头,涵盖浙江、江苏、安徽等省的文化产业集聚带,这一区域文化发展国际化程度相对较高;珠三角地区形成了以广东为核心,涵盖广西、海南、福建、云南、贵州等省份的文化产业集聚带;沿边地区涵盖辽宁、吉林、黑龙江、内蒙古、西藏、新疆等地,与朝鲜、韩国、俄罗斯等国邻近,并与它们有文化贸易往来,但额度不高;内陆地区涵盖陕西、四川、甘肃、山西、宁夏等地,有悠久的历史和丰富的文化资源,但与其他地区相比,文化产业发展相对缓慢。

2.1.2 上海、北京、深圳文化产业发展现状及政策比较

从我国省域数据分析比较来看,我国文化产业发展水平较不平衡,文化产业发展严重依赖于上海、北京、江苏等东部发达地区。而东部沿海地区以上海为代表,

文化产业集聚水平相对较高,受政府政策的积极影响更为明显。但是,这些地区文化产业的空间集聚优势还有进一步释放的空间,政府应该给予地方更多的发展空间与政策支持。从负面清单管理模式的发展方向来看,上海文化产业的发展将会由于政策空间的不断释放而更加快速。与此同时,负面清单的不断减负将进一步释放文化产业的发展空间,为其注入新的创造力与活力。因此,未来上海地区文化产业的发展预期在某种程度上取决于政府进行管理模式改革的信心与实际行动。从不同地区的文化产业现状与政策来看,不同城市的文化产业发展重点不同,政策支持也不同,见表 2.10:

表 2.10 上海、北京、深圳文化产业发展现状及政策简要比较

	上 海	北 京	深 圳
发展现状	产值高,规模增长快,发展水平在全国处于领先地位	成为经济增长的支柱产业,占本市 GDP 比重高	快速增长,属于四大支柱产业之一
发展优势	具有政策优势,与现代服务业、先进制造业融合,国际交流水平较高,集聚程度高	文化中心;具有人才优势;有丰富历史文化资源;传统行业具有显著优势	政策开放优势,经济发达,政策调整能力强,拥有网络公司的资源
政策重点扶持产业	艺术品展示及拍卖、工业设计业、时尚产业、网络信息业、广告业会展业、文化创意和设计服务	文化艺术、广播影视、新闻出版,与其他领域融合,科技导向性产业	动漫产业、网络游戏产业、新闻出版业、教育培训业、艺术品交易市场业
面临问题	发展不均衡,原创力弱,特色化不足,集聚功能还有发挥空间	市场化程度不高,传统行业内生动力匮乏,行业规模受限	结构不合理,文化基础薄弱,历史文化资源不足

2.2 中国文化贸易发展状况分析

从国际比较来看,随着文化产业的飞速发展,国际文化贸易在国际贸易中的地位越来越突出,引起各国广泛重视。首先,目前的国际文化产业格局与文化贸易格局是不平衡的。就整个国际文化贸易而言,发达国家的文化贸易额(含文化产品贸

易与文化服务贸易)占全球文化贸易总额的 3/4 以上,广大发展中国家仅占有不到 1/4。其次,国际文化贸易呈现两重性:一方面,发达国家的文化产品和文化服务源源不断地涌入发展中国家,使全球文化贸易格局失衡;另一方面,大部分国际文化贸易发生在发达国家之间,它们相互进口和出口文化产品和文化贸易,表现出产业内贸易的明显特征,并且产业内贸易已成为国际文化贸易的最主要形式。即使在发达国家内部,文化产业的发展也是不平衡的,美国的综合产业实力远超其他发达国家,尤其在最能产生精神影响的影视节目出口上。这样产生的结果是,既令法国、加拿大等发达国家心存疑惧,也使发展中国家担心自己的文化被美国同化,它们纷纷发出捍卫本国文化、限制美国文化产品和文化服务进入的呼吁,并采取行动,将自己的政治诉求落实到经济性的贸易措施上,设置了各种文化贸易的壁垒。

另外,近年来全球文化市场规模以两倍于全球 GDP 增长率的速度迅速成长,文化产业和文化贸易在整体经济中的地位迅速提升,并有超过传统产业趋势。随着全球经济放缓以及世界资源和能源日趋紧张,传统贸易发展严重受阻,具有消耗少、污染低、附加值高、环保节能等特点的文化产业越来越受到各国的重视,文化产品将成为贸易快速发展的亮点。这对正在大力发展文化强国战略的中国来说,无疑是极大的发展契机。

从文化贸易的发展基础来看,我国有极为丰富的文化资源,无论是古典文化还是少数民族文化,甚至红色文化、工业文化,都具有发展文化产业的巨大潜力。中国是世界四大文明古国之一,历史文化资源方面,重要历史人物、重大历史事件不胜枚举;民族文化资源方面,拥有 56 个民族,有着悠久的历史文化和多样的民俗特征,这些历史文化和民俗特征为我国文化贸易的发展提供了重要的资源和条件;现代文化资源方面,在 20 世纪,中国在政治上经历了帝制、总统制、共和制,在经济上发生了从小农经济、计划经济到市场经济的巨大转型,在文化上则是各种社会思潮、思想流派异彩纷呈。这也为我国文化产业多元化发展、各地区共同发展打下了基础。截至 2013 年底,在世界文化和自然遗产的排名上,中国位列第二,拥有 45 项世界文化和自然遗产,说明我国拥有较好的开展国际文化贸易出口的资源优势和潜力。但是,这些丰富的文化资源很少得到有效的开发和利用。如何利用和开发这些资源优势,将我国的文化和自然遗产推向全世界,是当前需要解决的主要问题和今后发展的主要方向。2014 年 12 月,联合国教科文组织宣布了新入选全球创意城市网络的 28 个城市,它们来自 19 个国家,包括中国的苏州、顺德、景德镇,加上自 2009 年以来入选的深圳、上海、成都、北京、杭州、哈尔滨等 6 个城市,中国迄今为止共有 9 个城市入选,成为拥有全球创意城市网络最多的国家。

表 2.11　世界文化和自然遗产排名前 5 位的国家(至 2016 年 6 月)

国　家	意大利	中国	西班牙	法国	德国
数量(项)	51	48	44	41	40
比例(%)	4.94	4.65	4.26	3.97	3.87

资料来源:根据 http://whc.unesco.org/en/list/(世界遗产目录网站)资料整理。

　　党的十八大提出了"扩大文化领域对外开放"的战略部署,为加快我国文化贸易的发展创造了新的契机。党中央、国务院高度重视发展对外文化贸易,作出了一系列重要决策部署,有力地推动了对外文化贸易工作,使我国对外文化贸易规模不断扩大,结构逐步优化,文化出口企业数量不断增加,文化领域境外投资步伐不断加快。2013 年,我国文化产品进出口总额达 274.1 亿美元,其中出口 251.3 亿美元,是 2006 年的 2.6 倍。文化产品出口主要以视觉艺术品(工艺品等)、新型媒介(游戏机等)、印刷品、乐器为主。2013 年,我国文化服务进出口额达 95.6 亿美元,其中出口 51.3 亿美元,是 2006 年的 3.2 倍。文化服务主要以广告宣传服务为主。从时间跨度来看,2003—2013 年,我国文化产品进出口从 60.9 亿美元攀升至 274.1 亿美元,年均增长 16.2%;文化服务进出口从 10.5 亿美元增长到 95.6 亿美元,年均增长 24.7%。另外,根据欧洲艺术基金会 2014 年年度报告《全球艺术品市场:聚焦美国和中国》,2013 年,全球艺术品和古董市场的交易总额达到 474 亿欧元。美国以 38% 的市场份额再次成为全球最大的艺术品市场,中国连续两年蝉联全球艺术品交易的第二位,占全球艺术品市场份额的 24%,约为 113.7 亿欧元,是全球增长最快的新兴市场。[1]

　　但我们需要同时意识到,虽然中国拥有五千年的优秀文明传承,但文化贸易方面相对于世界文化贸易强国而言还处于弱势地位。

---

[1]　European Fine Art Foundation: *The TEFAF Art Market Report 2014-The Global Art Market with a focus on the US and China.*

首先,从文化竞争力的国际比较来看,蓝庆新(2012)等人量化计算了中国文化产业贸易竞争行为竞争力指数(如表 2.12 所示),我国显示性比较优势指数排名第四,贸易竞争指数排名第二,但出口相对价值指数倒数第二。由此可见,我国文化产业贸易结构不合理,在国际贸易竞争中主要依赖低成本优势。从文化产业年产值来看,美国文化产业年产值占到 GDP 的 25%,而日本仅动漫产业产值就占了 GDP 比重的 10%,成为日本第三大产业。而中国 2010 年文化产业产值占国内生产总值比重仅为 2.75%,远低于发达国家平均 10% 的水平。

表 2.12　2010 年中国与参评国家贸易行为细分指标情况

国　家	显示性比较优势指数	贸易竞争指数	出口相对价值指数	国　家	显示性比较优势指数	贸易竞争指数	出口相对价值指数
中　国	1.47	0.67	0.26	美　国	1.40	−0.14	1.07
英　国	2.80	0.06	1.45	加拿大	0.39	−0.51	1.59
印　尼	0.48	0.60	0.74	荷　兰	0.55	−0.11	1.09
印　度	3.58	0.74	4.86	韩　国	0.63	−0.10	0.23
意大利	1.48	0.42	1.15	法　国	0.88	−0.06	2.76
西班牙	0.59	−0.17	1.02	俄罗斯	0.06	−0.60	2.61
土耳其	1.45	0.37	2.19	德　国	0.58	0.14	1.45
瑞　士	3.23	−0.20	3.28	波　兰	0.37	0.09	0.29
日　本	0.58	−0.04	1.52	澳大利亚	0.31	−0.03	0.60
墨西哥	0.50	−0.20	1.01	巴　西	0.08	−0.56	1.49

其次,中国文化贸易竞争力主要依赖低成本优势,从对外文化贸易的进出口特征来看,存在显著的软硬二元结构:文化贸易以文化产品贸易为主,主要集中于传统低附加值领域,文化产品贸易总量很大,呈现顺差;而在文化服务贸易领域,不仅规模小,而且内容输出上的逆差巨大。2010 年,中国文化贸易总额达 1 246.36 亿美元,其中文化产品贸易总额为 1 053.46 亿美元(文化产品出口额为 977.54 亿美元),在中国文化贸易中占绝对比重,占世界文化产品出口比重高达 25.51%;而与此同时,中国文化服务贸易规模较小,文化服务的出口额仅为 38.39 亿美元,存在

着贸易逆差。①与发达国家相比,我国文化产品出口差距较大。近年来,美国文化产品出口规模已超越航天工业,跃居其出口贸易的首位,而韩国的文化产品出口贸易额早在2004年就与其汽车出口额相当,日本的动漫及周边产品出口也已成为日本一个重要的文化品牌并占领绝大部分的世界动漫市场。而从分类文化产品的贸易数据来看(表2.13),首先,2010年,中国文化贸易主要集中于设计②、手工艺品等附加值较低的传统项目,这两项贸易总额合计达888.89亿美元,占当年中国文化贸易总额的84.38%,而且当年该两项文化产品出口也是位于前两位;其次,2010年,

表2.13　2010年中国文化产品和文化服务贸易情况(百万美元)

手工艺品	总额	11 634.31	视觉艺术品	总额	5 118.57
	出口	10 614.71		出口	5 010.61
	进口	1 019.6		进口	107.96
影视媒介	总额	27.57	广告市场调查服务	总额	4 925.55
	出口	0.183 2		出口	2 885.25
	进口	27.386 8		进口	2 040.3
设　计	总额	77 255.04	个人文化休闲娱乐服务	总额	493.74
	出口	74 081.55		出口	122.92
	进口	3 173.49		进口	370.82
新媒体	总额	7 949.83	版权转让和许可服务	总额	13 869.98
	出口	5 654.79		出口	830.48
	进口	2 295.04		进口	13 039.5
出版物	总额	3 359	表演艺术	总额	—
	出口	2 391.18		出口	—
	进口	967.82		进口	—

资料来源:根据联合国贸易与发展委员会数据整理。

---

① 采用联合国贸易发展委员会等5家机构共同编写的《2008创意经济报告》里对文化贸易的界定。其中,关于文化服务贸易的数据统计中,包括广告市场调查、个人休闲娱乐服务、版权转让和许可服务等。

② 设计包含建筑模型、玻璃制品、珠宝及玩具等。

中国版权转让和许可服务项目逆差达 122.09 亿美元；第三，2010 年，中国对影视媒介类出口额很小，仅为 18.32 万美元；第四，中国的传统文化服务贸易项目缺乏比较优势；第五，我国文化出口产品较为单一，在图书版权方面，中国图书版权的输出内容主要集中在武术、中医、汉语学习、古典文学等方面，反映中国当代经济建设、教育、科技人文方面的图书版权出口极少。在文艺演出方面，中国海外文艺演出在节目类型上也主要以武术表演、杂技等动作类表演为主。在电影出口方面，主要集中在动作类影视作品，如《卧虎藏龙》、《英雄》、《十面埋伏》、《无极》、《叶问》等。上述中国对外文化贸易的特点至今还没发生明显变化。统计数据显示，2014 年上半年，中国核心文化产品（包括视觉艺术品、视听媒介、印刷品、声像制品和中国特色文化产品）进出口总额达到 98 亿美元，比 2013 年同期下降了 7.3%，核心文化产品的进出口仅占同期货物贸易总额的 0.5%。而文化服务出口的金额更低，仅占到文化出口的 1/5。从细分领域来看，以影视行业为例，其贸易逆差从 2009 年的 2 亿美元扩大到 2013 年的 6 亿美元。虽然中国电影国内票房增长惊人，但国际票房的创造能力还很弱，版权服务贸易也一直处于逆差。

第三，由于语言、传统文化以及生活习惯的原因，中国内地文化出口的地区主要分布在中国香港、中国台湾、东南亚、美国、加拿大、澳大利亚以及欧洲等华人聚居的主要区域。以图书版权为例，2010 年，中国内地共对外出口图书版权 3 600 种，输出地前 5 位的依次是东南亚地区、中国台湾、中国香港、美国和加拿大，这 5 个地区的图书版权出口占中国内地总出口的 67%，说明内地文化贸易地理方向过于集中（见表 2.14）。

表 2.14　2010 年中国内地图书版权输出地

输出地	东南亚	中国台湾	中国香港	美国	加拿大
图书版权（种）	750	621	514	342	187
比例（%）	20.83	17.25	14.28	9.5	5.19

第四，游戏产业新兴文化贸易产业发展迅速。《2014 年中国游戏产业报告》数据显示，2014 年，中国网游已超过千亿元规模，其中手游占比约为 1/4。在游戏市场上的新产品中，移动游戏占比超过七成，实际销售收入同比增长达到了 144.6%。这种跨越式增长在海外表现得更显著。2014 年，中国自主研发网络游戏海外市场

销售收入达到 30.76 亿美元,比 2013 年增长了 69.02%。其中客户端类游戏占总出口网游数量的 27.7%,网页游戏占 30.9%,而移动类游戏数量占比达到了 41.4%,实际销售收入达 12.73 亿美元,以同比增长 366.39% 的数字排名第一。2014 年,已在美股上市的中国手游娱乐集团有限公司在日本购买了诸多动漫和游戏 IP,包括《航海王》《火影忍者》《龙珠 Z》《聪明的一休》《HELLO KITTY》、《侍魂》等,还将与美国华纳公司进行合作。

第五,传统文化贸易产业受政策影响明显。乐器作为文化产业的一个重要部分,在我国文化贸易中占有重要位置。从主要乐器产品产量看,中国生产的钢琴、西管乐器、提琴、吉他、电声乐器等均占世界产量的 50% 至 70%,其中大部分远销海外。中国已超越美国,成为世界主要乐器产品产量和出口量第一的国家。中国乐器协会提供的海关统计显示,2013 年,我国乐器出口 16.6 亿美元,进口 2.92 亿美元,分别比 2012 年下降 2.45% 和 3.5%,进口和出口双下降为多年来罕见。但从 2013 年年初起,我国对部分乐器大幅降低进口关税,进一步刺激了国际乐器品牌企业对中国市场的投入。其中,单价 5 万美元以上的三角钢琴、1.5 万美元的弓弦乐器、2 000 美元以上的钢管乐器等,进口关税由 17.5% 降至 1%;电子键盘类乐器进口关税由 30% 降至 15%;电子乐器相关配件由 17.5% 降至 10%。另外,受惠于中国—东盟自由贸易协定,来自东盟国家和地区的乐器关税得以豁免,许多设在东盟国家和地区的国际知名品牌企业也从中受益。进口关税的调低对乐器贸易的刺激效果明显,扭转了 2013 年乐器进出口双低的局面。2014 年上半年,我国乐器进出口开始复苏,其中出口 7.3 亿美元,进口 1.47 亿美元,同比分别增长 1.95% 和 9.64%,复苏迹象明显。值得注意的是,虽然我国乐器制造在数量上占有绝对优势,但受制于制造技术和人才队伍,中国多数乐器产品仍属于中低端范畴,高端乐器仍被发达国家垄断,加工方式大部分采取贴牌生产。与代工乐器产品相比,中国传统的民族乐器在国际市场上远未获得同样的认同。

综上所述,虽然现阶段我国发展文化贸易具备三方面的优势:一是中华民族文化历史源远流长是我国文化产业和文化产品贸易发展的坚实基础;二是中国国内日益增长的人均收入与文化需求成为推动文化产业发展的主要动力;三是国家相继出台的文化产业与文化贸易的扶持政策。但实际情况表明,这种潜力并没有转化成为现实,我国经济总量虽高,但文化产业综合竞争力较弱;文化产业集聚水平不足,上海地区的文化产业集聚优势与国际上其他城市相比不明显;文化产业层次不足,消费水平较低;在对知识产权保护等一系列文化发展配套规定方面,我国仍然处在起步期[①];我国文化产品的国际市场占有率较低,文化产品出口额占比与发达国家相比差距较大,这与我国作为一个文明古国、世界第二大经济体的地位很不相称;文化贸易产品主要集中在劳动密集型产品,以文化内容、文化服务为主的影视媒介、音乐媒介、出版物及版权等知识技术密集型的核心产品所占比重较小,在国际贸易竞争中主要依赖低成本优势,国际竞争力非常弱,而且文化产品出口地区以华人聚集地为主;以乐器为代表的传统文化贸易产业虽然在全球贸易中在数量上占有绝对优势,但高端乐器仍被发达国家垄断,多数中国乐器生产仍处于全球产业链的中低端;然而同时,以游戏产业为代表的新兴文化贸易产业在我国发展迅速,成为一大亮点。

2.3　自贸试验区建设与中国主要省份文化贸易发展情况

中国对外文化贸易实力在区域分布方面很不平衡,文化产品和文化服务贸易的优势主要集中在北京、上海、广东、江苏和浙江5个经济最发达、科技和人才竞争力较强、国际化程度较高的省份。根据海关统计,2012年,全国文化产品出口额中,广东占27.3%,上海占26.2%,两者相加占53.5%,占了半壁江山,而北京、江苏和浙江分别占全国比重为6.9%、6.5%和10.9%,其中浙江对外文化产品出口呈现出明显的稳步增长态势(表2.15)。

表 2.15　2012 年京沪粤苏浙文化产品出口额及占全国比重情况

	文化产品出口额(亿美元)	占全国比重(%)
北　京	12.05	6.9
上　海	56.85	26.2
广　东	59.3	27.3

---

① 对版权法修订,日本已经有 35 次,韩国有 17 次,新加坡有 6 次,而中国仅有 2 次。

续表

	文化产品出口额(亿美元)	占全国比重(%)
江　苏	14.1	6.5
浙　江	23.6	10.9
合　计	217.3	77.8

注:目前全国各地对文化贸易的统计数据有三大口径:海关统计口径、商务部统计口径、文化部统计口径,三者各有侧重,范围不尽一致,海关口径侧重于文化产品的进出口。

资料来源:根据海关网的数据整理。

　　上海属于文化产业集聚程度水平较高的地区。促进上海文化产业发展将会充分发挥产业集聚效应,推动地区产业结构不断升级,增加文化产业产值总比重,进而推动全国产业结构升级。同时,通过文化业扩大对外开放,为进一步深化对外开放积累管理经验。

2.3.1　上海自贸试验区建设与上海对外文化贸易发展情况

　　自 19 世纪开埠之后,世界各国的文化元素纷纷入驻上海,使上海在很多方面成为了全国得风气之先、开风气之先者。近年来,上海更是凭借其独特的地理位置优势和国家政策的支持,不断发展成为国内各种新型文化事业和产业的发轫之地,形成了自己独具特色的"海派文化"。①上海自贸试验区对外资进入采取负面清单的管理模式后,会促使更多的文化业外资不断地流入上海,对其本土的"海派文化"发展造成影响。同时,外资带来的不仅仅是更多的运营资金,同时还伴随着国外文化的流入,其中不乏走在时代前端的创新文化,而"海派文化"有着趋时求新、多元包容的特点,这为国外文化在上海的成长创造了有利条件,势必会使得"海派文化"融入更多的国外文化因素,从而使上海文化产业国际化程度进一步加强。另外,上海作为建设中的全球金融、经济、贸易、航运中心城市,作为联合国教科文组织评定的全球创意城市,在全球产业升级和产业转型的趋势下,大量吸引全球优秀人才到

---

① 　孙逊(2010)总结了"海派文化"的四大特点,分别是:趋时求新、多元包容、商业意识、市民趣味。

为实体经济服务的文化创意设计等服务出口领域,其中包括工业设计、建筑设计、平面设计、时尚设计等。同时,上海作为重要港口和金融中心,承担着连接海外与内地的文化产业联动发展的重要任务。与其他内地城市相比,上海具有更好的工业基础,拥有更多的对外贸易优势和政策优势,文化产业集聚水平高,经济水平较高,有广阔的文化产业市场。上海文化贸易的主体将会更加多元化,不同所有制的企业出现在上海文化贸易中,民营文化企业不仅为上海文化贸易的发展注入了新的活力,而且在其中扮演着越来越重要的角色。

1. 上海自由贸易试验区成立以来文化贸易发展情况

中国(上海)自由贸易试验区自 2013 年 9 月 29 日揭牌成立以来,开放政策与制度创新不断推进,推动了上海文化产值持续增长,文化产业结构不断优化,对外文化出口贸易持续增强。2013 年,上海文化产业实现增加值 1 387.99 亿元,同比增长 8.1%,占地区生产总值的比重达 6.43%。文化产业已经成为上海的支柱性产业之一。同时,文化产业结构不断优化,以文化软件服务、广告服务、设计服务为主的文化创意和设计服务实现增加值 521.48 亿元,占文化产业增加值的 37.6%,同比增长 11.6%。2013 年,按照上海市文化产品和服务进出口分类的统计,上海文化产品和服务贸易进出口总额为 159.6 亿美元,其中,进口 64.2 亿美元,出口 95.4 亿美元,实现贸易顺差 31.2 亿美元,贸易顺差主要集中在文化创意和设计服务、文化用品等几个领域。在整个文化进出口结构中,书报刊、广播电视、电影、广告会展等文化核心产品和服务占全市进出口总量比重上升,约占文化进出口总额的29.4%,较 2012 年提高 4.8%,年均增速约为 13.6%;而文化相关产品进出口占比则从 2012 年的 81% 下降到 70%。美国、日本、中国香港、新加坡、韩国等国家与地区仍是上海主要贸易伙伴。

表 2.16　2013 年上海文化产品和服务进出口情况(万美元)

类　　别	进出口总额	进口额	出口额
合　　计	1 596 026.94	642 073.67	953 953.27
第一部分:核心文化产品	469 770.1	195 727.31	274 042.8
新闻出版服务	82 105.24	47 974.2	34 131.04
广播电视电影服务	5 238.42	2 670.05	2 568.37

续表

类　　别	进出口总额	进口额	出口额
文化艺术服务	7 818.54	5 386.24	2 432.3
文化创意和设计服务	264 444.64	86 760.5	177 684.13
工艺美术品	83 415.24	40 388.77	43 026.47
其　　他	26 748.02	12 547.54	14 200.48
第二部分:文化相关产品	1 126 256.83	446 346.36	679 910.47
文化用品	669 215.93	185 942.53	483 273.4
文化专用设备	457 040.9	260 403.83	196 637.07

资料来源:《2014 年上海对外文化贸易发展报告》。

与 2012 年相比,2013 年,上海文化产品和服务的进出口结构发生了调整,文化服务类的"软件产品"进出口总量有所上升,文化相关产品类的"硬件产品"进出口总量有所下降,文化贸易产品结构不断优化。按贸易方式划分,文化服务贸易进出口总额 27.05 亿美元,占文化产业进出口总额的 16.95%,出口大于进口。文化产

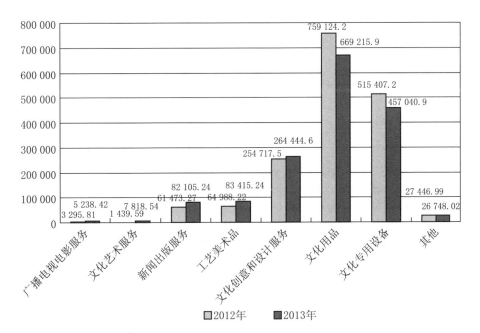

图 2.5　2012—2013 年上海文化产品和服务进出口总额分类对比图

品和服务进出口中,设备制造、产品加工仍占主要成分。同时,2013 年,上海文化产品和服务进出口中核心文化产品所占比重从 2012 年的 19% 增长到 30%,其中新闻出版服务、广播电视电影服务、文化艺术服务、文化创意和设计服务、工艺美术品等项目均有了较大增长,而文化相关产品进出口占比则从 2012 年的 81% 下降到 70%。

同时,上海自贸试验区文化产业在 2013 年和 2014 年取得较为显著的发展成就。部分文化产业的资产总额逐年增长(见表 2.17),通过数据我们能够发现,负面清单管理模式实施前后,上海文化与相关行业发展迅速,保持了 11% 以上的增长,其中以互联网和相关服务发展最为明显。

表 2.17　上海文化产业的资产总额变化情况(2012—2014 年)

文化产业相关行业	2012 年	2013 年		2014 年	
	资产总计(亿元)	资产总计(亿元)	比去年同期增长(%)	资产总计(亿元)	比去年同期增长(%)
信息传输、软件和信息技术服务业	2 831.53	3 265.59	11.4	4 595.85	13.2
电信、广播电视和卫星传输服务	1 018.16	1 144.13	10.9	1 302.01	13.9
互联网和相关服务	217.47	259.87	18.1	391.05	25.9
软件和信息技术服务业	1 595.9	1 861.59	10.8	2 902.79	16.3
科学研究和技术服务业	1 494.48	1 852.41	17.6	2 727.38	17.2
文化、体育和娱乐业	677.67	961.09	11.3	1 126.20	17.2

资料来源:《2014 年上海文化产业发展报告》、《2014 上海市国民经济和社会发展统计公报》、《2014 年 1—4 季度规模以上社会服务业企业主要经济指标》、《2013 年 1—4 季度规模以上社会服务业企业主要经济指标》、《2012 年 1—4 季度规模以上社会服务业企业主要经济指标》。

2014 年上半年,上海有文化产品出口实绩的企业数量为 1 742 家,较上年同期增加 17 家。上海出口文化产品 17.8 亿元人民币,比上年同期增长 27.8%,增速高于同期上海平均增速 26.3%。其中,外商投资企业出口文化产品 10.3 亿元,大幅增长 76.9%,占同期上海文化产品出口总值的 58.1%。同期,民营企业出口 5.9 亿元,下降 6%;国有企业出口 1.6 亿元,下降 13.5%。在上海自贸试验区对外资文化产业诸多开放政策的促进下,外资对上海文化贸易发展的促进作用将会进一步实现质和量的飞跃。

2014 年,上海积极开拓国际国内展会,拓展对外文化贸易渠道,举办了上海国际电影节、中国国际动漫游戏博览会、中国国际数码互动娱乐展览会、中国上海国际童书展、上海艺术博览会等国际文化展会活动,吸引了来自国内外各地的参展商和观众,成交纪录屡创新高。上海也组织文化企业积极开拓境外展会市场,组织参加法兰克福书展、洛杉矶艺术展、芝加哥艺术展、第十二届香港国际授权展、美国演艺出品人年会、中韩文化产业交流会、第十八届香港国际影视展等展会活动,并作为主宾城市组织出版企业、优秀作品和著名作家参加巴黎书展。通过一系列国际文化展会活动,上海大力支持外向型文化企业全面开展国际合作与推广,推动了一批文化企业、产品和服务"走出去"。

同时,上海大力发展文化出口平台。如五岸传播利用遍及东南亚、北美、欧洲、非洲等 30 多个国家和地区的华语节目版权交易网络,文化产品出口收入保持每年15%—18%的平均增长;还与美国中文电视台 SinoVision 签订了华语节目全面合作协议,合作运营纽约地区中文频道和英语频道,向 SinoVision 提供版权节目,总计输出版权超过 2 000 小时。上海游族信息技术有限公司建立中华游戏海外输出平台,采用成立海外子公司或授权海外运营模式,建立了网页游戏和移动游戏的海外推广平台,为企业自身和中小企业的游戏产品提供了专业化海外推广运营服务。上海市多媒体行业协会自 2012 年中期开始组建中小手游产品海外推广服务平台,2013 年 3 月第一款游戏上线,至 2014 年 3 月底,平台上的游戏收入每天超过 2 000美元。上海动漫公共技术服务平台搭建的上海动漫游戏服务外包与出口服务平台,已有 28 款游戏出口到欧洲、美洲、亚洲等 12 个国家和地区,并与 17 家海外运营商建立了不低于 5 年的合作运营关系,游戏的活跃用户达 320 万人,另外还得到韩国顶级游戏开发商 Blueside 的认可,并获得其 2014 年上线的一款旗舰游戏的海外市场运营资格;平台还完成了 11 个国内原创开发项目投资,其中 5 个已进入商业化,2014 年累计营收 2 000 万元。

另外,上海努力拓展国外主流销售渠道。上海今日动画影视文化有限公司制作的 26 集上海原创动画片《泡泡美人鱼》由欧洲最大的电视代理公司德国国家电视台国际公司(ZDF)作为全球销售总代理,仅欧洲、北美等地区的预售金额就超过了1 000万欧元,并与美剧《纸牌屋》的制作和播出平台Netflix公司签订了2年的播放授权,同时推出英、法、德、汉4种配音版本,成为首部在其视频网络上播出的中国原创影视作品。2014年,上海新闻出版发展有限公司与法国拉加代尔集团在中国童书方面开展进一步合作,于2015年春节前后利用拉加代尔集团在全球100家左右机场书店举办100种中国优秀童书联展,这是中国童书首次集中走进海外主流销售渠道。

2015年1月至3月,在文化部统一部署下,上海市文广局筹划并组织了"欢乐春节"项目,先后组派上海文化艺术团、上海民族乐团、上海绛州鼓乐团等文化艺术表演团体,分别奔赴波兰、匈牙利等国家进行巡演;国家对外文化贸易基地(上海)组织参加第20届洛杉矶艺术展等。一系列活动使兼备东西方文化内涵的"海派文化"从中国走向了世界,提高了"海派文化"的国际影响力。2015年版负面清单出台,取消了对包括文艺创作与表演等在内的文化艺术业的投资限制,这为自贸试验区内以艺术表演为代表的文化艺术的发展提供了更多的机会。国外投资的文化艺术表演团体,不仅为本土的文化艺术注入了新的发展活力,为中国文化的发展带来了先进的人才、技术。同时,外资参与成立的艺术表演团体通常会获得一些优惠政策,有更多"走出去"的机会,从而会拓宽"海派文化"的发展道路。

2015年,上海自贸试验区进一步加快建设步伐,文化市场继续探索有序开放,上海作为国际文化大都市在全球的影响力也不断扩大。上海外向型文化企业越发适应国际化、专业化的发展要求,上海对外文化贸易进一步扩大规模、优化结构和提升能级,并向规模化、专业化、高质量的发展方向迈进。一是积极参与到"加快实施自由贸易区战略"的建设中,研究和部署向自由贸易区相关地区和国家拓展文化贸易;积极对接上海自贸试验区,不断探索和实践文化领域的进一步扩大开放。二是深入贯彻《国务院关于加快发展对外文化贸易的意见》,落实《上海市人民政府关于加快发展本市对外文化贸易的实施意见》,不断完善推动上海对外文化贸易发展的保障支撑体系。三是加快上海文化产业与其他相关产业在文化贸易方面的跨界交融发展,不断催生文化贸易"新产业、新业态、新技术、新模式",为对外文化贸易的创新发展开拓新的领域和发展空间。四是不断加强国家对外文化贸易基地(上海)、国家版权贸易基地(上海)等国家级平台及上海文化贸易语言服务基地等市级平台的建设,积极服务全国,强化口岸作用。五是通过组织上海文化企业参加国际展会、对接主流销售代理渠道、搭建细分领域的专业"出口"平台等多方式，多途径地开拓文化贸易渠道，逐步构筑起立足上海、辐射"一带一路"、面向全球的文化贸易网络。

2. 上海自贸试验区成立后颁布的文化贸易发展相关政策

在政策优势方面，上海文化市场开放政策快速推行，有力地促进了上海文化产业各个方向的发展。

(1) 2013 年，上海市版权局出台了《上海市版权"走出去"扶持资金管理办法》，加快实施版权"走出去"战略，申报项目必须最终能够实现向非华语地区版权输出或与非华语地区的出版单位进行国际合作出版发行。2013 年至 2014 年已组织两次申报工作。

(2) 2014 年 4 月，上海市人民政府公布《中国(上海)自由贸易试验区文化市场开放项目实施细则》，规范管理外商独资演出经纪机构、外商独资娱乐场所、外资企业从事游戏游艺设备的生产和销售等 3 项文化市场开放政策。

(3) 上海文化发展基金会在 2014 年第一期项目申报推出资助新举措，对中华文化"走出去"项目大幅增加资助力度。基金会对创作或修改打造具有民族文化艺术特色、适应海外文化市场演出特点和国外受众审美习惯的舞台艺术、影视、美术和歌曲项目，予以政策倾斜。一方面增加项目入选额度，另一方面增强资助力度，为"走出去"项目提供更多帮助，包括配套信贷服务等，积极创造条件促其成行。

(4) 2014 年，中共上海市委宣传部、上海市文化广播影视管理局等上海九大部门联合出台了《关于促进上海电影发展的若干政策》，整合现有扶持政策，每年安排逾 2 亿元资金，支持上海电影全产业链发展，对上海电影企业在境外提供的广播影视节目(作品)发行、播映服务，向境外单位提供的广播影视节目(作品)制作服务实行增值税免税政策，鼓励上海电影企业"走出去"。

(5) 2014 年 11 月 7 日《上海市人民政府关于加快发展本市对外文化贸易的实施意见》发布，提出了上海对外文化贸易的发展目标、重点工作以及保障举措。目前，上海通过多项专项扶持资金和相关政策，在资金、税收、金融、进出口等各方面对对外文化贸易发展提供支持，基本形成对外文化贸易的政策支撑体系。

(6) 2014 年 11 月，在上海市文化金融合作座谈会上正式发布《上海市关于深入推进文化与金融合作的实施意见》，推动文化与金融合作。

(7) 2014 年 6 月,张江国家级文化和科技融合示范基地制定出台《上海张江国家自主创新示范区促进文化与科技融合产业发展资助办法(试行)》,更加有力地推动文化与科技发展的融合。

(8) 上海市促进文化创意产业发展财政扶持资金大力支持文化创意产业的成果展示、推介和交流合作。

(9) 上海市文化"走出去"专项扶持资金通过出口项目资助、贷款贴息、房租补贴等,重点扶持新闻、出版和版权、广播、电视、文化艺术等领域文化服务和相关产品的国际贸易。2014 年,本市 32 个文化"走出去"项目经评审通过后获专项资金支持,专项资金总额为 482 万元。

(10) 上海市文化广播影视管理局、上海市文物局设立专项资金,在动漫游戏领域,对优秀原创网络、手机动漫、优秀动漫游戏出口产品给予扶持;对民营文艺表演团体"走出去"参加国内外知名艺术节庆、赛事活动或获得突出成绩、赢得重要荣誉的,给予重点补贴。

(11) 上海市商务委员会通过设立上海市服务贸易发展专项资金和上海市促进服务外包产业发展专项资金,对本市文化贸易企业在出口绩效、人才培训、服务贸易促进活动、聘请外国专家、语言翻译、平台建设等方面给予扶持,2014 年,本市 41 家文化出口企业获得上述专项资金支持,当年支持资金总计 520 万元。

2.3.2 天津自贸试验区成立后文化贸易发展情况

1. 天津自由贸易试验区成立以来文化贸易发展情况

近年来,天津文化产业发展取得显著成绩,文化产业经济总量已具一定规模,一批骨干文化企业已经涌现,文化产业正处于快速发展时期。以滨海新区为代表的文化产业园,以高文化含量、高科技含量、高附加值的动漫、计算机软件产品赢得市场,成为文化产业中的新生力军。目前,国家数字出版基地、国家滨海广告产业园、国家动漫产业综合示范园、中国天津 3D 影视创意园区、国家影视网络动漫试验园、国家影视网络动漫研究院等国家级项目相继落户在天津滨海新区,天津初步形成文化科技产业集群地。

2014 年,天津共有 9 家文化出口企业和 3 个文化出口项目入选"2013—2014

年度国家文化出口重点企业和国家文化出口项目",已经成为我国文化产品出口的中坚力量。2014 年上半年,天津口岸出口文化产品价值 15.2 亿元人民币,比上年同期(下同)增长 11.1%。2014 年上半年天津口岸文化产品出口的主要特点如下:

(1) 以一般贸易方式出口为主。2014 年上半年,天津口岸以一般贸易方式出口文化产品价值 10.8 亿元,增长 7.4%,占同期天津口岸文化产品出口总量的 71.1%。

(2) 外商投资企业和民营企业出口为主。2014 年上半年,天津口岸外商投资企业出口文化产品价值 6.9 亿元,增长 16.2%;民营企业出口文化产品价值 6.2 亿元,增长 6.5%,两者占同期天津口岸文化产品出口总量的 86.2%。

(3) 主要出口至美国和欧盟。2014 年上半年,天津口岸出口文化产品至美国价值 5.2 亿元,增长 41%;出口至欧盟价值 3.9 亿元,增长 9.2%,两者合计占同期天津口岸文化产品出口总量的 59.9%。

(4) 主要出口产品为通过电产生或扩大声音的键盘乐器、未列名贱金属雕塑像及其他装饰品、打击乐器和铜管乐器。按照产品商品编码分类,2014 年上半年,天津口岸出口通过电产生或扩大声音的键盘乐器价值 2.9 亿元,增长 50.5%;出口未列名贱金属雕塑像及其他装饰品价值 2.1 亿元,增长 31.2%;出口打击乐器价值 2.1 亿元,增长 4.5%;出口铜管乐器价值 1.5 亿元,逆势下降 2.4%,四者合计占同期天津口岸文化产品出口总量的 56.6%。

2015 年,天津重点文化项目共有 58 项,总投资为 119.6 亿元。重点文化项目分为公共文化服务、文化产业和文化产品创作生产三大类,包括公共文化设施、公共文化服务平台、文化创意街区、媒体融合、互联网信息媒体服务平台、文化娱乐节目、电影电视等 15 个类别。

2. 天津自贸试验区成立后颁布的文化贸易发展相关政策

2013 年,为加快推进天津文化与金融融合发展,破解文化企业融资难题,天津出台了《关于促进我市文化与金融融合发展的实施意见》,围绕构建多层次金融产品体系、多元化金融机构体系、专业化资本及要素市场体系、综合性配套服务环境体系、组织保障体系等 5 个方面,推出 16 项具体措施,促进文化产业与金融业实现深度融合,如专利权、商标权可作质押贷款,设立文化产业支行等专业服务机构,建立金融机构与文化企业对接平台,推动天津重点文化企业上市进程等方面。

2014 年,天津确立文化发展目标:提升公共文化服务水平,切实繁荣艺术创作演出,加快发展文化产业,加强非物质文化遗产传承保护,扩大对外文化交流,继续深化文化体制改革。为此,天津出台了 5 项相关政策:

(1)《天津市文化服务、文化产业转型升级工程》。该工程包括 95 个重点文化项目,总投资约 236.5 亿元,其中公共文化服务项目 23 个、文化产业项目 39 个、文化产品创作生产项目 33 个;

(2)《关于促进天津市文化贸易发展的实施意见》(津商务服贸〔2014〕1 号)。该实施意见提出,用 5 到 8 年时间,建设 1—2 个文化贸易基地,积极推动旅游、餐饮、中医药与文化贸易相结合,共同发展。搭建具有一定国际影响力的文化贸易促进平台,拓宽文化"走出去"渠道。培养一批具有国际竞争力的文化贸易企业,打造一批具有天津特色的文化贸易重点项目。

(3)《中共天津市委天津市人民政府关于加快服务业发展的意见》。该意见指出,推进文化创意和设计服务与相关产业融合发展,打造独具特色的文化强市、北方创意之都。积极开拓文化产品市场,加快新闻出版、广播影视、新媒体、演艺娱乐、动漫游戏、体育等产业发展,提升文化产业园区服务功能。丰富和发展"近代中国看天津"核心旅游品牌,进一步扩大"天天乐道、津津有味"的品牌影响力,完善旅游基础设施,打造更多旅游精品,加快建设邮轮旅游实验区,建成中国北方公务机基地,成为国际旅游目的地和集散地。

(4)《天津市现代服务业重点产业三年行动计划汇编》(2014—2016 年)。汇编提出,努力使天津文化产业增加值年均增长 20% 以上,到 2016 年,占全市生产总值的比重超过 5%,成为支柱产业。每年推出一批文化大发展大繁荣攻坚战重点项目,着力推动项目建设。加快文化产业园区和基地建设,到 2016 年,天津国家级文化产业示范基地达到 10 家。打造动漫精品,到 2016 年,认定动漫企业超过 40家,动漫产品总量和效益比 2013 年翻一番。

(5)《天津市关于推进文化和旅游融合发展的实施意见》(津党宣发〔2014〕19号)。该意见指出,天津将加快推进重点文化旅游项目建设,举办特色文化旅游活动,挖掘旅游产品文化内涵,加强文化旅游资源整合,培育特色旅游演艺产品,开发天津特色旅游纪念品。力争到 2015 年,文化与旅游快速融合发展,产业不断优化,新增 20 个文化旅游大项目,培育一批特色文化旅游演艺活动,举办 100 项特色文化旅游活动,文化、旅游产业增加值占全市 GDP 的比重分别达到 5% 和 7.5%,成为国民经济支柱产业。

2.3.3　福建自贸试验区成立后文化贸易发展情况

1. 福建自由贸易试验区成立以来文化贸易发展情况

经过多年培育,福建文化产业集聚发展态势逐步显现,对文化产业发展的示范和带动效应也在不断扩大。近几年来,福建文化产业发展较快,对经济社会建设正在发挥越来越明显的促进作用,在数字动漫、数字电视、数字出版、网络广播影视等方面新兴文化业态呈现出快速发展的态势。

据统计,2014 年,福建文化系统共有艺术表演团体 74 个,全省共有公共图书馆 88 个、文化馆 96 个、博物馆 98 个。文化系统各类艺术表演团体演出 1.02 万场、年度首演剧目 158 个、观众 858.21 万人次,其中政府采购公益性观众 233.60 万人次;各级公共图书馆组织各类讲座 2 120 次,书刊文献外借 2 036.91 万册,总流通人数 1 965.81 万人次;各级文化馆组织举办展览 856 个,组织文艺活动 2 935 次、培训班 4 789 期和公益性讲座 445 次,共有 591.86 万人次参加;博物馆共举办 288 个基本陈列和 466 个展览,共有 1 954.85 万人次参观。2014 年末,全省共有影院 160 个、银幕 746 块,年度电影票房 9.81 亿元。有广播电台 7 座、电视台 7 座、广播电视台 66 座、教育电视台 1 座,有线电视用户 718.40 万户,有线数字电视用户 598.33 万户,年末广播节目综合覆盖率为 98.3%,电视节目综合覆盖率为 98.7%。2014 年全年,出版图书 3 793 种,总印数 0.68 亿册;报纸 42 种(不含校报、副刊),总印数 11.58 亿份;期刊 176 种,总印数 0.46 亿册;音像电子出版物 57.01 万盒(张)。年末全省共有各级各类档案馆 114 个。

另外,据海关统计,2014 年 1—10 月,福建共出口文化产品 78.8 亿元人民币,较上年同期增长 2.1%。当期,福建文化产品出口有以下主要特点:(1)1 月、7 月份达到高点,10 月份出口同比、环比均下降。(2)主要以一般贸易方式出口文化产品 73.2 亿元人民币,增长 2.1%,占同期福建文化产品出口总值的 92.9%;海关特殊监管方式出口 3.7 亿元人民币,增长 2.9%,占 4.7%;加工贸易方式出口 1.9 亿元人民币,增长 0.8%,占 2.4%。(3)民营企业出口文化产品 55.1 亿元人民币,增长 7.6%,

占同期福建文化产品出口总值的 69.9%；同期，外商投资企业出口 17.5 亿元人民币，下降 15%，占 22.2%；国有企业出口 6.2 亿元人民币，增长 16%，占 7.9%。(4)对美国出口文化产品 28.5 亿元人民币，下降 0.9%；对欧盟出口 27.3 亿元人民币，增长 13.3%，上述两者合计占同期福建文化产品出口总值的 70.8%。(5)出口视觉艺术品 73.7 亿元人民币，增长 2.1%，占同期福建文化产品出口总值的93.5%。同期，出口印刷品 2.5 亿元人民币，下降 4.7%，占 3.2%。

2014—2015 年度，有 27 家企业被认定为福建省文化出口重点培育企业，获专项资金扶持。此外，中央也大力支持福建省重点文化产业项目建设，中央财政下达福建省文化产业发展专项资金 10 065 万元，大力支持福建文化产业发展。2014 年，厦门市大力扶持文化产业运营平台建设，一是搭建两岸文化产业交流交易平台，做大做强海峡两岸(厦门)文博会、海峡两岸图书交易会、厦门国际动漫节等重点文化展会，推动两岸文化产业深度对接，共同发展。二是支持中国移动手机动漫基地、中国电信手机动漫中心、中国联通手机动漫基地(筹)、4399 网络游戏运营中心、厦门(华辰)国际艺术品交易中心、海峡收藏品交易中心和中国工艺集团工艺品交易所(及黄金、钻石交易中心)等重大项目建设发展，进一步提升厦门文化创意产业的影响力。

尽管福建文化产业发展成效显著，但也存在诸多问题：一是文化产业发展水平不高，尚未成为全省的支柱产业。二是文化产业结构不尽合理，区域产业发展不平衡。三是文化产业政策法规体系不健全，文化资源未能得到有效配置。四是文化产业高端复合型人才较为缺乏，文化人才政策仍需健全。

2. 福建自贸试验区成立后颁布的文化贸易发展相关政策

作为大陆与台湾地区距离最近的省份，福建自贸试验区以立足于对接台湾为其特色发展方向，大力发展闽台贸易，推进两岸贸易往来。同时，厦门、平潭和福州在经贸、文化、教育等方面的对台交流合作发展迅猛，有利于继续促进两岸区域经济合作和城市交流朝着更深层次发展。福建自贸试验区成立后，福建省人民政府高度重视文化产业发展，为此采取了一系列措施鼓励和支持文化产品及服务出口。2014 年，福建出台下述文化贸易相关政策：

(1) 2014 年，福建以签订《进一步加快推进海峡西岸经济区文化发展合作协议》为契机，在文化项目和文化活动平台建设、对台对外文化交流与文化贸易、艺术作品创作、文化遗产保护、文化产业发展、文化艺术人才培养等方面取得新突破新成效,深化对台港澳地区的文化交流,打造两岸文化交流重要基地。

(2)《关于推动福建对外文化贸易通关便利化的若干措施》。该政策措施紧紧围绕"310 行动计划",支持平潭综合实验区建设文化保税区,推进厦门自贸试验区建设,发挥厦门、平潭、福州等地对台优势,建设两岸文化产业交流合作先行区。

(3)《福建省人民政府关于加快发展对外文化贸易的实施意见》。意见提出,加快发展对外文化贸易,要充分发挥福建文化资源和对外开放优势,积极融入国家"一带一路"建设,拓展对外文化贸易平台和渠道,在更大范围、更广领域和更高层次上参与国际文化合作和竞争,把更多具有福建特色的优秀文化产品和服务推向世界。

(4)《福建省人民政府关于推进文化创意和设计服务与相关产业融合发展八条措施的通知》(闽政〔2014〕54 号)。根据该意见,福建将支持现有文化创意和设计服务企业提升壮大,扶持新办或新引进文化创意企业加快发展,鼓励老厂区老厂房改造发展文化创意企业集中区,开展企业"助保贷"等金融支持,强化文化创意和设计服务人才支撑,支持文化创意和设计服务研发及自主创新,扩大文化创意和设计服务市场需求,建立健全推进文化创意和设计服务与相关产业融合发展的工作机制。

2.3.4　广东自贸试验区成立后文化贸易发展情况

1. 广东自由贸易试验区成立以来文化贸易发展情况

2013 年,广东 21 家国家级文化产业示范园区、基地,共实现收入总额 976.2 亿元、利润总额 129.8 亿元、纳税总额 119.3 亿元。广东聚集了全国 70% 以上的演艺设备生产企业,在企业数量、就业人数、生产产值等方面均居世界前列。2013 年,广东演艺设备行业出口总额约为 22 亿元,约占全国同行业出口额的 70%。同时,广东的游戏游艺设备生产在全球市场份额超过 1/5。2013 年,中山市游戏游艺设备产品出口总额约为 2.46 亿美元,占该市销售总额的 56%。2013 年,广东电视频道境外落地取得新成效,广州广播电视台收购美国华语电视台天下卫视,使广东在境外落地播出的电视频道达到 9 个,位居全国前列。虽然广东文化产品出口数量有所增长,但文化贸易逆差现象仍未得到根本改变,文化产品和服务出口渠道还比较狭窄,输出的文化产品价格还远远低于引进的同类产品。据商务部统计,2013

年,广东核心文化产品进出口总额为 86.63 亿美元,其中出口总额 82.24 亿美元,占全国总量近 1/3,位居全国各省份首位。此外,广东文化贸易出口市场已经覆盖近 150 个国家和地区,其中美国、欧盟、中国香港前三大出口市场合计约占广东文化产品出口总值的 80%。

另外,据海关统计,2014 年 1—11 月,广东出口文化产品价值 490 亿元,比上年同期(下同)增长 1.2 倍。当期,广东文化产品出口有以下主要特点:(1)文化产品月度出口额大幅飙升,11 月份出口 50.8 亿元,同比增长 1.1 倍,环比下降 13.2%,同比连续第 5 个月倍增。(2)以加工贸易出口为主。当期,广东以加工贸易方式出口文化产品价值 326 亿元,增长 2.5 倍,占同期全省文化产品出口总值(下同)的 66.5%;一般贸易出口 133.2 亿元,增长 23.8%,占 27.2%。(3)外商投资企业出口占七成以上。当期,广东外商投资企业出口文化产品价值 365.9 亿元,增长 1.7 倍,占 74.7%;民营企业出口 106.4 亿元,增长 43.4%,占 21.7%;国有企业出口 17.8 亿元,下降 1.2%,占 3.6%。(4)主要对美国、欧盟和中国香港出口。当期,广东对美国出口文化产品价值 207.4 亿元,增长 2 倍;对欧盟出口 115.6 亿元,增长 1.5 倍;对中国香港出口 61.3 亿元,增长 14.4%;对上述市场出口合计占 78.4%。(5)视听媒介为主要出口品种。当期,广东出口视听媒介产品 239.4 亿元,暴增 4 777 倍,占 48.9%;出口印刷品 121.2 亿元,增长 5.3%,占 24.7%;出口视觉性艺术品 101.6 亿元,增长 29.7%,占 20.7%。①

总的来说,近年来广东对外文化贸易呈现出的主要特点如下:

(1)以网络游戏、动漫等为代表的文化新型业态产品和服务成为出口市场的一大亮点。目前,广东全省网络游戏海外营业额超过 100 亿元,广州网易计算机系统有限公司、珠海金山软件公司、深圳中青宝互动网络股份有限公司、广州菲音信息科技有限公司、深圳第七大道科技有限公司等企业相继实现了网络游戏产品"走出去"。深圳市腾讯计算机系统有限公司除网络游戏外,还向海外市场输出微信产品,并先后在印度和俄罗斯投资互联网业务。此外,深圳华强文化科技集团公司的动漫产品累计出口超过 7 万分钟,输出到 100 多个国家和地区,并进入尼克频道等

---

① 数据来源于中商情报网,http://www.askci.com/news/chanye/2015/01/05/155640b7kr.shtml。

国际主流媒体;UC优视成为全球使用量最大的第三方移动浏览器提供商,是中国和印度最大的移动浏览器提供商。

(2)重点企业和品牌项目不断涌现,文化出口产品科技含量和附加值不断提高。深圳华强文化科技集团股份有限公司向伊朗、南非、乌克兰等国家成套出口大型文化科技主题公园,公司研制的环幕4D电影系统输出到美国、加拿大等40多个国家和地区。广东省出版集团有限公司的对外合作从单一的版权转让发展为联合出版、成品出口、渠道共享、股权合作、印刷、复制服务、数字出版等多形态、多领域的深层次合作,每年进出口贸易总额超过2亿元,年均实物出口销售实洋超过100万美元,连年实现版权贸易顺差,集团旗下广东新世纪出版社的《少年文摘》杂志出口到东南亚、澳大利亚等多个国家和地区,每年出口近20万册,成为国内出口量最大的期刊。广州市杂技艺术剧院有限责任公司创作的杂技剧《西游记》在国外签约演出达150场。广州珠江钢琴集团公司累计出口钢琴达120万架,占全球市场份额20%,成为全球最大的钢琴制造商。

(3)文化制造业产品出口优势突出。随着LED舞台灯具在国际范围内的兴起,广东演艺设备企业紧跟国际市场潮流,同步研发新产品,由传统的舞台电脑灯及时转向生产、出口LED灯具。目前,广东聚集了全国70%以上的演艺设备生产企业,在企业数量、就业人数、生产产值等方面均居世界前列。2013年,广东演艺设备行业出口总额约为22亿元,约占全国同行业出口额的70%。同时,广东的游戏游艺设备生产在全球市场份额超过1/5。2013年,中山市游戏游艺设备产品出口总额约为2.46亿美元,占该市销售总额的56%。

(4)新闻媒体海外合作步伐加快。南方报业传媒集团入股泰国历史最悠久的华文媒体《星暹日报》,并与巴拿马《拉美侨声》合作推出新版;《广州日报》社与澳大利亚《星岛日报》合作出版《广州日报·澳洲版》,与北美洲《明报》合作出版《广州日报·北美版》;羊城晚报报业集团在澳大利亚悉尼出版《澳洲新快报》;《汕头特区报》与泰国华文报纸《京华中原联合报》合作出专版。2013年,广东电视频道境外落地取得新成效,广州广播电视台收购美国华语电视台天下卫视,使广东在境外落地播出的电视频道达到9个,位居全国前列。目前,广东电视台国际频道、南方卫视、深圳卫视等频道在北美、东南亚及我国港澳台地区的覆盖影响不断扩大,南方卫视全球付费用户数突破12万,覆盖收视实现双丰收。此外,民营文化企业也成为进军海外市场生力军。广州俏佳人文化传播有限公司继 2009 年在美国成功收购国际视听传播公司后,发展至今已拥有 16 个电视频道,成为覆盖北美地区(包括洛杉矶、纽约、休斯敦、西雅图、达拉斯、奥斯丁、温哥华等地)范围最大、收视人群达到 1 亿以上的华人电视媒体。

2014 年,上海交通大学发布《2014:中国文化产业发展指数报告》,[①]报告所列出的文化产业发展"新十强",仍由广东拔得头筹,东部地区依然占主导地位。全国 31 省份形成的"新十强"依次为:广东、北京、江苏、上海、浙江、山东、福建、湖南、四川、安徽。同时我们注意到,目前,深圳具有中国(深圳)国际文化产业博览交易会(国际文化贸易展示交易平台)、创意城市网络文化交流合作平台、深圳文化产权交易所(国际版权交易中心)、中国文化产业投资基金(文化创意产业国际投融资服务中心)等四大功能平台,是该市已在运作的成熟平台资源。同时,深圳已建成各具特色的文化创意产业集聚园区(或基地)54 个。

2. 广东自贸试验区成立后颁布的文化贸易发展相关政策

2014 年以来,广东出台了下列文化贸易相关政策[②]:

(1)《广东省人民政府办公厅印发关于进一步促进服务业投资发展若干意见的通知》(粤府办〔2014〕22 号)。该意见提出,拓宽民营资本投资领域和范围,积极推进医疗、教育、文化、体育、养老等社会事业领域改革,鼓励和支持民办社会事业。加强产业发展载体投资建设。支持现代服务业集聚区建设,在金融服务、现代物流、信息服务、科技服务、知识产权服务、商贸会展、工业设计、文化创意、广告服务、现代旅游等领域,培育建设一批产业集聚程度高、辐射服务作用大、示范带动能力强的现代服务业集聚区。

(2)《广东省人民政府办公厅关于实施国民旅游休闲纲要(2013—2020 年)的意见》。该意见提出,加快旅游休闲产品开发和项目建设。大力整合滨海旅游资源,以"21 世纪海上丝绸之路"建设为契机,加强与沿线国家的合作,创新开发相关旅游产品,打造广东蓝色滨海旅游产业带和海洋文化旅游精品。

---

① 该份研究报告对 2012 年中国文化产业发展指数(CCIDI)、表征指数(CCIRI)、发展内涵指数(CCIEI)和发展综合指数(CCIDCI)做出报告并分析。

② 文化部财务司,《2014 中国文化统计手册》,中国文化出版社 2014 年版。

（3）《广东省人民政府办公厅转发省知识产权局关于促进我省知识产权服务业发展若干意见的通知》（粤府办〔2014〕3 号）。该通知指出，广东要加强知识产权服务交流合作。加强粤港澳金融、文化创意等服务业知识产权交流，深化跨境保护、培训教育、研究服务方面合作；推进粤台知识产权服务人才、信息分析及管理等方面的合作。吸引国际知名机构到广东开展知识产权服务业务，鼓励海外高层次留学人才和创业团队运用知识产权创业。

（4）《广东省人民政府关于印发广东省加快发展对外文化贸易实施方案的通知》（粤府函〔2015〕26 号）。根据该通知，《方案》特别对税收政策予以明确，按照国家有关部门确定的具体范围，对纳入增值税征收范围的文化服务出口实行增值税零税率或免税。对国家重点鼓励的文化产品出口实行增值税零税率。在国家级服务外包示范城市从事服务外包业务的文化企业，符合政策规定和相关条件的，经认定可享受减按 15% 的税率征收企业所得税。《方案》提出，为扩大对外文化贸易规模，把更多具有中国和广东特色的优秀文化产品推向世界，力争到 2020 年，在新闻出版、广播影视、文化艺术、动漫游戏、创意设计等对外文化贸易主要领域，培育具有国际竞争力的本土跨国文化企业。鼓励和支持国有、民营、外资等各种所有制文化企业从事国家法律法规允许经营的对外文化贸易业务，并享有同等待遇。未来将在广东 21 世纪海上丝绸之路国际博览会等平台设立文化贸易展区，带动全省文化产品和服务进出口。《方案》还要求推进文化金融合作，支持条件成熟区域探索创建文化金融合作试验区；支持符合条件的文化出口企业通过发行企业债券、公司债券、非金融企业债务融资工具等方式融资；推动在信用保险保单下的无抵押融资和借助出口信用保险业务进行再融资。

（5）佛山市人民政府 2015 年 10 月 23 日出台《佛山市人民政府关于扶持旅游文化创意产业发展的意见》（佛府〔2015〕70 号）。该《意见》提出多项产业扶持政策，扶持范围涵盖文化行业、体育行业以及旅游行业，扶持的重点对象是文化创意和设计服务业、新闻出版和影视艺术服务业、文化产品生产行业、特色文化古村落等。此外，2015 年 7 月佛山召开旅游文化创意产业发展会议。会上印发了《佛山市旅游文化创意产业（旅游、文化、体育）重点项目表》，明确了佛山 2015—2016 年发展的 50 个旅游文化创意产业，总投资额将达 913 亿元。

另外，2014 年 6 月 20 日召开的广东省文化金融合作发展对接会上传出信息，由广东省委宣传部、省文化厅、中国人民银行广州分行、省财政厅、省金融办等十部门联合组成省文化金融合作部门会商机制,研究出台《关于贯彻落实深入推进文化金融合作的实施意见》,形成合力加大对文化金融合作发展的推进力度。

2.3.5 北京对外文化贸易发展情况

近年来,在国际经济波动,中国经济增速下行压力加大、传统增长动力乏力的背景下,北京文化创意产业逆势而上,迎来新的发展时机。2005—2013 年,北京文化创意产业增加值增长了 257%,占 GDP 的比重由 9.7%上升到 12.3%。同时,北京文化消费潜力大,已成为经济的新增长点。大力发展文化创业产业是实现首都城市功能定位的基本手段,也是北京应对经济新常态的重要举措。2013 年,北京文化贸易额逾 35 亿美元。北京地区文化产品进出口规模全国居首,约占总量三分之一,电影音像进出口份额超过 60%,游戏、动漫、演出等出口规模逐年快速增加。此外,拍卖市场规模名列全国第一,企业拍卖份额占到全国的 70%以上。

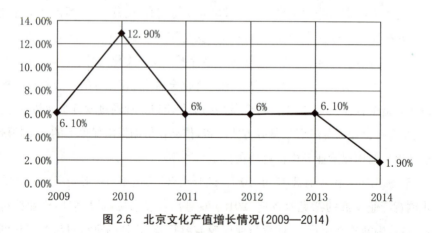

图 2.6 北京文化产值增长情况(2009—2014)

但是,从北京地区文化产业的总体增长率(2009—2014 年)来看,2013 年以前,北京地区文化产业保持着 6%以上的增长,但在 2013 年后,增长率大幅下降,不及往年增幅 1/3。同时,在 2013 年后,北京文化产业吸引外资、利用外资明显下降。究其原因,上海自贸试验区在 2013 年发布的负面清单对此带来的影响不容忽视。另外,上海自贸试验区建立以来,外资偏向于在自贸试验区内投资,集聚效果明显。

可以说,上海自贸试验区将其周边地区的外来资本及文化资源都吸收到自贸试验区内,延缓了周边地区的发展。这种现象甚至影响到了重庆等地区文化方面的外资引入,为了避免这种负面效果及争取国家优惠政策,重庆也加入了申请自贸试验区的成员行列。

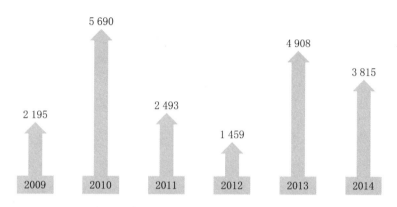

图2.7 北京文化产业实际利用外资情况(2009—2014)(万美元)

2014年8月,北京市人民政府、文化部共同发布了《关于加快国家对外文化贸易基地(北京)建设发展的意见》(京政发〔2014〕25号),列出了国家对外文化贸易基地(北京)基地发展的六大任务:加快基础设施建设、争取设立国家文化艺术口岸、大力发展国际版权贸易、大力发展跨境文化电子商务、推动文化金融服务创新试点及加快文化贸易公共服务平台建设。争取到2016年,基地建设基本完成,文化贸易口岸初步形成,文化贸易体制机制更加完善,发展环境日趋优化;基地文化贸易总量明显增长,贸易结构进一步优化。到2020年,在艺术品、影视、设计和信息服务等领域形成2至3个拥有较强国际竞争力的文化创意产业集群,掌握一批关键核心技术和标准,培育一批具有国际影响力的文化企业品牌和产品品牌,建设一批具有较强辐射力的国际文化交易平台;基地对外文化贸易额占全国比重大幅提高,文化创意产品和服务在国际市场的份额进一步扩大;基地桥头堡作用日益彰显,形成在国际文化竞争与合作格局中发挥重要作用的综合型文化贸易服务平台和国际口岸型市场,成为集文化贸易口岸、协同创新平台、企业集群式发展于一体的国家级文化贸易示范区。

2015年,北京深入实施创新驱动发展战略。立足全国文化中心、科技创新中心的定位,持续推进体制机制改革,促进科技文化创新不断取得新突破。落实文化创意产业功能区建设发展和产业提升规划,抓好国家文化产业创新实验区、国家数字出版基地、中国乐谷、怀柔影视产业示范区建设,推动文化创意和设计服务与科技、旅游、体育等相关产业融合发展。扩大对外文化交流,推动文化贸易发展和文化走出去,增强首都文化的国际影响力。出台促进知识产权转化运用的政策措施,建设全国知识产权运营公共服务平台。

第3章
中国文化贸易竞争力特征及决定因素分析

改革开放 30 多年来,我国的文化产业与文化贸易经历了跨越式的发展,特别是 21 世纪以来,文化产业逐渐成为我国发展的新动力之一。为深入剖析自贸试验区究竟可以从哪些方面促进中国文化贸易竞争力提升,我们有必要先对中国文化贸易的主要决定因素进行考察。

3.1 中国分类文化产品贸易的决定因素

3.1.1 引言

为深入剖析中国文化贸易的特点,以下我们以联合国教科文组织(UNESCO)对文化贸易的产品分类和统计方法为基础,通过使用贸易引力模型,对决定中国文化贸易的一般性因素与特殊因素进行实证考察。首先,我们需要对中国文化贸易的基本情况进行了解。由于 2009 年中国外贸受金融危机影响比较严重,因此,我们选取 2008 年以来的数据对中国文化产品贸易的基本情况进行考察,按照 UNESCO(2009)的统计方法,对中国与世界文化贸易的数据做了统计,见表 3.1。

由表 3.1 可知,出口额从大到小的产品顺序依次是:电影和录像、录音媒介、其他视觉艺术、手工业品、珠宝、音乐器械、书本、其他印刷品、画、报纸、建筑和设计、古董、照相器材;进口额从大到小的产品顺序依次是:录音媒介、手工业品、电影和录像、珠宝、报纸、书本、音乐器械、其他视觉艺术、画、其他印刷品、古董、照相器材、建筑和设计。

表 3.1　中国对世界文化贸易的基本情况(2008 年)(万美元)

	进　口	出　口		进　口	出　口
古　　董	852.23	243.44	照相器材	807.70	39.07
音乐器械	8 057.58	132 077.47	书　　本	12 138.48	105 838.71
录音媒介	380 095.56	621 109.47	报　　纸	13 996.50	2 570.54
画	1 664.23	12 774.55	其他印刷品	1 136.29	82 905.84
其他视觉艺术	3 546.14	411 202.33	电影和录像	34 648.85	823 100.56
手工业品	83 935.99	326 386.04	建筑和设计	519.61	1 237.60
珠　　宝	23 475.98	276 675.06			

资料来源:UN COMTRADE 数据库,数据具体计算方法见 UNESCO(2009)及后述。

　　从上述数据来看,文化产品进口或出口都相对集中于某几类产品;另外,就我们的统计结果而言,中国与世界的文化贸易存在逆差的结论是片面的,中国与世界在绝大多数文化产品的贸易上是存在顺差的,原因可能在于我们在这里只对文化产品贸易进行了统计,但对于文化服务贸易的逆差情况并没有进行相应统计,比如版权贸易等。而且,从我们的数据来看,中国倾向于从综合国力较强的国家(GDP大国)进口文化产品。一方面,综合国力较强的国家本身信息量十分巨大,中国由此会产生对其相应文化产品的需求,如报纸、书本、其他印刷品等;另一方面,这些综合国力较强的国家本身也生产高水平、高质量的文化产品(如建筑和设计、电影和录像等),而随着中国综合国力与购买力水平的提高,中国对这部分产高质量文化产品的需求也会越为强烈。

3.1.2　研究方法及数据说明

1. 计量模型的设定

　　经济学家通常应用引力模型来讨论国与国之间的双边贸易流量。引力模型起源于牛顿物理学中的"引力法则",即两个物体之间的引力与它们各自的质量成正比,与它们之间的距离成反比。最先将引力模型成功引入国际经济学的是丁伯根(1962)。在国际贸易的引力模型里,假设双边贸易流量规模是两国经济总量(GDP和人口)、两国经济中心的距离、双方的贸易政策等变量的函数。自 20 世纪 60 年代以来,引力模型已经在国际贸易经验研究中获得了相当大的成功。我们可以把引力模型的方程表示为：

$$\log(TRADE^t_{ij}) = C^t_{ij} + \beta X^t_{ij} + \delta Y^t_{ij} + \varepsilon^t_{ij} \tag{3.1}$$

其中，$TRADE$ 为贸易额；C 为常数；X 为回归方程的基本控制变量，如 GDP、人口和距离等变量；Y 是方程所关注的特定变量；ε 为回归残差。在本文里，为了具体分析决定中国文化贸易（进出口）的主要决定因素，我们首先把上述引力模型具体界定为：

$$
\begin{aligned}
\log(TRADE^t_{ij}) = {} & C^t_{ij} + \beta\log(GDP^t_i) + \gamma\log(GDP^t_j) + \delta\log(POP^t_i) \\
& + \eta\log(POP^t_j) + \lambda\log(DIST_{ij}) + \theta FTA_{ij} \\
& + \alpha\log(CUL^t_{ij}) + \varepsilon^t_{ij}
\end{aligned}
\tag{3.2}
$$

表 3.2　引力方程各指标代码和指标含义

指标代码	指标名称	指标代码	指标名称
GDP^t_i	第 t 年贸易对象国 i 的名义 GDP	GDP^t_j	第 t 年中国的名义 GDP
POP^t_i	第 t 年贸易对象国 i 的总人口	POP^t_j	第 t 年中国的总人口
$DIST_{ij}$	贸易对象国 i 的首都与中国上海市的距离	$TRADE^t_{ij}$	第 t 年中国与贸易对象国 i 的文化出口（或进口）总额
FTA_{ij}	贸易对象国 i 是否属东盟自贸区成员，是取 1，否取 0	CUL^t_{ij}	第 t 年中国人均文化产业增加值
C^t_{ij}	截距项	ε^t_{ij}	随机误差项

2. 指标与数据说明

（1）文化数据统计。

建立世界文化统计体系的努力已经有 60 多年历史，其中 1963 年出版的《联合国教科文组织统计年鉴》就包含了教育、科学和文化等数据。为了促进和规范世界范围的文化统计，1986 年，联合国教科文组织发布了第一个"文化统计框架"（UNESCO，1986）。2009 年，又推出"文化统计框架 2009 年修订草案"（UNESCO，2009），该草案建议文化统计应包括文化产品、文化服务和文化活动的核心指标和外围指标，在此文里，我们主要以此为统计标准，对中国文化的进出口数据进行统计。

联合国教科文组织（UNESCO，2009）认为，文化统计框架可以包括核心文化领域、相关文化领域和外围文化产品;核心文化领域包括:文化和自然遗产(包括无形文化遗产或非物质文化遗产)、演出和庆典、视觉艺术、工艺品和设计、图书和出版、声像艺术和数字媒体、传统和地方知识;相关文化领域包括:旅游、运动和休闲;外围文化活动和产品包括:文化设备、文化用品、广告、软件、玩具和游戏等。据此,该报告分别对以下 3 类进行了统计:①文化生产行为、文化产品及服务(CPC2,ISIC4);②国际贸易中的文化产品和服务(HS07);③文化职业(ISCO08)。

在该报告中,对国际贸易中的文化产品和服务统计主要分为如下 8 类(括号内为该商业的 HS07 分类号):

A. 文化和自然遗产:古董(970500,970600)。

B. 演出和庆祝:①音乐器械(830610,920110,920120,920190,920210,920290,920510,920590,920600,920710,920790,920810,920890);②录音媒介(852321,852329,852351,852359,852380,490400)。

C. 视觉艺术和手工业品:①画(970110,970190,491191);②其他视觉艺术(970200,970300,392640,442010,442090,691310,691390,701890,830621,830629,960110,960190);③手工业品(580500,580610,580620,580631,580632,580639,580640,580810,580890,580900,581010,581091,581092,581099,581100,600240,600290,600310,600320,600330,600340,600390,600410,600490);④珠宝(711311,711319,711320,711411,711419,711420,711610,711620);⑤照相器材(370510,370590)。

D. 书本和媒体:①书本(490110,490191,490199);②报纸(490210,490290);③其他印刷品(490300,490591,490510,490599,490900,491000)。

E. 音像和互动媒介:电影和录像(370610,370690,950410)。

F. 设计和创新服务:建筑和设计(490600)。

G. 旅游。

H. 运动和娱乐。

据此,我们可以按照上述 A—F 类文化贸易产品的分类标准,对联合国 COMTRADE 数据库中的贸易产品进行分类统计。由于 COMTRADE 数据库中采用 HS07 标准的贸易统计数据只有 2007、2008、2009 年,因此,我们的收集数据范围也只涵盖在这 3 年;另外,对于中国的文化贸易,考虑到样本数据的可比性,以及剔除异常值后,最后我们选取的中国文化贸易的对象国样本为:澳大利亚、奥地利、比利时、巴西、加拿大、哥伦比亚、丹麦、芬兰、法国、德国、意大利、日本、韩国、马来西亚、墨西哥、荷兰、新加坡、南非、西班牙、瑞典、泰国、英国、美国等共 23 个国家。

（2）其他数据说明与来源。

我们用中国人均文化产业增加值来指代中国文化生产效率,而此指标数据主要从各年的中国统计年鉴中对文化、体育和娱乐业的增加值再除以当年人口而得。①考虑到文化生产效率对贸易有一个滞后效应,因此,我们相应选取 2006、2007、2008 年的数据进行统计。

在回归方程中,FTA_{ij} 变量主要考虑中国与贸易对象国是否同属于东盟自贸区;各国人口、GDP 数据来源于联合国统计数据库网站;两国间地理距离则从世界城市经纬度查询系统②获得。

3.1.3　中国文化贸易决定因素的经验分析

按上所述,我们运用 Eviews 6.0 和面板数据回归方法,对中国文化产品进出口的主要决定因素进行回归分析,回归结果具体见表 3.3 和表 3.4。

从表 3.3 中国文化出口的回归结果来看,除其他视觉艺术以外,绝大多数文化产品出口与地理距离变量呈负相关关系;中国绝大多数文化产品出口与进口国 GDP 和人口变量分别呈正相关与负相关关系;其他视觉艺术、珠宝、建筑和设计出口与中国 GDP 变量呈负相关关系,但电影和录像出口与中国 GDP 变量呈正相关关系;手工业品、珠宝、电影和录像出口与中国人口变量呈负相关关系,但其他视觉艺术、建筑和设计出口与中国人口变量呈正相关关系;中国文化生产效率提高可以促进其他视觉艺术、珠宝、电影和录像、建筑和设计的出口。

另外,从分类文化产品的回归结果来看:

---

① 在中国统计年鉴里,此指标主要包括:新闻出版业,广播、电视、电影和音像业,文化艺术业(文艺创造、艺术表演、图书馆、文物及文化保护、博物馆等),体育,娱乐业等。

② 见 http://www.hjqing.com/find/jingwei/。

表 3.3 中国文化出口决定因素的引力模型回归结果

文化产品 / 解释变量	$DIST$	POP_j	POP_i	GDP_i	GDP_j	FTA	CUL	R^2	样本量
古 董	-0.45*** (-9.98)	0.08 (0)	-0.22*** (-6.46)	1.38*** (41.42)	2.09 (0)	0.53*** (3.1)	-3.56 (0)	0.89	69
音乐器械	-0.1*** (-6.17)	-0.1 (0)	-0.06 (-1.55)	1.05*** (28.65)	0.9 (0)	0.82*** (22.6)	-0.57 (0)	0.75	69
录音媒介	-0.56*** (-2.82)	-0.28 (0)	-0.36* (-1.86)	1.54*** (6.85)	-0.98 (0)	3.47*** (6.12)	1.72 (0)	0.62	68
画	0.21 (1.39)	0.59 (0)	-0.64*** (-4.4)	1.52*** (9.27)	3.94 (0)	1.47*** (3.42)	-3.07 (0)	0.64	69
其他视觉艺术	0.08* (1.79)	1.8*** (36.57)	-0.41*** (-112.23)	1.43*** (44.34)	-0.52*** (-18.36)	1.6*** (6.72)	0.55*** (26.64)	0.96	69
手工业品	-0.1*** (-1.8)	-1.18*** (0)	0.6 (8.07)	0.34 (4.65)	0.89 (0)	1.27*** (5.61)	-0.77 (0)	0.87	69
珠 宝	-0.87*** (-41.68)	-2.68*** (-54.97)	-1.01*** (-18.4)	2.76*** (28.63)	-2.18*** (-18.65)	3.73*** (28.66)	1.55*** (16.14)	0.89	69
照相器材	0.83 (1.56)	35.4 (0)	-2.44*** (-3.12)	3.03*** (3.64)	-23.22 (0)	3.71** (2.25)	22.7 (0)	0.51	30
书 本	0.25 (1.44)	0.2 (0)	-0.38** (-2.2)	1.54*** (7.9)	1.16 (0)	1.62*** (3.19)	-0.45 (0)	0.61	69
报 纸	-0.67* (-1.78)	-0.97 (0)	-0.48 (-1.15)	2.07*** (4.51)	-1.44 (0)	2.78*** (2.58)	1.92 (0)	0.41	60
其他印刷品	-0.22** (-2.71)	-2.68 (0)	-0.49*** (-5.81)	1.66*** (15.9)	1.37 (0)	0.92*** (3.94)	-0.33 (0)	0.86	69
电影和录像	-0.33*** (-7.02)	-11.37*** (-17.35)	0.18 (0.82)	1.95*** (7.48)	3.07*** (9.33)	1.21*** (10)	0.75*** (3.12)	0.86	68
建筑和设计	-0.84 (-1.44)	9.9* (2.2)	-1.22*** (-6.1)	2.34*** (11.76)	-8.65*** (-2.54)	1.17 (1.12)	5.32*** (2.83)	0.88	40

注:*** 代表通过 1% 的显著性检验,** 代表通过 5% 的显著性检验,* 代表通过 10% 的显著性检验;括号内数据是系数的 t 值。

表 3.4 中国文化进口决定因素的引力模型回归结果

文化产品	DIST	POP_j	POP_i	GDP_i	GDP_j	FTA	CUL	R^2	样本量
古董	1.08*** (4.93)	-13.18*** (-5.1)	0.42 (1.31)	-0.09 (-0.25)	23.72*** (5.16)	1.96*** (3.14)	-17.54 (-4.93)	0.66	38
音乐器械	-1.59*** (-3.95)	0.43 (0.08)	-0.42 (-0.93)	2.48*** (4.57)	-4.49 (-0.47)	0.03 (0.02)	3.61 (0.5)	0.53	62
录音媒介	-1.86*** (-8.2)	-2.49 (-0.85)	-1.54*** (-6.75)	3.1*** (11.63)	1.1 (0.22)	5.73*** (8.72)	-0.31 (-0.08)	0.81	67
画	-0.87*** (-4.77)	-2.47 (-1.41)	-1.44*** (-4.52)	2.98*** (8.38)	0.59 (0.2)	1.94*** (3)	-0.14 (-0.06)	0.82	65
其他视觉艺术	-1.06*** (-18.62)	-1.66 (-1.18)	-0.4*** (-3.58)	1.54*** (21.1)	2.39 (0.99)	2.5*** (9.34)	-2.05 (-1.12)	0.98	67
手工业品	-1.87*** (-32)	0.69 (0.87)	-0.59*** (-4.2)	1.97*** (15)	-1.36 (-1)	1.52*** (6.13)	0.49 (0.47)	0.95	68
珠宝	-0.61*** (-4.46)	-0.07 (-0.04)	0.68*** (2.54)	0.71*** (2.49)	-1.16 (-0.43)	-1.19*** (-2.16)	0.96 (0.47)	0.85	62
照相器材	-2.06*** (-12.52)	-7.17*** (-4.66)	0.13 (0.22)	1.68*** (2.77)	5.28*** (2.09)	-0.68 (-0.49)	-1.02 (-0.53)	0.98	45
书本	-0.71*** (-4.14)	-0.08 (-0.04)	-1.96*** (-10.89)	3.67*** (17)	-3.36 (-0.88)	4.83*** (9.6)	2.15 (0.74)	0.85	66
报纸	-1.14*** (-3.25)	-3.17 (-0.67)	-2.94*** (-6.59)	5.96*** (10.66)	-2.67 (-0.33)	6.03*** (5.31)	2.18 (0.37)	0.74	61
其他印刷品	-1.21*** (-4.18)	3.38 (0.89)	-1.56*** (-0.52)	2.76*** (7.49)	-6.98 (-1.08)	2.71*** (3.19)	4.38 (0.89)	0.56	65
电影和录像	-0.49* (-1.66)	-1.56 (-0.36)	-0.27 (-0.41)	2.25*** (3.14)	-0.81 (-0.11)	2.91** (1.99)	0.61 (0.11)	0.59	45
建筑和设计	-1.38*** (-8.83)	0.44 (0.19)	-2.28*** (-3.18)	3.68*** (7.55)	-5.57 (-1.52)	0.31 (0.47)	4.7* (1.73)	0.48	56

注：***代表通过1%的显著性检验，**代表通过5%的显著性检验，*代表通过10%的显著性检验；括号内数据是系数的 t 值。

（1）古董。由于古董比较珍贵，是历史传承下来的、不可再生的物品，价格较高，因此，如果进口国的购买能力比较强，自然进口需求也越高。而一国的购买力取决于人均 GDP 水平，人口越多，人均购买力水平也就越小，而 GDP 越大，人均购买力水平也就越大，因此，中国古董出口与进口国的 GDP 呈正相关关系，与进口国的人口呈负相关关系；中国古董出口与中国 GDP 和人口变量并无明显相关关系；由于古董的运输、保险、报关等程序比较复杂，距离越远，运输成本也越高，因此，中国古董出口与距离变量呈负相关关系；另外，自贸区（FTA）变量促进了中国古董出口额的增加，而中国文化生产效率与中国古董出口并无明显相关关系。

（2）音乐器械。音乐器械与录音媒介相类似，两类产品都主要属工业制品，比较容易受运输成本影响，因此，这两类产品的出口都与距离变量成反比；其次，随着一国综合国力的提高，该国国民对音乐的精神需求也会越旺盛，是一种大众化的需求，因此，对这两种产品的需求就会越大。而从这两类产品的回归结果来看，无论是中国音乐器械或是录音媒介的出口，都与外国 GDP 呈正相关关系，这证实了上述观点，即中国倾向于与综合国力强的国家（GDP 大国）进行此类产品的贸易，另外，中国音乐器械出口与外国人口、中国 GDP、中国人口变量无相关关系，而中国录音媒介出口与外国人口呈负相关，说明中国录音媒介出口受进口国购买力的影响较大；第三，FTA 变量对中国音乐器械或录音媒介出口起促进作用；第四，中国文化生产效率对中国这两类产品的出口无任何影响。

（3）画与书本。在外国，进口画与进口图书的价格十分昂贵，而且要涉及版权问题，因此，国外的购买力与中国出口这两类产品存在着明显的正相关性；另外，进口国人口增加会提升进口需求，但同时也会降低购买力水平。综合以上两方面效应，后者要比前者的效应更大，因此，这两类产品出口与进口国人口呈负相关关系，而与进口国 GDP 呈正相关关系；中国两类产品出口与 FTA 变量呈正相关性，与中国人口、中国 GDP、中国文化生产效率、运输距离并无明显相关关系。

（4）其他视觉艺术。这部分产品大多是纯手工产品，如雕塑等，不能大规模机器化生产，但可以小批量生产，而地理越远，文化的差异会越大，对该种艺术品的好奇与需求也会越高，对产品的需求效应超过了运输成本效应，因此，这部分产品出口与双边距离成正相关关系；其次，该种产品出口与中国 GDP 总量成负相关关系，这是因为随着中国购买力水平增加，这部分产品越来越多地满足内销，从而造成出口减少;再次,如果提高人的审美能力,强化艺术氛围,会导致生产更多的视觉艺术品,水平也会更高,因此,该种产品出口与中国文化生产效率成正相关关系;另外,该种产品出口与进口国人口成负相关关系,与进口国 GDP、FTA 变量成正相关关系。

(5) 手工业品。由于这部分产品大多为标准化产品,如编织物等,可以用机器结合低成本劳动力进行规模生产,因此与距离成负相关关系;关于双边人口变量对双边贸易额的影响,存在着两种相互对立的看法:一方面,如果一个国家是自给自足的话,那么其国内人口总量是与出口呈负相关。另一方面,更多的国内人口总量会促进劳动分工,因此也会增加双边贸易的机会。在上述回归中,出口规模与中国人口成反比,表明在中国与各国进行贸易时,上述的第一种效应要大于第二种效应;与进口国人口成正相关性,表明进口国人口增加导致的提高进口需求效应要大于其产生的降低购买力效应;手工业品出口规模与国外 GDP 和 FTA 变量成正相关关系,与中国 GDP 和中国文化生产效率无相关关系。

(6) 珠宝。价格比较昂贵,属于奢侈品,而且很多珠宝的材料不可再生。因此,珠宝出口与距离变量成负相关性;中国人口增多和 GDP 水平提高会增加中国本土对珠宝的消费,因此会降低珠宝出口,据此,珠宝出口与中国人口和中国 GDP 成负相关关系;珠宝出口主要取决于进口国的人均购买力水平,因此与进口国 GDP 成正相关关系,与进口国人口成负相关关系;另外,珠宝加工切割需要高端机器与技术,中国文化生产效率越高,越会提高民众与珠宝生产技术工人的鉴赏能力,因此会生产更多优秀的珠宝产品,从而增加出口;珠宝出口与 FTA 变量呈正相关关系。

(7) 照相器材。中国的照相器材与日本、美国等一些国外的品牌(如佳能、尼康等)相比,技术相对落后,而随着中国综合国力提高,普通民众也倾向于购买国外比较有名的品牌,因此,中国照相器材出口与中国 GDP 和人口都无相关性,只与进口国的购买能力相关,即与进口国 GDP 呈正相关关系,与进口国人口呈负相关关系;另外,FTA 变量也能促进中国照相器材的出口。

(8) 报纸。发行量较大,发行成本较便宜,有着比较固定的阅读群体,价格波动不大。因此,中国报纸出口与中国人口、进口国人口、中国 GDP 并无明显相关性;但与进口国 GDP 成正相关关系,这可能是因为一国综合国力的提高,对于新闻和信息量的需求也会增加,因此增加了从中国进口报纸的需求;另外,报纸出口与FTA变量成正相关关系,与中国文化生产效率无明显相关关系。

(9)其他印刷品。这类文化产品和书本相类似,但其他印刷品出口对运输成本—双边距离变量较敏感,呈负相关关系。

(10)电影和录像。电影和录像是平民化消费的大众文化产品,中国的电影和录像一般都是专门针对中国本身的消费群体而生产的,专门针对外国消费者进行生产并出口的较少。一方面,中国综合国力提高会使中国有能力生产更多优秀、有竞争力的电影和录像,从而促进出口。另一方面,中国人均购买力水平降低也会减少对电影和录像的消费,从而降低对生产电影和录像的刺激,因此,电影和录像出口与中国 GDP 成正比,与中国人口成反比;目前,中国出口的电影和录像在国外的消费群体还较小,进口国人口增加还不足以达到规模效应,难以促进中国电影和录像出口,因此,中国电影和录像出口与进口国人口无相关关系;中国文化生产效率提升会增强国内对电影和录像的需求,从而促进电影和录像生产,并进一步促进出口;另外,中国电影和录像出口与进口国 GDP 和 FTA 变量成正相关关系,与距离成负相关关系,因为与货物贸易出口一样,大多数电影和录像出口是通过光盘等存储媒介方式进行的。

(11)建筑和设计。建筑与专业化设计是非常专业的产品,而且往往有版权与专用性等特征。中国人口增加会提升对建筑和设计的需求,同时也会提供更多的建筑设计人才,导致生产更多的建筑和设计产品,从而促进出口;好的建筑与专业化设计产品毕竟有限,中国 GDP 增加会提高国内对这部分建筑与设计的需求,从而减少对这类产品的出口;另外,建筑和设计属价格较高的产品,与进口国的购买力水平相关,因此,此类产品出口与进口国 GDP 成正相关关系,与进口国人口成负相关关系;此类产品出口与距离、FTA 无相关关系;与其他视觉艺术、珠宝一样,中国文化生产效率提高也会促进此类产品出口。

从表 3.4 中国文化进口的回归情况来看,除古董外,绝大多数文化产品进口与地理距离呈负相关关系;其次,从回归结果来看,中国绝大多数的文化产品进口与出口国 GDP 与呈正相关关系,因此,这证实了中国倾向于与综合国力强的国家(GDP 大国)进口文化产品。一方面,正是由于这些综合国力强的国家本身可以生产高水平、高质量的文化产品(如建筑和设计、电影和录像等),因此,随着综合国力提高,中国对这部分产生于综合国力强的文化产品的精神需求也会越旺盛。另外,综合国力强的国家本身信息量十分巨大,中国由此产生对此相应文化产品的需求,如报纸、书本、其他印刷品等;另一方面,也只有综合国力强的国家,才有可能大规模地向中国出口文化产品;第三,中国绝大多数的文化产品进口与出口国人口变量呈负相关关系,这表明这部分文化产品(服务)进口受出口国市场容量大小的影响,如果出口国人口越多,那出口国就会先满足本国的国内需求,从而减少对中国的出口,特别是对于有专用性特征的产品(如建筑和设计),或资源不可再生的产品等;第四,中国的文化产品进口与中国 GDP 和人口变量无相关关系,表明中国购买力水平对中国的文化产品进口影响程度有限,这可能是因为对进口文化产品有需求的中国消费者还较少,进口文化产品还没成为大众普及的需求产品;第五,除珠宝以外,FTA 因素可以促进中国的文化产品进口;第六,中国的文化产品进口与中国文化生产效率提高并无明显相关关系,证实了中国的文化产品进口与中国本土生产的文化产品具有很大的互补性。

另外,从分类文化产品进口的回归结果来看,值得注意的是:

(1)古董。中国的古董进口与距离变量呈正相关关系,这可能是因为与中国文化差异较大的古董有更高的收藏价值(如欧洲的古董相比于东南亚国家的古董,同比价值要更高),因此,中国古董商倾向于购买与中国文化差异较大的古董。而与中国地理距离越远,文化的差异也会越大,因此,文化差异的价值超过了因距离增加而提高的运输成本;由于古董比较珍贵,古董进口受中国购买力水平影响,因此,古董进口与中国 GDP 正相关,与中国人口负相关;由于古董是历史传承下来的、不可再生的物品,因此,中国的古董进口与出口国 GDP、人口无相关关系;另外,中国的古董进口与 FTA 变量呈正相关关系,与中国文化生产效率无明显相关关系。

(2)照相器材。这类产品属于高技术产品,照相机机身和镜头制造需要先进技术,受出口国综合国力影响较大,因此与出口国 GDP 正相关;另外,中国对于这类产品进口来源地比较集中,如韩国、日本、美国等发达国家,这类产品价格较昂贵,受中国购买力水平影响较大,因此,中国照相器材进口与中国 GDP 成正相关关系,与中国人口成负相关关系。

(3)中国音乐器械及电影和录像进口与出口国人口无相关关系,这可能是因为中国引进外国电影和录像的量还不多。

3.1.4 结论与政策建议

通过使用贸易引力模型和联合国教科文组织（UNESCO，2009）颁布的文化贸易统计方法，我们对中国文化贸易的决定因素进行了考察，结果表明：

中国文化进口主要集中于综合国力较强的发达国家，而且绝大多数文化产品进口受出口国市场容量大小的影响，如建筑和设计、珠宝等，但受中国购买力水平影响程度有限；中国绝大多数文化产品出口受进口国购买力水平影响较为明显；据此，中国政府应引导企业从国外引进更好、更多的文化产品，同时降低文化产品的进口关税，以使进口文化产品成为大众可接受的一般消费品；另外，由于不同文化产品的特殊性，各种文化产品出口受中国 GDP 与人口变量的影响各异；中国文化生产效率提高可促进其他视觉艺术、珠宝、电影和录像、建筑和设计等文化产品的出口，但对中国的文化产品进口的影响并不明显；FTA 变量可以促进中国绝大多数文化产品的进出口。因此，中国可扩大对文化产业的投资，改进文化生产的技术，以及在双边区域贸易谈判中强调文化产品，以利于中国文化贸易的长远发展。

此外，中国其他视觉艺术产品出口和古董进口与双边距离变量呈正相关关系，这证明了文化贸易与其他商品贸易的不同之处与魅力，因此，应该进一步加强对外宣传中国文化，以增加外国对中国文化产品的关注度。

3.2 中国文化贸易的国际竞争力特征与影响因素

3.2.1 中国文化贸易的国际竞争力指数及特征

建立世界文化统计体系的努力已经有 60 多年历史，为促进和规范世界范围的文化统计，1986 年联合国教科文组织（UNESCO）发布了第一个"文化统计框架"，2009 年又推出"文化统计框架 2009 年修订草案"。草案主要分为以下 8 类对国际贸易中的文化产品和服务进行统计：A.文化和自然遗产；B.演出和庆祝；C.视觉艺

术和手工业品;D.书本和媒体;E.音像和互动媒介;F.设计和创新服务;G.旅游;
H.运动和娱乐。按照上述 A—F 类文化产品贸易的分类标准,我们对联合国
COMTRADE 数据库中的文化产品贸易进行分类统计。由于该数据库中采用
HS07 标准的贸易统计数据只有 2007、2008、2009 年,因此,数据范围只涵盖在这
3 年;另外,考虑到数据的可比性以及剔除异常值的影响,最后我们选取的中国文
化的对象国样为:澳大利亚、奥地利、比利时、巴西、加拿大、哥伦比亚、丹麦、芬
兰、法国、德国、意大利、日本、韩国、马来西亚、墨西哥、荷兰、新加坡、南非、西班牙、
瑞典、泰国、英国、美国等共 23 个国家。

在众多国际竞争力的测算指标中,贸易竞争力指数(TC 指数)可以剔除经济
波动、通货膨胀、价格等宏观因素波动的影响。TC 指数的计算公式为:$TC_{ij} = (X_{ij} - M_{ij})/(X_{ij} + M_{ij})$,其中,$TC_{ij}$ 代表 i 国 j 商品的国际竞争力指数;X_{ij} 代表 i
国 j 商品的出口总额;M_{ij} 代表 i 国 j 商品的进口总额。TC 取值范围为$(-1, 1)$,
如果 TC 大于 0,表明该类商品具有较强的国际竞争力,越接近于 1,竞争力越强;
TC 小于 0,则表明该类商品不具国际竞争力。按照上述我们整理分类后的中国文
化贸易数据,经计算,我们可得出中国文化贸易国际竞争力指数,见表 3.5。

从表 3.5 看,中国在绝大多数文化产品贸易上都具有较强的国际竞争力,其中
以其他视觉艺术与其他印刷品的国际竞争力最强,它们有着绝对的国际竞争力优
势;其次是音乐器械、书本、画、手工业品、电影和录像等产品,也有着较明显的国际
竞争力优势;不具有国际竞争力优势的文化产品主要集中在古董、录音媒介、珠宝、
照相器材、报纸与建筑和设计,中国这些不具有国际竞争力优势的文化产品贸易对
象主要分布在奥地利、法国、德国、意大利、日本、韩国、新加坡、英国和美国等国。

3.2.2　中国文化贸易竞争力决定因素的经验分析

1. 计量模型的设定

由于文化贸易归属于服务贸易,因此,从文献来看,国内学者丁平(2007),史自
力、谢摘怡(2007),陈虹、章国荣(2010)等都认为开放度、外商投资等是影响服务贸
易竞争力的主要因素,据此,笔者构建如下回归模型(在方程中对各变量取对数以
消除可能存在的异方差):

表 3.5 中国文化贸易的国际竞争力指数及特征（2008 年）

TC_{ij}	古董	音乐器械	录音媒介	画	其他视觉艺术	手工业品	珠宝	照相器材	书本	报纸	其他印刷品	电影和录像	建筑和设计
澳大利亚	0.46	1	0.55	0.98	1	0.82	0.53	0.28	0.89	0.99	1	1	-1
奥地利	-1	0.08	0.84	0.67	0.77	-0.35	-0.74	n.a	0.29	n.a	0.8	0.51	n.a
比利时	0.4	1	0.92	0.87	1	0.68	0.79	0.18	0.98	n.a	0.99	n.a	n.a
巴西	n.a	1	0.97	1	1	0.99	-0.86	n.a	0.99	n.a	0.98	1	1
加拿大	-0.5	0.99	0.62	0.78	n.a	0.94	0.94	n.a	0.86	0.79	1	n.a	n.a
哥伦比亚	n.a	n.a	0.11	n.a	n.a	1	n.a	n.a	n.a	n.a	n.a	n.a	n.a
丹麦	n.a	n.a	0.91	0.99	1	0.8	0.66	n.a	0.96	-0.07	0.97	n.a	0.92
芬兰	0.95	n.a	0.93	0.75	1	0.98	0.76	n.a	0.83	0.62	1	0.8	n.a
法国	-0.96	0.93	0.24	0.49	0.97	0.79	0.06	-0.72	0.82	-0.98	0.96	0.89	-1
德国	0.37	0.79	0.55	0.71	0.99	0.71	0.52	-0.93	0.77	-0.98	0.93	1	-0.92
意大利	-0.08	0.91	0.54	0.79	0.98	0.49	-0.1	0.95	0.91	-0.97	0.96	0.93	-1
日本	0.72	0.34	-0.06	-0.06	0.96	-0.5	0.88	-1	0.05	-0.78	0.91	0.94	0.74
韩国	n.a	0.91	-0.47	0.21	0.93	-0.5	0.86	n.a	0.58	-0.85	0.92	0.98	-1
马来西亚	n.a	1	-0.71	0.92	0.99	0.94	1	n.a	0.87	0.79	0.98	1	n.a
墨西哥	n.a	1	0.98	1	1	0.99	0.7	n.a	1	0.5	1	n.a	n.a
荷兰	0.43	0.96	0.96	0.98	1	0.98	1	n.a	0.98	-1	1	1	-0.99
新加坡	n.a	1	-0.74	0.9	1	0.99	1	-0.44	-0.3	-0.93	0.83	1	0.27
南非	-0.68	n.a	0.95	1	0.99	1	-0.86	n.a	1	n.a	1	n.a	0.67
西班牙	n.a	1	0.88	0.97	0.98	0.93	0.23	n.a	0.98	-0.2	1	0.93	0.15
瑞典	n.a	1	0.26	0.9	0.98	0.91	n.a	n.a	0.70	-0.99	0.96	n.a	n.a
泰国	-0.95	0.99	0.99	0.76	0.8	0.47	-0.57	n.a	0.84	0.96	0.99	0.86	n.a
英国	n.a	1	0.97	0.64	0.99	0.94	0.98	-0.99	0.68	-0.99	0.93	0.99	n.a
美国	-0.09	0.99	0.84	0.81	1	0.89	0.97	-0.91	0.80	-0.92	1	0.99	-1

资料来源：UN COMTRADE 数据库；n.a 代表数据缺失。

$$\log(Comp_{ijt}) = C_{ijt} + \log(gdppc_{ijt}) + \log(fdi_{ijt}) + \log(goods_{ijt})$$
$$+ \log(pop_{ijt}) + \log(freedom_{ijt}) + \varepsilon_{ijt}$$

其中，i 代表与中国进行文化贸易的对象国；j 代表各种文化产品；t 表示时间；$Comp$ 表示中国文化贸易的国际竞争力；$gdppc$ 表示外国人均 GDP 水平；fdi 表示外国对中国的直接投资额；$goods$ 表示中国对外国的货物出口额；pop 表示外国的人口数；$freedom$ 表示外国的经济自由度指数；C 为常数；ε 为回归残差。

2. 数据来源与说明

外国人均 GDP 数据与外国人口数据来源于联合国统计数据库（UN stat.）；外国直接投资数据与中国货物出口额来源于中国统计年鉴（2008—2010）；外国经济自由度指数来源于美国《华尔街杂志》（The Wall Street Journal）和遗产基金会（The Heritage Foundation）发布的经济自由度指数（Index of Economic Freedom），该指数最大值为 100，表示最高自由度，最小值为 0，表示最低自由度。按上所述，我们运用面版数据回归方法，对中国文化贸易竞争力的决定因素进行回归分析，回归结果具体见表 3.6。

表 3.6　中国文化贸易竞争力决定因素模型的回归结果

文化产品 ＼ 解释变量	GDPPC	FDI	GOODS	POP	FREEDOM	R^2	样本量
古　董	0.21 (0.76)	0.31*** (3.15)	−0.69*** (−3.19)	0.29*** (3.64)	1.36 (0.79)	0.67	19
音乐器械	−0.73** (−2.30)	−0.04 (−0.90)	0.28 (1.63)	−1.68 (−0.90)	1.35 (0.72)	0.97	61
录音媒介	−0.14 (−0.17)	−0.08 (−0.76)	0.01 (0.03)	−0.99 (−0.15)	11.85*** (2.45)	0.90	53
画	0.27 (0.41)	0.03 (0.68)	0.05 (0.16)	−1.35 (−0.38)	−1.88 (−0.48)	0.85	59
其他视觉艺术	0.17*** (2.37)	−0.01 (−0.23)	−0.03 (−1.30)	1.55*** (9.36)	0.19 (1.37)	0.67	67
手工业品	−0.09*** (−2.62)	0.0003 (0.04)	0.07*** (3.55)	1.36*** (10.78)	0.59*** (11.22)	0.98	59
珠　宝	−0.18 (−1.28)	−0.09 (−1.14)	0.59*** (2.99)	−0.45*** (−3.76)	2.85*** (2.54)	0.31	46

续表

解释变量 文化产品	GDPPC	FDI	GOODS	POP	FREEDOM	R^2	样本量
照相器材	−2.87 *** (−4.93)	0.51 *** (4.18)	−1.64 ** (−3.31)	0.54 *** (5.08)	2.55 (0.79)	0.85	10
书　本	0.07 ** (1.76)	0.10 *** (6.12)	0.06 ** (2.26)	3.35 *** (7.06)	1.47 ** (1.75)	0.94	63
报　纸	−0.34 *** (−5.38)	−0.17 *** (−5.92)	1.03 *** (5.01)	−0.61 *** (−8.08)	2.57 *** (4.02)	0.63	17
其他印刷品	0.09 *** (2.64)	0.04 *** (2.67)	−0.008 (−0.18)	0.72 *** (7.86)	−0.18 *** (−2.46)	0.82	65
电影和录像	0.28 *** (2.29)	−0.03 (−0.25)	0.25 (1.08)	−0.12 (−0.85)	−1.23 (−1.20)	0.22	42
建筑和设计	−0.51 *** (−3.14)	1.12 *** (3.66)	−2.19 *** (−3.34)	1.08 *** (3.29)	0.59 (0.49)	0.72	14

注：*** 代表通过 1% 的显著性检验，** 代表通过 5% 的显著性检验，* 代表通过 10% 的显著性检验；括号内数据是系数的 t 值。

（1）古董。古董比较珍贵，是历史传承下来的、不可再生的物品，价格较高，有较高的收藏价值。从回归结果来看，外国对中国直接投资越多，中国在古董上的国际竞争力就越强。这是由于伴随外资的流入，外国商人对中国文化产生浓厚兴趣，促进了古董贸易；其次，外国人口增加会提高对中国古董的需求，从而提升中国古董贸易的国际竞争力；第三，中国出口货物增加会降低中国古董品的国际竞争力，证实了外国对中国出口货物的需求与古董需求之间存在着替代性，当外国增加其他货物的购买时，会减少对古董的购买；第四，中国在古董品上的国际竞争力与外国人均购买力、自由化程度并没有显著的相关性。

（2）音乐器械、录音媒介。音乐器械与录音媒介相类似，但录音媒介属于可大规模生产的工业产品，而音乐器械属于一定程度上的手工业产品。随着综合国力提高，一国国民对音乐的精神需求也会越旺盛，属一种大众化的需求。从回归结果看，中国在音乐器械产品上的国际竞争力与进口国人均收入呈负相关关系，说明音乐器械属于一种替代性较强的产品，如果外国人均收入增加，会选择购买其他替代性产品；而中国在录音媒介产品上的国际竞争力与外国经济自由度呈正相关关系，进口国越开放,越能提高中国在录音媒介品上的国际竞争力;此外,音乐器械与录音媒介的国际竞争力与外国对华直接投资、中国货物出口额、外国人口变量无明显相关关系。

(3) 画、书本。这两类产品涉及版权,而且大多数发达国家纸张价格昂贵,因此,进口画与进口图书一样,价格十分昂贵,但中国的画进出口贸易额要明显小于图书的贸易额。从回归结果看,一方面,中国的画进出口国际竞争力与外国购买力水平、外国直接投资额、外国人口数、外国自由度以及中国货物出口额并无明显相关关系。这是因为外国对中国的画需求还较少,还没成为外国大众普及的需求产品,随着中国对外文化影响力扩大,相信中国的画国际贸易规模将会逐步提高。另一方面,与一般进出口商品相类似,中国的图书进出口国际竞争力与外国购买力水平、外国直接投资额、外国人口数、外国经济自由度以及中国货物出口额都呈正相关关系,其中原因在于画是一种鉴赏品,而图书要比画更能容易适应大众的需求。

(4) 其他印刷品。这类产品大多属手工产品,如雕塑等,不能大规模机器化生产,只能小批量生产。随着国家综合实力的提高,对这部分文化产品的需求也会逐渐提高,因此,中国在其他印刷品方面的国际竞争力与国外购买力呈正相关关系;另外,外国人口增加也会增加对这部分产品的进口,因而也可提高其他印刷品的国际竞争力。

(5) 手工业品。这类产品可以用机器结合低成本劳动力进行规模生产,如编织物等。中国货物出口额、外国人口及外国经济自由度的增加都可提升中国进出口手工业品的国际竞争力,但外国人均收入水平增加却会降低中国手工业品的国际竞争力。

(6) 珠宝。价格比较昂贵,属奢侈品,而且很多珠宝的原材料不可再生。从回归结果来看,整体方程并不显著;从变量的显著性来看,中国货物出口额增加以及外国自由度增加可提升中国珠宝贸易的国际竞争力,但外国人口增加会降低国外人均购买力水平,因而降低中国珠宝的国际竞争力。

(7) 照相器材。这类产品属高技术产品,照相机机身和镜头制造需要先进技术,中国的照相器材技术相比日本、美国等一些国外的品牌(如佳能、尼康等)要落后,但价钱相对便宜。中国对这类产品的进口来源地比较集中,如韩国、日本、美国等发达国家。随着外国人均购买力提高,外国普通民众会倾向于购买国外有名的品牌产品,因此,中国进出口照相器材的国际竞争力与进口国人均 GDP 成反比;其次,外国对中国直接投资(FDI)增加的同时会引进先进的生产技术,从而提高中国进出口照相器材的国际竞争力;第三,中国进出口照相器材的国际竞争力与中国货物出口额呈负相关关系,表明对外国而言,一般货物与照相器材之间存在着可替代性;最后,外国人口增加会提高对中国照相器材的需求,从而提高中国照相器材的国际竞争力,而中国照相器材的国际竞争力与外国经济自由度无明显相关关系。

(8) 报纸。发行量较大,发行成本较进出口图书要便宜得多,有着比较固定的阅读群体,价格波动不大。从回归结果来看,随着中国出口货物额增加以及外国经济自由度增加,外国对中国的信息需求量会越大,从而增强中国报纸的国际竞争力;其次,外国人均收入水平增加,会减少从中国进口报纸,而转向于购买杂志等其他可替代产品,从而降低中国报纸的国际竞争力;第三,外国对中国 FDI 增加以及外国人口增加会降低中国报纸的国际竞争力。

(9) 其他印刷品。外国购买力水平提高、外国直接投资额和外国人口的增加都可增强中国在这类产品上的国际竞争力,但外国经济自由度增加却会降低中国在其他印刷品的国际竞争力。

(10) 电影和录像。这两类产品属大众消费的文化产品,中国的电影和录像一般都是专门针对中国消费群体而生产的,专门针对外国消费者进行制作并出口的较少。而从回归结果来看(方程并没有通过显著性检验),中国电影和录像贸易的国际竞争力与外国人均 GDP 成正相关关系,外国人均消费能力越强,越能增加中国电影和录像贸易的国际竞争力,但由于中国出口的电影和录像在国外的消费群体还不大,外国人口增加还不足以达到规模效应,从而对中国电影和录像的国际竞争力影响不明显;另外,中国货物出口、外国 FDI 以及外国经济自由化程度与中国电影和录像的国际竞争力相关程度并不明显。

(11) 建筑和设计。建筑与设计属专业化产品,而且往往有着版权与专用性等特征。从出口数据来看,与国外的建筑和设计产品相比,中国的产品质量处于弱势,出口额相对有限。从回归结果来看,中国建筑和设计的国际竞争力与外国人均收入水平呈负相关关系,这表明如果外国人均收入水平增加,会减少从中国进口此类产品,而转向于购买第三国的可替代性产品;其次,中国建筑和设计的国际竞争力与货物出口额呈负相关关系;第三,FDI 增加会带来先进的设计理念与工艺,外国人口增加也同时会增加进口需求,上述两方面都能提升中国在建筑和设计产品上的国际竞争力;外国经济自由化程度与中国建筑和设计的国际竞争力相关程度并不明显。

3.2.3   结论与政策建议

中国文化产品贸易的主要对象集中于综合国力较强的发达国家,而且文化产品的进出口都相对集中。中国在绝大多数文化产品贸易上都具有较强的国际竞争力,其中又以其他视觉艺术与其他印刷品的国际竞争力最强,其次是音乐器械、书本、画、手工业品、电影和录像,不具有国际竞争力的文化产品为古董、录音媒介、珠宝、照相器材、报纸、建筑和设计等,这些并不具有国际竞争力的文化产品贸易对象主要分布在奥地利、法国、德国、意大利、日本、韩国、新加坡、英国和美国等国。

中国不同文化产品的国际竞争力所受影响因素差异较大。外国对华 FDI 对提升古董、照相器材、书本、其他印刷品、建筑和设计等文化产品的国际竞争力起到积极作用;中国货物出口与古董、照相器材、建筑和设计的国际竞争力有着替代效应,而与手工业品、珠宝、书本、报纸的国际竞争力有着互补效应。

为增强中国文化贸易的国际竞争力,中国应有区别地对待不同的文化产品;应该进一步加强对外文化宣传,扩大对文化产业的投资,改进文化产品的生产工艺,积极从国外引进更好、更多的文化产品,同时降低文化产品的进口关税,使进口文化产品成为大众可接受的一般消费品。

3.3   移民网络对中国文化企业产品出口效应评估

利用工业企业数据库与海关贸易数据库进行匹配后,以下我们用企业微观贸易数据对海外移民网络影响中国文化企业产品出口效应进行评估。我们认为:(1)移民网络对中国文化产品出口起着正面影响,而且对扩展边际的作用要大于对集约边际的作用;(2)移民网络有利于提高中国文化企业的出口概率与出口强度;

(3)企业效率对中国文化企业出口概率起着负面影响,但企业规模却有利于提高中国文化企业的出口概率;(4)移民网络对加工贸易型企业文化产品出口的促进效应要比非加工贸易型企业大;(5)移民网络对港澳台商控股文化企业的出口概率提升最为明显,其次依次为外商控股、私人控股、集体控股及国有控股企业;(6)移民网络对提升中国东部地区文化企业的出口概率最为明显,其次是中部地区及西部地区的文化企业;(7)信息与通讯技术有助于促进移民网络对中国文化企业的出口概率,但效应较小。

3.3.1 导言

当前,中国文化贸易发展面临着诸多压力和挑战。文化贸易有别于货物贸易的一大重要特征,是其具有国家和民族文化内容,涉及一国的文化主权。因此,在文化贸易谈判中大多都列示有"文化例外"条款。然而,为符合世界贸易组织(WTO)强化自由贸易、消除贸易壁垒的基本原则,中国在 2000 年加入 WTO 的最后阶段谈判中,对文化产品和服务市场准入作出了部分承诺,主要涉及音像制品、电影、出版印刷品领域。自此,中国不断对外放开文化产品贸易的市场准入,相关文化产品的关税降幅达 9%—15%,使中国文化贸易逐渐失去了保护。此外,从中国文化企业的贸易发展情况来看,中国文化企业整体实力不强,出口规模较小,国际竞争力较弱;文化产品出口主要集中于文化产品的加工贸易,原创类文化产品较少,品牌价值和影响力与所谓的"年轻"国家相距甚远;从全球文化贸易的格局来看,中国文化贸易游离于全球文化贸易边缘,文化贸易竞争力指数远低于国际平均水平。因此,作为具有丰裕文化资源的大国,中国究竟如何提升文化竞争力,使中国文化"走出去",就成为中国政府需要思考的重大问题。

同时,我们注意到中国长期以来作为移民输出国的客观事实。[1]据国际移民组织 2000 年 11 月发布的《2000 年世界移民报告》称,当时中国每年约有 40 万人移民外国;而欧盟统计局 2004 年提供的官方资料表明,2004 年,中国对外输出移民数达 46.21 万人;《2008 年世界华商发展报告》对海外华侨华人的估算认为,2008 年

---

① 早在秦汉时期,中国已有"丝绸之路"通往西域,有船舶东渡日本,其中就有人留居他乡。

海外华侨华人总数约为 4 400 万,而这 9 年里,有 417 万新华侨华人移居海外。以上数字可大致判断 21 世纪以来中国对外移民的规律。不仅如此,在今后相当长的时间内,中国仍会以技术移民、留学移民、劳务移民、投资移民等方式对外输出大量移民,并以劳动力短缺、人口密度较低的发达国家为主要目的地。

在国际贸易与移民网络相关研究的大量文献中,基本认同移民网络可减少国际贸易中的信息和执行成本,从而影响国际贸易的数量和模式。从现实来看,移民在外的华人企业家由于熟悉中国大陆的相关信息,大多充当与祖籍国的贸易商,而且这种关系受中国传统"五缘关系"①影响变得更为紧密(信息机制);另外,移民在外的海外华人也会由于文化、生活习惯等原因,偏好于使用中国本土的产品,从而促进中国的出口(移民偏好效应)。随着海外移民数量增加,以上两种机制将会使得海外移民网络对中国对外贸易的促进作用得以持续加强。而与一般贸易产品相比,文化产品作为直接传播文化内容的核心文化产品(印刷品、视觉艺术、手工艺品等)或作为承载文化内涵的相关器具(如乐器、摄影器具、视听媒体等),我们预期移民网络将会通过上述机制促进中国文化产品出口的发生。

以下本文将通过使用中国企业的微观数据,对华人海外移民网络影响中国文化产品出口效应进行研究,相信这一研究不仅对我们利用移民网络促进中国文化企业"走出去"起到重要的参考作用,而且对深入了解社会网络对企业参与出口贸易行为之间的影响,并对各国目前面对日益严峻的贸易与移民政策的相互冲突问题起到参考作用。

3.3.2　文献回顾

自 20 世纪 90 年代起,文化贸易的重要性受到了国际组织和学术界的极大关注,如联合国教科文组织(UNESCO)相继发布了系列国际文化贸易发展报告(2000、2005、2009 年)。但由于文化是一国文化主权和身份认同的象征,因此,对于文化贸易的定义长期以来得不到比较统一的解释,各国都有不同的统计框架。

---

① 在五缘关系中,亲缘、地缘、神缘、业缘、物缘。有新提法把学缘看作为社会关系形成的基础。

对于解释文化贸易的贸易模式,文献上多见于运用传统贸易理论来进行解释,如:(1)比较优势理论。世界文化贸易格局是各国按比较优势分工的结果(Mas-Colell, 1999;冯子标和焦斌龙,2005);比较优势论和要素禀赋论对可复制的文化产品比较有解释力(Schulze, 1999)。(2)规模经济理论。美国之所以在文化贸易上具有明显的比较优势,原因之一就在于其文化产品(服务)的生产存在着内部规模经济与外部规模经济(Wildman & Siweck, 1988;Frank, 1992);美国之所以能够占据全球电视市场的绝对份额,不断向外输出文化产品,主要原因在于其拥有规模经济与第一行动者优势(Hoskins & McFadyen, 1995);中国的文化产品进口主要来源于英、美、法等高收入国家,文化产品出口主要集中在韩国、菲律宾等具有相似文化背景的国家,主要是因为文化产品生产的内部规模经济和外部不经济(魏婷、夏宝莲,2008)。(3)需求偏好论。文化贸易大多属于产业内贸易,可以通过从需求偏好论来进行解释(Throsby, 1999;李怀亮,2003);中国主要文化贸易伙伴国的人均收入水平是中国的十几倍甚至几十倍,需求相似条件论并不能解释中国文化贸易的模式(霍步刚,2008)。

而在诸多分析文化贸易影响因素的文献中,学者基本认同进口数量限制(出口补贴)等文化贸易政策工具(Marvasti, 1994)、"文化接近"(Cultural Proximity)因素(Disdier et al., 2010)、文化距离因素(曲如晓和韩丽丽,2011)、语言相似性、殖民关系、双边距离等对文化贸易的重要作用。White 和 Tadesse(2008a, 2008b, 2010a, 2010b)首次检验了移民、文化距离对美国各州总出口、总体文化产品及具体文化产品类别出口的影响。作者认为,移民能促进文化产品贸易的发展,且移民能在一定程度上抵消文化距离对文化贸易的抑制作用;然而,移民对不同的文化产品贸易影响程度有差异。而笔者尚未发现采用微观企业数据分析文化贸易发展的文献。

而从理论上来看,移民网络可以克服贸易中的机会主义行为与改善商业信息的传递,改善资源配置,产生贸易创造效应,这在经验研究中得到了大量学者的认证,但大多数文献只针对一个对象国进行分析:移民网络对消费品的贸易的影响要比对投入品的贸易的影响大(Dunlevy & Hutchinson, 1999, 2001);当双方国家不存在殖民关系时,估计系数要更大(Girma & Yu, 2000);企业家移民要比投资者移民对贸易的影响更大(Ching & Chen, 2000);移民网络对差异化产品的贸易弹性要比同质产品的贸易弹性更大(Rauch & Trindade, 2002);Parsons(2012)进一步把移民网络的贸易效应分解为信息渠道及移民偏好,并发现移民网络的贸易效应仅作用于北方国家出口到南方国家。迄今为止,只有几篇文章对多国的情况进行了综合分析:Felbermayr 和 Toubal(2008)对 OECD 国家,Hatzigeorgiou(2009)对 75 个国家,Felbermayr 等(2010)对多国进行了验证。

因此,从相关文献的发展脉络来看,虽然移民网络已被验证对国际贸易起着促进作用,但运用于解释文化贸易模式的文献并不多,而且据笔者所知,尚未发现用企业微观数据来进行验证的文献。

3.3.3 数据说明

1. 文化产品贸易统计标准

我们主要采用"文化统计框架 2009 年修订草案"(UNESCO,2009)作为统计标准,它是目前世界上最为权威的文化及相关贸易统计框架。该草案对以下三类文化贸易分别界定了统计标准:(1)文化生产行为、文化产品及服务(CPC2,ISIC4);(2)国际贸易中的文化产品和服务(HS07);(3)文化职业(ISCO08);对国际贸易中的文化产品和服务统计主要分为 8 类,文化产品贸易统计涉及其中 A—D 类。以此为标准,我们对海关数据库中的企业贸易数据进行了归类。但值得注意的是,海关数据库中的企业贸易数据采用 HS02 统计标准,因此,我们首先需要把文化产品贸易的统计标准 HS07(UNESCO,2009)转化为 HS02。

2. 文化产品的企业贸易统计数据

我们采用来自于中国海关总署的企业及产品层面交易数据库的信息。这一数据库记录了通关企业的每一条进出口交易信息,包括企业编码、企业名称、进出口产品 8 位 HS 编码、进出口数量、价值、目的地(来源地)、交通运输方式等。但是,上述企业数据库并不涵盖企业特征信息,因此需要我们采用另一套数据系统来进行补充。

3. 企业特征数据

我们采用了两套数据库。第一套数据库来自于国家统计局的中国制造业企业数据库。该数据库的统计调查对象涵盖了所有的国有企业和销售收入在 500 万元以上的非国有企业,指标范围涵盖企业名称、行业特征、所有制、投入产出信息和财务信息等等。该数据库是目前可获得的最大的中国企业数据库,近年来被广泛应用于生产率、贸易等领域的研究。然而,该数据库也有些许不尽人意之处,主要是一些企业给出了错误的信息。仿照余淼杰(2013)以及 Feenstra-Li-Yu(2011)的做法,我们首先对样本中不合格的观测值予以清除:

(1)删除缺少关键变量的观察值。这些关键变量包括企业的工业总产值、总资产、固定资产净值(含固定资产原值和累积折旧)、销售额、雇员人数、公司代号,存在缺漏值。(2)删除明显不符合逻辑关系的观察值。如流动资产大于总资产、总固定资产大于总资产、固定资产净值大于总资产、累计折旧小于当年折旧、公司成立时间不正确、公司代号存在重复值。(3)删除雇员人数小于 10 人的企业及企业名称重复的样本。

4. 贸易对象国特征数据

其中包括进口国实际 GDP(PPP)、人均 GDP(PPP)数据来源于世界银行世界发展指标(WDI)数据库;中国与贸易对象国双边地理距离、进口国是否是内陆国家、是否超过 9% 的人口说中文等数据来源于 CEPII 数据库;如果上述数据在指定数据库中不可得到,我们就从 CIA factbook 中进行补充。

5. 移民数据

联合国移民数据库中的双边移民数据,主要是以 10 年间隔期进行的统计数据,我们采用了其中中国对世界各国的移民存量数据(2000 年)。对其中移民数为 0 的情况,为了取对数,我们把它转换为 0.000 01。①

6. 信息与通讯技术数据(Information and Communication Technologies,简称 ICT)

关于 ICT 应用水平的衡量,我们在借鉴前人研究方法的基础上,囿于数据的可得性,主要考虑了固定电话和移动电话的拥有率、计算机普及程度和互联网应用水平 3 个因素,选取了反映三者指标的几何加权平均数作为衡量一国 ICT 应用水

---

① 对于移民到国家 C 的移民数为 0 的情况,由于 0 不能取对数,因此,我们把 0 值转换为 0.000 01 之后再取对数。我们证实,当对移民数目为 0 的国家进行取消后,回归结论并不会发生变化。

平的标准,具体表示如下: $ICT_i^t = (X_{i1}^t \cdot X_{i2}^t \cdot X_{i3}^t)^{\frac{1}{3}}$。其中, ICT_i^t 表示一国的 ICT 应用水平; X_{i1}^t 表示一国每百人拥有的固定电话线路与移动电话数之和; X_{i2}^t 表示一国每百人拥有的个人计算机数; X_{i3}^t 表示每百人互联网用户数。在本书中,为了与移民数据相对应,我们采用了 2000 年的 ICT 数据。

我们首先通过对上述中国海关总署的企业及产品层面交易数据库及中国制造业企业数据库的 2006 年数据进行了匹配。匹配方法有两种,一是根据企业名称进行匹配,二是根据企业电话号码(及邮编)进行匹配,并对这两种匹配方法结果进行了合并,最后我们得到 3 566 个文化企业产品出口及 162 个对应贸易对象国信息的数据。随后,我们对国家特征数据及 ICT 数据陆续进行了匹配。

表 3.7 数据的统计性描述

Country-level	N	mean	sd	min	max
ln GDP	162	24.69	2.050	19.55	30.19
ln PGDP	162	8.180	1.630	4.910	11.72
ln Dist	162	8.970	0.590	6.530	9.870
Comlang_ethno	162	0.030 0	0.170	0	1
Landlocked	162	0.180	0.380	0	1
ln Emigration	162	5.270	5.340	−11.51	14.59
Firm-level	N	mean	sd	min	max
ln Labor Productivity	577 692	3.860	1.029	−2.398	9.485
ln employee	577 692	5.452	1.136	2.303	11.02
ln value	18 021	9.668	2.298	0	18.72

3.3.4 移民网络对中国文化产品出口的集约边际(扩展边际)效应评估

首先,我们把中国出口到贸易对象国的双边贸易数据具体分解为两部分:集约边际(intensive margin)和扩展边际(extensive margin):

$$exports_c = \sum_j firms_{jc} \frac{exports_c}{\sum_j firms_{jc}} \qquad (3.3)$$

其中,公式(3.3)右边第一部分可看作为中国出口到国家 C 的公司数目,而公式右边第二项可看作为中国出口到国家 C 中平均每个公司的出口额。随后,我们通过贸易经验研究中广泛采用的引力模型,对海外移民网络影响中国文化产品出口贸易的集约边际与扩展边际效应进行了评估:

$$\ln exports_c = \alpha X_c + \beta \ln emigrants_c + u_c \tag{3.4}$$

因变量为中国出口到国家 C 的文化产品贸易数据;X_c 为标准贸易引力模型中的一系列控制变量,如一国的实际 GDP、人均 GDP、双边距离及语言、地理等;$emigrants_c$ 为中国移民到国家 C 的移民存量数据。我们的主要目标在于研究海外移民网络变量 $emigrants_c$ 对中国文化产品出口贸易集约边际与扩展边际的影响,回归结果见表 3.8。

表 3.8 移民网络对中国文化产品出口的集约边际(扩展边际)效应

变 量	(1) ln EX_Value	(2) ln No. Firms	(3) ln EX_Value per_firm
ln GDP	1.022 ***	0.719 ***	0.308 ***
	(13.97)	(19.95)	(5.92)
ln PGDP	−0.019 9	0.211 ***	−0.242 ***
	(−0.22)	(4.76)	(−3.76)
ln Dist	0.250	0.061 3	0.196
	(0.98)	(0.49)	(1.08)
Landlocked	−1.211 ***	−0.857 ***	−0.319
	(−3.38)	(−4.85)	(−1.26)
Comlang_ethno	2.261 ***	0.842 **	1.434 **
	(2.63)	(1.99)	(2.36)
ln Emigration	0.100 ***	0.060 ***	0.0406 **
	(3.59)	(4.36)	(2.06)
Constant	−14.07 ***	−17.12 ***	2.946
	(−4.49)	(−11.11)	(1.34)
Observations	162	162	162
R^2	0.691	0.838	0.283

注:表中回归采用 OLS 回归方法;*** 、** 、* 分别代表在 1%、5%和 10%水平上显著;括号中为 t 统计量。

表 3.8 第一栏结果表明,海外移民网络对中国文化产品出口起着正面影响,海

外移民总数每增加 1%,中国出口贸易额相应增加 0.1%;而第二栏和第三栏的结果表明,海外移民网络同时对中国文化产品出口的扩展边际(公司数目)及集约边际(平均每个公司的出口额)起着促进作用;而且海外移民数目对扩展边际的作用(0.06%)要大于对集约边际的作用(0.040 6%),由此可以判断,中国对外移民会促进国内更多的文化企业从事出口贸易。而从其他变量的回归结果来看,有更多的企业倾向于出口到高收入和人均收入较高的国家,但进口国的收入和人均收入水平却对平均每个企业的出口额起着相反影响。

3.3.5　移民网络对中国文化企业产品出口的效应评估

1. 移民网络、文化企业出口概率与贸易类型

在表 3.8 的回归中,我们使用了出口企业数目来测量出口扩展边际的大小,但是,这样做的主要问题在于忽视了企业异质性对企业决定是否出口的重要影响;而另一个问题在于,当我们使用平均每个出口企业的出口额来衡量移民网络对中国出口强度的效应也是有问题的。Lawless(2010)指出,可变成本对平均每个出口企业出口额的影响是不甚清楚的,这是因为企业可变成本的降低虽然会提高平均每个出口企业的出口额,但同时也会导致低生产率的企业的出口。为了解决上述问题,我们采用企业—出口国的细化数据来评估移民网络对中国文化企业出口参与的效应。

$$P(E_{jc}=1)=P(\alpha\ln\varphi_j+\beta X_c+\gamma\ln emigrants_c+\eta_{jc}) \quad (3.5)$$

公式(3.5)中,$E_{jc}=1$ 指中国企业 j 出口到国家 C;P 是概率分布函数;φ_j 是指代企业效率变量或企业规模变量,文中分别使用企业的劳动生产率(企业增加值/雇佣工人数)及企业雇佣工人数量分别来指代;η_{jc} 是企业—出口国的残差项;X_c 是引力模型中国家层面上的一系列控制变量。

表 3.9 是我们对方程(3.5)进行回归后的结果(GLS 方法),从中我们可以判断:移民网络对中国文化企业的出口概率起着正面影响。

其次,我们发现企业效率对中国文化企业的出口概率起着负面影响。对于其中原因,众多国内外学者都进行了解释,如中国加工贸易比例过高及小规模企业占

中国出口主体(李春顶等,2010)、市场规模和进入成本的非对称性(安虎森等,2013)等。为此,我们进一步把中国文化产品出口区分为加工贸易与非加工贸易两种情况,回归结果见表 3.9 的第二、第三栏。结果显示,文化产品加工贸易型企业效率的提高促进了企业的出口概率,但文化产品非加工贸易型企业效率的提高反而抑制了企业的出口概率,这与一般得出的中国"出口—生产率悖论"解释并不一致;另外,我们发现企业规模有利于提高中国文化企业的出口概率,推断(Melitz,2003)的异质性企业模型中的生产率结论并不适合解释中国文化产品出口的情况。

表 3.9 移民网络、文化企业出口概率与贸易类型,GLS 方法

变 量	(1) 总体	(2) 加工贸易	(3) 非加工贸易	(4)	(5)
ln Labor Productivity	−0.004 1 *** (−5.49)	0.015 2 *** (3.09)	−0.006 8 *** (−6.57)		
ln Employee				0.004 71 *** (6.95)	
Comlang_ethno	0.018 2 *** (13.26)	0.100 0 *** (28.88)	0.002 85 * (1.93)	0.018 2 *** (13.26)	0.018 2 *** (13.26)
Landlocked	−0.008 98 *** (−15.63)	−0.007 03 *** (−4.86)	−0.009 12 *** (−14.77)	−0.008 98 *** (−15.63)	−0.008 98 *** (−15.63)
ln GDP	0.014 7 *** (125.80)	0.014 2 *** (48.13)	0.014 5 *** (115.31)	0.014 7 *** (125.80)	0.014 7 *** (125.80)
ln PGDP	0.008 67 *** (60.33)	0.009 05 *** (24.97)	0.008 44 *** (54.59)	0.008 67 *** (60.33)	0.008 67 *** (60.33)
ln Dist	−0.001 45 *** (−3.56)	−0.001 66 (−1.61)	−0.001 36 *** (−3.10)	−0.001 45 *** (−3.56)	−0.001 45 *** (−3.56)
ln Emigration	0.001 86 *** (41.60)	0.002 30 *** (20.40)	0.001 74 *** (36.19)	0.001 86 *** (41.60)	0.001 86 *** (41.60)
Constant	−0.384 *** (−65.71)	−0.369 *** (−16.84)	−0.361 *** (−53.01)	−0.425 *** (−67.79)	−0.399 *** (−79.67)
Estimator	Re	Re	Re	Re	Fe
Destinations	162	162	162	162	162
Firms	3 566	633	3 095	3 566	3 566
Observations	577 692	86 993	490 699	577 692	577 692
R^2	0.063 4	0.080 7	0.060 4	0.063 8	0.062 9

注:*** 、** 、* 分别代表在 1%、5% 和 10% 水平上显著;括号中为 t 统计量。

　　第三,移民网络对加工贸易型文化产品出口企业的促进效应要比非加工贸易型文化产品出口企业大。

　　第四,企业有较高的概率出口到高收入和人均收入较高的国家;同时,当出口国有大于 9% 的人口讲中文时,也会增强企业的出口概率;但是,企业对内陆国家及距离较远的国家的出口概率较低。当我们使用 probit 方法进行回归时,除加工贸易企业效率变量变得不再显著外,并不改变我们以上的研究结论,结果见表3.10。

表 3.10　移民网络、文化企业出口概率与贸易类型,probit 方法

变　　量	(1) 总体	(2) 加工贸易	(3) 非加工贸易	(4) entrance	(5) entrance
ln Labor Productivity	−0.071 0 *** (−5.93)	0.038 8 (0.75)	−0.084 4 *** (−6.35)		
ln Employee				0.059 7 *** (5.54)	
Comlang_ethno	0.302 *** (15.33)	0.697 *** (13.72)	0.187 *** (8.47)	0.302 *** (15.33)	0.302 *** (15.34)
Landlocked	−0.482 *** (−24.65)	−0.485 *** (−8.84)	−0.473 *** (−22.34)	−0.482 *** (−24.65)	−0.482 *** (−24.65)
ln GDP	0.309 *** (89.49)	0.324 *** (29.87)	0.307 *** (83.39)	0.309 *** (89.50)	0.309 *** (89.49)
ln PGDP	0.165 *** (44.57)	0.212 *** (18.52)	0.159 *** (40.21)	0.165 *** (44.60)	0.165 *** (44.59)
ln Dist	−0.065 7 *** (−8.57)	−0.081 2 *** (−3.84)	−0.061 7 *** (−7.40)	−0.065 7 *** (−8.57)	−0.065 7 *** (−8.56)
ln Emigration	0.051 1 *** (29.26)	0.119 *** (18.69)	0.044 0 *** (24.42)	0.051 1 *** (29.25)	0.051 1 *** (29.26)
Constant	−11.24 *** (−89.96)	−12.83 *** (−33.10)	−11.03 *** (−81.34)	−11.84 *** (−90.57)	−11.52 *** (−98.97)
Estimator	Re	Re	Re	Re	Re
Destinations	162	162	162	162	162
Firms	3 566	633	3 095	3 566	3 566
Observations	577 692	86 993	490 699	577 692	577 692

　　注:*** 、** 、* 分别代表在 1%、5% 和 10% 水平上显著;括号中为 z 统计量,回归系数为边际效应大小。

2. 移民网络、中国文化企业出口概率与企业类型

中国香港、澳门和台湾地区长期作为境外华人集中的地区,由于历史、地理与种族血缘关系的原因,一直与中国内地有着密切的商务往来。特别是作为国际性的商业、贸易和金融中心的香港,长期为内地提供各种贸易与转口贸易服务,充当内地和外国商业机构之间信息沟通的桥梁及内地和其他国家(地区)的贸易中介(middleman)①。因此,我们假设内地的港澳台商控股企业会较为积极地利用它们在这方面的优势,从中减少贸易中的信息壁垒;其次,由于部分境外控股企业是由移民到境外再回内地投资创办的,因此这些企业也会利用它们在信息机制上的优势;另外,私人控股企业比国有企业在机制上灵活,在拓宽信息渠道上也会较为主动。由此我们预测上述不同类型企业会根据各自情况利用它们与境外之间的种种联系,从而促进贸易的发生。

我们对移民网络影响不同企业类型的出口概率进行了评估,结果见表3.11。回归结果证实了我们的猜测,从移民网络的回归系数来看,港澳台商控股>外商控股>私人控股>集体控股>国有控股。当我们使用 probit 方法进行回归时,并不改变我们以上的研究结论,结果见表3.12。

表3.11 移民网络、中国文化企业出口概率与企业类型,GLS-FE

变　　量	(1) 国有控股	(2) 集体控股	(3) 私人控股	(4) 港澳台商控股	(5) 外商控股
ln GDP	0.010 7*** (15.44)	0.010 4*** (14.58)	0.015 4*** (78.00)	0.015 9*** (71.67)	0.013 3*** (64.71)
ln PGDP	0.003 18*** (3.73)	0.004 31*** (4.92)	0.008 59*** (35.34)	0.009 74*** (35.84)	0.008 40*** (33.37)
ln Dist	−0.000 635 (−0.26)	0.000 897 (0.36)	0.001 08 (1.57)	0.000 940 (1.22)	−0.007 39*** (−10.34)
Comlang_ethno	0.041 2*** (5.05)	0.038 8*** (4.64)	−0.005 79** (−2.49)	0.055 2*** (21.25)	0.006 26*** (2.60)
Landlocked	−0.006 97** (−2.05)	−0.000 924 (−0.26)	−0.011 3*** (−11.64)	−0.009 09*** (−8.37)	−0.006 66*** (−6.62)

① 除中国香港以外,新加坡也发挥着如中国香港同样的中介作用。但从巴西、印度、原苏联等经济体发展经验中可以看到,正是由于这些国家缺乏一个像中国香港这样与外界发达经济体紧密相连的地区,因此,它们就比较难得到类似的"中介"促进作用。

续表

变 量	(1) 国有控股	(2) 集体控股	(3) 私人控股	(4) 港澳台商控股	(5) 外商控股
ln Emigration	0.001 02 *** (3.83)	0.001 38 *** (5.04)	0.001 69 *** (22.27)	0.002 19 *** (25.86)	0.001 84 *** (23.51)
Constant	−0.266 *** (−8.94)	−0.285 *** (−9.32)	−0.436 *** (−51.43)	−0.457 *** (−48.24)	−0.311 *** (−35.48)
Estimator	Fe	Fe	Fe	Fe	Fe
Destinations	162	162	162	162	162
Firms	81	73	1 298	1 084	1 030
Observations	13 122	11 826	210 276	175 608	166 860
R^2	0.033	0.037	0.059	0.073	0.061

注:表中回归采用 GLS 的固定效应回归方法;*** 、** 、* 分别代表在1%、5%和10%水平上显著;括号中为 t 统计量。

表 3.12 移民网络、中国文化企业出口概率与企业类型,probit 方法

变 量	(1) 国有控股	(2) 集体控股	(3) 私人控股	(4) 港澳台商控股	(5) 外商控股
Comlang_ethno	0.573 *** (4.42)	0.447 *** (3.13)	0.153 *** (4.50)	0.523 *** (15.38)	0.123 *** (3.18)
Landlocked	−0.245 ** (−2.14)	−0.062 5 (−0.53)	−0.578 *** (−17.23)	−0.465 *** (−13.68)	−0.423 *** (−10.97)
ln GDP	0.286 *** (13.01)	0.281 *** (11.01)	0.305 *** (57.59)	0.306 *** (48.69)	0.324 *** (44.22)
ln PGDP	0.032 4 (1.40)	0.058 8 ** (2.22)	0.155 *** (26.73)	0.183 *** (27.11)	0.181 *** (23.86)
ln Dist	−0.042 5 (−0.81)	−0.015 5 (−0.28)	−0.008 54 (−0.68)	−0.028 5 ** (−2.05)	−0.185 *** (−12.64)
ln Emigration	0.026 0 *** (2.82)	0.057 9 *** (4.46)	0.033 1 *** (13.36)	0.069 6 *** (20.37)	0.067 2 *** (17.48)
Constant	−9.796 *** (−12.80)	−10.45 *** (−12.35)	−11.59 *** (−61.95)	−12.10 *** (−57.36)	−11.28 *** (−48.72)
Destinations	162	162	162	162	162
Firms	81	73	1 298	1 084	1 030
Observations	13 122	11 826	210 276	175 608	166 860

注:*** 、** 、* 分别代表在1%、5%和10%水平上显著;括号中为 z 统计量,回归系数为边际效应系数。

3. 移民网络、中国文化企业出口概率与企业所在地区

历史上,东南沿海(珠三角、福建省)是东南亚华人的主要移出地,家族血缘关系的存在长期以来对这些地区的引资和对外贸易都发挥着非常重要的作用。从移民输出数量来看,东部地区多于中部地区,西部地区最少。因此,我们猜测中国东部地区的文化企业最有优势将移民网络用于克服国际贸易中的信息壁垒。而回归结果证实了我们的猜测(结果见表3.13),不管我们用哪一种回归方法,结果都是稳健的。

表 3.13　移民网络、出口参与与企业所在地区

变　量	GLS-Fixed Effects			RE Probit		
	东部地区	中部地区	西部地区	东部地区	中部地区	西部地区
Comlang_ethno	0.017 4 ***	0.014 4 **	0.079 3 ***	0.289 ***	0.480 ***	1.048 ***
	(12.30)	(2.20)	(9.71)	(14.40)	(3.53)	(5.97)
Landlocked	−0.009 15 ***	−0.005 61 **	−0.003 52	−0.482 ***	−0.642 ***	−0.278
	(−15.47)	(−2.05)	(−1.03)	(−24.35)	(−3.76)	(−1.49)
ln GDP	0.015 0 ***	0.010 1 ***	0.006 50 ***	0.309 ***	0.356 ***	0.273 ***
	(124.20)	(18.10)	(9.34)	(88.19)	(13.07)	(7.74)
ln PGDP	0.008 84 ***	0.005 86 ***	0.003 22 ***	0.165 ***	0.194 ***	0.106 ***
	(59.64)	(8.54)	(3.78)	(44.10)	(6.54)	(2.70)
ln Dist	−0.001 48 ***	−0.001 80	0.001 47	−0.065 7 ***	−0.106 *	0.019 2
	(−3.53)	(−0.93)	(0.61)	(−8.43)	(−1.95)	(0.23)
ln Emigration	0.001 90 ***	0.001 20 ***	0.000 688 ***	0.051 9 ***	0.030 4 **	0.015 8
	(41.16)	(5.63)	(2.59)	(29.22)	(2.40)	(1.02)
Constant	−0.406 ***	−0.269 ***	−0.191 ***	−11.51 ***	−12.77 ***	−10.78 ***
	(−78.64)	(−11.24)	(−6.41)	(−97.51)	(−14.28)	(−8.74)
Destinations	162	162	162	162	162	162
Observations	553 392	16 038	8 262	553 392	16 038	8 262
Firms	3 416	99	51	3 416	99	51
Adjusted R-squared	0.063	0.045	0.035			

注:*** 、** 、* 分别代表在1%、5%和10%水平上显著;GLS回归方法括号中为 t 统计量;Probit回归方法括号中为 z 统计量,回归系数为边际效应。

4. 移民网络、中国文化企业出口概率与ICT效应

除了社会网络能够克服贸易机会信息不充分以外,信息与通讯技术(ICT)在

20 世纪 90 年代以来发展迅猛,大大改善了国际贸易中交易信息不足状况,减少了交易双方协调的困难度,而且简化了国际贸易的交易过程,增强了交易效率,降低了交易成本(蒙英华,2008)。目前,海外华商也正在利用这一新兴的交流工具来增进彼此之间的合作,例如目前在互联网上可以发现有很多的华人社区与专门针对华商之间商业合作的网站。①但是 Curtin(1984)认为,电子商务出现、信息分类技术提高、网路搜索引擎使用等都有可能降低对华商网络的需求,交通和通讯技术创新(如电子邮件被广泛使用)也有可能破坏现存的华商网络关系,因为传统的华商联系是通过一种面对面的交流(face-to-face communication)来实现的。因此,究竟 ICT 的改善对华商网络的贸易促进效应是起着一种推动作用或是抑制作用,还需要我们进行进一步验证。

在前述回归基础上,我们加入了移民网络与 ICT 应用水平的交叉项,来表明华商网络与 ICT 信息应用水平的交互作用。从回归结果我们发现,ICT 应用促进了华商网络对中国文化企业出口的概率,但效应较小。为进行敏感性检验,我们分别采用了两种回归方法,结果是稳健的。

表 3.14　移民网络、中国文化企业出口概率与 ICT 效应

变　量	GLS entrance	Probit RE entrance
ln Labor Productivity	−0.004 42 *** (−5.53)	−0.072 9 *** (−5.97)
Comlang_ethno	0.008 64 *** (5.46)	0.157 *** (7.06)
Landlocked	−0.006 64 *** (−10.71)	−0.510 *** (−22.72)
ln GDP	0.014 3 *** (106.16)	0.288 *** (77.24)
ln PGDP	0.005 19 *** (28.77)	0.090 9 *** (18.80)

① 比较典型的如新加坡政府承办的世界华商网络网站:http://www.wcbn.com.sg/。另外,华商也广泛通过 Internet 上的各种华人网站、BBS、博客(或其他商业媒体)等渠道进行商业信息交流,这是华商之间近年来出现的新交流方式("网缘")。

变　　量	GLS entrance	Probit RE entrance
ln Dist	−0.005 81*** (−11.95)	−0.063 4*** (−7.82)
ln_ICT* Emigration	0.000 890*** (52.26)	0.017 4*** (33.46)
Destinations	150	150
Firms	3 566	3 566
Observations	534 900	534 900
R^2	0.0661	
log likelihood		−49 325.745

注：***、**、*分别代表在1%、5%和10%水平上显著；GLS回归方法括号中为 t 统计量；probit回归方法括号中为 z 统计量，回归系数为边际效应。

5. 移民网络与中国文化企业出口强度

完成上述解释之后，我们还希望对移民网络对中国文化企业的出口强度影响进行评估，回归方程如下：

$$\ln x_{jc} = \alpha \ln \varphi_j + \beta X_c + \gamma \ln emigrants_c + \eta_{jc} \tag{3.6}$$

在方程(3.6)中，x_{jc} 指中国文化企业 j 出口到国家 C 的贸易额，其他变量与前述的一致。估计方程(3.6)的主要问题在于我们在数据中只观察到参与出口行为的企业数据，因此，在数据中只存在非零的贸易数据，而不参与出口行为的企业贸易数据都是遗失的。为了解决上述问题，我们采用了与 Helpman 等(2008)相类似的 Heckman 样本选择模型进行回归。为了避免函数形式所造成的识别问题，Heckman 样本选择模型需要找到至少一个变量，而这个变量可以影响企业的出口参与决策，但并不能影响企业的出口额大小。从变量特征可以看到，我们应当选择影响到企业出口的固定成本，而不会影响企业出口可变成本的变量。参照 Helpman 等(2008)，我们采用了世界银行数据库里基于国别进行统计的对企业进入市场的规制成本数据，而这可以指代企业出口的固定成本，我们从中选取了企业合法从事一项商业活动时所需手续数目及所需时间这两个指标。

为了进行对照，我们首先对模型进行了 GLS 回归。我们知道，GLS 方法主要使用可观察到的非零贸易额进行回归,回归结果见表 3.15 第一栏。而第二栏和第三栏汇报了使用 Heckman 样本选择模型时(即使用不同衡量企业进入市场的成本指标)的回归结果。Heckman 样本选择模型可以使用最大似然法或者两步法(Heckman,1979)进行回归,在这里我们汇报了最大似然法的回归结果。① 所有的回归结果都指向于移民网络有助于提高中国文化企业的出口强度。总体而言,每增加 1% 的海外移民,中国文化出口额将增加 0.028 7%。

表 3.15　移民网络与中国文化企业出口强度,GLS 和 Heckman Selection Model

变　　量	(1) GLS	(2) Heckman selection model		(3) Heckman selection model	
	ln_value	ln_value	select	ln_value	select
ln Labor Productivity	−0.247*** (−5.96)	−0.167*** (−7.88)	−0.069 2*** (−17.54)	−0.165*** (−7.72)	−0.069 2*** (−17.56)
Comlang_ethno	0.426*** (6.16)	0.722*** (8.18)	0.206*** (10.73)	0.713*** (8.06)	0.186*** (9.73)
Landlocked	−0.760*** (−8.91)	−1.308*** (−10.72)	−0.418*** (−21.48)	−1.293*** (−10.51)	−0.414*** (−21.29)
ln GDP	0.295*** (23.90)	0.419*** (14.94)	0.233*** (68.43)	0.415*** (14.21)	0.225*** (68.75)
ln PGDP	0.034 7** (2.46)	0.142*** (5.84)	0.128*** (34.50)	0.137*** (5.50)	0.130*** (34.87)
ln Dist	0.171*** (6.86)	0.200*** (6.30)	−0.060 1*** (−8.25)	0.201*** (6.34)	−0.054 0*** (−7.46)
ln Emigration	0.028 7*** (4.74)	0.046 1*** (5.15)	0.038 7*** (24.75)	0.045 3*** (4.98)	0.040 5*** (26.21)
ln_procedures			−0.096 2*** (−10.20)		
ln_times					−0.046 4*** (−9.20)
Constant	−0.307 (−0.73)	−7.046*** (−6.38)	−8.257*** (−74.49)	−6.860*** (−5.93)	−8.198*** (−73.03)
Firms	3 521	3 521	3 521	3 521	3 521
Observations	17 458	17 458	17 458	17 458	17 458
log likelihood		−97 253.86		−97 263.44	
R^2	0.019 2				

注:***、**、* 分别代表在 1%、5% 和 10% 水平上显著;括号中为 t 统计量。

———————

① 与使用两步法时的回归结果一致。

　　值得注意的是,表 3.15 的回归结果中距离变量回归系数变为正。对于一般商品而言,两地距离越远则贸易成本越高,但对于文化产品而言,两地距离越远还会造成两地文化差异越大,当距离造成两地文化差异的价值超过了因距离增加而提高的运输成本时,距离反而会增加两地文化产品的贸易额。另外,距离变量仅构成企业贸易的固定成本,因此只影响企业是否进入市场的决策,而从前述回归结果可知,距离变量确实对中国文化企业出口概率造成负面影响。

3.3.6　结语

　　移民网络可减少国际贸易中的信息和执行成本,从而影响国际贸易的数量和模式,而中国的海外移民网络将会长期随着对外移民数量的增加而得到加强。我们预期移民网络能明显促进文化产品贸易的发生。利用工业企业数据库与海关贸易数据进行匹配后,我们根据 UNESCO(2009)对文化产品贸易的统计标准,从中筛选出文化产品贸易部分,并对海外移民网络影响中国企业文化产品出口贸易效应进行了评估。我们认为:

　　(1) 移民网络对中国文化产品出口起着正面影响,而且对扩展边际的作用要大于对集约边际的作用,表明中国对外移民数目增加将会进一步促使国内有更多的文化企业从事出口贸易,并且企业出口文化产品额也会同时得到进一步的增加;

　　(2) 移民网络有助于提高中国文化企业的出口概率;文化产品加工贸易型企业效率的提高促进了企业的出口概率,但文化产品非加工贸易型企业效率的提高反而抑制了企业的出口概率,这与一般得出的中国"出口—生产率悖论"的解释并不一致;另外,我们发现企业规模有利于提高中国文化企业的出口概率;

　　(3) 移民网络对提升港澳台商控股的文化企业出口概率最为明显,其次依次是外商控股企业、私人控股企业、集体控股企业及国有控股企业。这不仅与移民网络的信息机制密切相关,而且跟港澳台地区在历史上长期作为中国大陆与国外信息交流的平台作用有关。

　　(4) 移民网络对提升中国东部地区文化企业的出口概率最为明显,其次是中部地区文化企业及西部地区文化企业。这主要是因为东部地区(珠三角地区、长三角地区)是主要的移民祖籍地,因此,移民网络的信息机制与移民偏好效应都要比中部地区及西部地区更为明显；

（5）信息与通讯技术有助于促进移民网络对中国文化企业出口的概率，但效应较小；

（6）移民网络有助于提高中国文化企业的出口强度；

（7）进出口两国距离因素对中国文化企业出口概率造成负面影响，但由于"文化距离"因素的影响，进出口两国距离增加同时会提升两地文化差异的价值，因此，距离在一定程度上会对文化产品贸易产生正面影响。

3.4　文化货物贸易与文化服务贸易决定因素差异的考察

3.4.1　导言

目前，国内外学术界对文化贸易的理解较为一致，认为文化贸易一般可分为文化货物贸易（实物形态）和文化服务贸易（服务形态）两大类。实物形态的文化货物贸易主要包括字画、工艺美术品、音像制品、报刊、杂志、图书等方面，而服务形态的文化服务贸易主要包括艺术表演、文化艺术培训、广播、电视、电影、文化旅游、体育竞赛和表演、保健运动等。①

虽然存在上述分类标准，而且建立世界文化统计体系的努力已经有 60 多年历史（其中 1963 年出版的《联合国教科文组织统计年鉴》就包含了教育、科学和文化数据），但目前文化贸易的统计框架与方法主要侧重于文化货物贸易，对文化服务贸易的统计缺乏足够的关注，如联合国教科文组织（UNESCO）于 1986 年发布的"文化统计框架"以及 2007 年发布的"文化统计框架 2009 年修订草案"，因此，限制了我们对此进行深入分析的数据来源。

值得一提的是，加拿大的文化统计计划自 1972 年开始启动，其文化部门统计

---

① 　一般来讲，实物形态的文化产品大都可以多次消费，长时间观赏或阅读，而服务形态的文化产品大都是一次性消费，娱乐性比较强；另外，实物形态的文化货物贸易又分为可复制与不可复制两种。

分类要比联合国教科文组织更细,而且分别对文化货物与文化服务的贸易数据进行了详细的双边统计。加拿大文化贸易的部门分类及基本贸易情况具体见表3.16。从表3.16可知,2009年,加拿大文化货物贸易呈现逆差,出口额为151 347.3万美元,进口额为384 650.8万美元,进口额大概为出口额的一倍以上,逆差额为233 303.5万美元。另外,书本、报纸和杂志、影视品是贸易总额最大的3个部门;而之前的2008年,加拿大文化服务贸易呈现顺差,出口总额为283 300万美元,进口总额为266 660.3万美元,顺差为16 639.7万美元,而电影(生产及分销服务)、版权及相关服务(版税)和表演艺术是文化服务贸易总额最大的3个部门。从上述数据来看,加拿大在文化服务贸易上存在比较优势,在文化货物贸易上存在比较劣势。那么,究竟是什么因素决定了上述两类贸易的发生? 其比较优势的来源是由什么因素决定的? 以下我们以加拿大的统计数据为基础,通过使用贸易引力模型,对决定文化货物与文化服务贸易的决定性因素进行对比考察。

表3.16 加拿大文化贸易的基本情况(千美元)

文化货物贸易(2009年)			文化服务贸易(2008年)		
名　　称	进口	出口	名　　称	进口	出口
书　本	1 464 475	328 301	信息服务(文化部分)	2 893	×
报纸和杂志	1 050 272	84 858	商标(版税)	22 876	7 330
其他印刷品	273 989	82 345	版权及相关服务(版税)	690 190	215 621
电　影	8 602	381 186	广告和相关服务(文化部分)	126 313	255 376
影视品	389 371	208 776	建筑和工程服务(文化部分)	50 354	99 529
录音媒介	31 596	23 446	其他各种商业服务(文化部分)	52 737	181 721
音乐印刷品	11 996	762	广　播	463 456	×
原创艺术	166 333	67 182	电影(生产及分销服务)	720 883	1 520 383
其他视觉艺术	88 495	8 837	表演艺术	316 653	287 629
建　筑	1 364	1 040	其他音像服务	5 752	26 534
广　告	207 367	168 494	个人、文化和娱乐服务(文化部分)	214 496	238 877
文化遗产	24 646	45 759			
照相器材	128 002	112 487			

资料来源:加拿大统计网站,http://www.statcan.gc.ca/;×代表此数据不可获得或不存在。

从文献资料来看,对文化贸易的经验研究始于 20 世纪 80 年代,诸多领域的学者从各个不同角度验证文化货物贸易的影响因素。但由于数据缺乏,大多数国内外相关文献只针对文化货物贸易进行研究,专门针对文化服务贸易进行研究的文献要少得多,而且更没有出现对文化货物与文化服务贸易进行对比研究的研究成果,因而在解释文化贸易模式、文化贸易的比较优势培育与政策建议方面,可靠性和说服力都十分有限。

3.4.2 模型设计

1. 模型变量设定

经济学家通常应用引力模型来讨论国与国之间的双边贸易流量,自 20 世纪 60 年代以来,引力模型已经在国际贸易经验研究中获得了相当大的成功。据此,在计量模型中,我们将首先引入加拿大与其各贸易对象国的 GDP 和人口,以及双边地理距离等控制变量。文化货物(服务)属于基本生活需求之后的高层次需求,需要一定的收入水平的支撑——物质生活水平达到一定水平后,对精神生活的需求才会愈来愈高,而国内生产总值(GDP)是收入状况的表征,是反映一国经济规模的重要指标。因此,我们预期,经济规模越大的国家,其潜在的对文化货物与文化服务的供给能力或需求能力也会越大;人口规模的不同也在一定程度上造就了整个国家或地区购买力的差异——在其他条件相同的情况下,人口规模大的国家要比人口规模小的国家绝对购买力强。同时,人口结构也会影响着整个经济体的消费能力,受教育水平较高的群体对外来文化往往存在一定的求知欲望,也越容易吸收和消化外来文化,从而对文化货物(服务)的需求也比较旺盛;另外,我们假设,地理距离越遥远的地方,文化贸易的交易成本会越大,因此,地理距离与双边文化商品和服务的贸易流量成反比。除上述引力模型的控制变量外,我们还将考虑以下因素:

(1) 文化距离。

该变量用来衡量两个国家在居民偏好、习俗、价值观、信仰和道德观念等方面的不同而形成的心理距离。我们预期国家间日益增加的文化距离对他们之间的文化贸易流量产生负面影响,因为这会使贸易变得复杂化并带来交易成本的增加。

根据 Hofstede Geert(1983)的研究,文化可以分为 5 个维度,代表世界上不同国家或地区的文化特征。通过对遍布全球 50 个国家和 3 个多国地区的 117 000 名 IBM 员工在 1968 年和 1972 年问卷的收集整理,用 32 个与工作相关指标来完成对各个维度数值的测量,从而比较不同国家或地区在文化上的差异:①权力距离(power distance);②不确定性规避(uncertainty avoidance);③个人主义和集体主义(individualism versus collectivism);④男性气质与女性气质(masculinity versus femininity);⑤儒家的精神动力(Confucian dynamism)。

两个国家间的文化距离是在上述 5 个文化维度上的距离的综合考虑。由于上述 5 个方面并非完全相互独立,所以,两国间的文化距离不能简单地采用 5 个数据相加而得到。Kogut 和 Singh(1988)基于 Hofstede Geert(1983)框架的前 4 个维度之间的离差发展了文化距离的综合指数,并将这一指数扩展到 5 个维度的函数表达式为:

$$CD_j = \frac{\sum_{i=1}^{5} (I_{ij} - I_{ic})^2 / V_i}{5}$$

上式中,CD_j 代表某一国家或地区与加拿大之间的文化距离;I_{ij} 代表第 j 个国家或地区的第 i 个文化维度值;V_i 是所讨论的各个国家或地区在第 i 个文化维度上的值所构成的指数的方差;下标 c 代表加拿大。这样,知道了所考察的国家或地区和加拿大在 5 个文化维度上的分值以后,就可以分别计算出加拿大和这些国家或地区之间的文化距离。

(2) 双边网络科技覆盖程度与应用水平。

随着国际互联网的兴起,文化货物和文化服务的消费对科技应用能力的要求逐渐提高。互联网作为文化产品传播最主要的途径,是国际间文化交流的桥梁,其普及率越高,了解不同国家文化的机会会越多,文化产品的传播也会越频繁;另外,文化货物与文化服务也可通过网上宣传、网上订购、网上体验等方式达到与消费者的互动,高科技国家的居民也才有条件享受以高科技为载体的文化产品。因此,网络科技覆盖程度越高的国家应会对文化货物和文化服务有更大需求,文化贸易规模也会越大。

本文通过构造衡量双边网络科技覆盖与应用水平的指标:

$$ICT_{ij} = ICT_i \times ICT_j$$

其中,ICT_i 指加拿大的互联网使用率;ICT_j 指贸易国的互联网使用率。我们使用加拿大与其贸易国的互联网使用率(即每 100 个居民中使用互联网的人数比例)数据对指标进行了计算,预期双边网络科技覆盖程度与加拿大的文化货物和文化服务的进出口呈正相关关系。

2. 计量回归模型的设定

根据上述分析,我们把计量回归引力模型具体设定为:①

$$
\begin{aligned}
\log(TRADE_{ij}^t) = {} & C_{ij}^t + \beta\log(GDP_i^t) + \gamma\log(GDP_j^t) + \delta\log(POP_i^t) \\
& + \eta\log(POP_j^t) + \lambda\log(Dist_{ij}) + \theta\log(Culd_{ij}) \\
& + \alpha\log(ICT_{ij}^t) + \varepsilon_{ij}^t
\end{aligned}
$$

其中,$TRADE$ 为文化贸易额(分别为文化货物和文化服务);C 为常数;GDP 为国内生产总值;POP 为国内人口总数;$Dist$ 为双边经济中心距离变量;$Culd$ 为双边文化距离变量;ICT 为双边网络覆盖程度;ε 为回归残差。下标 i 表示加拿大,j 代表其贸易对象,上标 t 代表时间。

3. 数据来源与说明

按照加拿大对文化贸易统计的产业分类,加拿大对其与美国、中国、法国、英国、德国 5 国共 13 类文化货物贸易进行了双边进出口统计(2002—2009),涉及书本,报纸和杂志,其他印刷品,电影,影视品,录音媒介,音乐印刷品,原创艺术,其他视觉艺术,建筑,广告,文化遗产,照相器材;对其与美国、英国、法国 3 国共 11 类文化服务贸易进行了双边进出口统计(1999—2008),涉及信息服务(文化部分),商标(版税),版权及相关服务(版税),广告和相关服务(文化部分),建筑和工程服务(文化部分),其他各种商业服务(文化部分),广播,电影(生产及分销服务),表演艺术,其他音像服务,个人、文化和娱乐服务(文化部分)。

另外,加拿大与其贸易对象国的 GDP、人口数据来源于联合国统计数据库

---

① 由于在数据中涉及截面国家数量较少,为避免方程产生多重共线性以及回归结果产生较大偏差,因此在引力模型中不引入虚拟控制变量,如自由贸易区、双边共同语言等。

(UN stat.)；两国间地理距离则从世界城市经纬度查询系统①获得；互联网使用率数据来自联合国千年发展目标指标数据库；②此外，文化距离数据来自 Hofstede Geert 教授官方网站提供的不同国家的文化维度数据，根据 Kogut 和 Singh(1988) 的综合指数公式计算得到③。

4. 计量回归结果分析

首先，我们对模型进行了 Hausman 检验，结果显示，模型均使用随机效应模型进行回归较为合理，而且由于我们只使用加拿大与中、美、法、英、德 5 国的双边文化货物贸易数据与美、英、法 3 国的双边文化服务贸易数据，而当研究样本是从总体随机抽样得到，并预期利用模型解释总体的统计性质时，将模型设定为随机效应模型是较为合理的，因此，我们用随机效应进行回归可判断出我们所需要的理想结论。

从表 3.17 的回归结果中我们可知，引力模型的回归结果基本符合我们预期的结论：

表 3.17　加拿大文化货物与文化服务贸易引力模型的回归结果

解释变量 文化产品	文化货物出口	文化货物进口	文化服务出口	文化服务进口
$\log(GDP_i^t)$	2.27^{***} (2.49)	0.78 (1.56)	-0.31 (-0.41)	-0.12 (-0.16)
$\log(POP_i^t)$	-18.41^{**} (-1.93)	-13.21^{***} (-2.74)	24.75^{*} (1.87)	7.88 (0.55)
$\log(GDP_j^t)$	0.04^{**} (2.12)	-0.06^{***} (-4.40)	-0.24 (-0.34)	-0.50 (-0.81)
$\log(POP_j^t)$	0.46^{***} (3.23)	-0.11 (-1.18)	-16.38^{***} (-2.40)	-0.96 (-0.13)
$\log(Dist_{ij})$	-3.60^{***} (-4.34)	-6.10^{***} (-15.90)	-42.32^{***} (-2.55)	-7.87 (-0.45)
$\log(Culd_{ij})$	-0.49^{***} (-3.77)	0.68^{***} (4.39)	0.61^{**} (2.17)	-0.21 (-0.74)

---

① http://www.hjqing.com/find/jingwei/

② http://mdgs.un.org/unsd/mdg/Data.aspx

③ http://www.geert-hofstede.com/hofstede_dimensions.php

续表

文化产品 ＼ 解释变量	文化货物出口	文化货物进口	文化服务出口	文化服务进口
$\log(ICT_{ij}^t)$	0.14*	0.30*	−0.03	0.17
	(1.63)	(1.73)	(−0.18)	(0.72)
Hausman 检验结果与模型选择	随机效应	随机效应	随机效应	随机效应
调整后的 R^2	0.67	0.58	0.77	0.74
样本量	475	520	224	203

注：*** 代表通过 1% 的显著性检验，** 代表通过 5% 的显著性检验，* 代表通过 10% 的显著性检验；括号内数据是系数的 t 值。

（1）加拿大综合国力水平提高（GDP 的增加）有利于该国文化货物出口，但对其文化货物进口和文化服务进出口影响并不明显；随着贸易对象国综合国力提高，该国国民对文化的精神需求也会越旺盛，而且也会提高该国的人均购买力水平，由此促进其文化货物的出口；但其贸易对象国 GDP 提高会降低加拿大对其文化货物的进口，这可能是因为贸易对象国 GDP 增加会提高其文化货物的价格，由此促使加拿大选择从第三国进口文化货物，又或者是因为由于贸易对象国对本国文化货物消费的增加，减少了对加拿大的文化货物出口，特别是对于有专用性特征的产品（如建筑和设计），或资源不可再生的产品等；贸易对象国 GDP 变量对加拿大双边文化服务进出口影响并不明显；

（2）关于人口变量对双边贸易额的影响，存在着两种相互对立的看法。一方面，如果一个国家是自给自足的话，那么其国内人口总量与出口呈负相关，另一方面，更多的国内人口总量会促进劳动分工，因此也会增加双边贸易的机会。在上述回归中，加拿大人口变量与本国文化货物出口呈负相关关系，这表明加拿大人口增加会提高对本国文化货物的需求，因此会降低本国文化货物的出口水平，但是加拿大人口增加会同时促进本国文化服务的专业化分工，从而会促进本国文化服务出口；另外，加拿大人口变量与本国文化货物进口呈负相关关系，这是由于加拿大人口增加虽然会增加对对象国文化产品的需求，但同时也会降低本国人均购买力水平。从回归结果来看，第二种效应大于第一种效应，即加拿大人口增加降低了对对象国文化货物的进口；加拿大人口变量与本国文化服务进口无明显相关关系。

贸易对象国人口增加会降低该国人均购买力水平,因此也会降低加拿大的文化服务出口额,但对象国人口增加也同时会提升对文化的需求,从而会增加加拿大的文化货物出口额。由于文化服务与文化产品之间存在着替代性,当人均购买力水平下降,会促使人们倾向于购买价格较为便宜的文化货物。另外,贸易对象国人口变量对加拿大文化货物与文化服务进口的影响都不明显。

结合上述文化货物与文化服务出口的回归结果,我们可知,加拿大综合国力增加能促进其文化货物出口,但并不影响其文化服务出口;虽然加拿大人口增加能促进其文化服务出口,但同时也将降低其文化货物的出口额。我们可以判断,正是由于文化货物与文化服务之间的消费有着较大的替代性,因此决定了文化货物出口与服务出口之间存在着替代特征,GDP 增加(或人口增加)的结果,会促使其中之一增加,同时使另一者减少。

(3) 文化货物贸易与一般货物贸易相类似,都要受到贸易成本的影响,而地理距离越远,运输成本会越高。因此,加拿大文化货物的进出口与地理距离变量呈负相关关系;由于文化服务与文化货物有着不一样的特征,其贸易不需要经过海关的通关手续,贸易成本的构成差别较大——文化服务的贸易成本更多来自于贸易对象国的国内管制政策,以及服务提供商如何寻找到消费者的匹配成本。而从回归结果来看,加拿大文化服务出口与地理距离变量呈负相关关系,而且回归结果的弹性系数(42.32)要大于文化货物进口和出口的弹性系数(3.60 和 6.10),表明地理距离对文化服务贸易形成的贸易成本要更大;但文化服务进口与地理距离变量无明显相关关系,这可能是因为加拿大的贸易对象对文化服务产业的管制较为严格,因此构成了较大的市场进入成本(贸易成本),但加拿大对文化服务产业的管制政策较为宽松与自由,因此对文化服务的进入影响并不明显。

(4) 文化距离变量是衡量两国文化的差距程度,而文化差距越大,就越容易吸引消费者去消费,如中国古董商倾向于购买与中国文化差异较大的古董,如欧洲的古董相比于东南亚国家的古董同比价值要更高,跨国旅游也体现了这一特征。从上述回归结果来看,加拿大与其贸易对象的文化差距越大,则越会促进加拿大的文化货物进口及文化服务出口,但是,双边文化距离增大却降低了加拿大的文化货物出口额;另外,双边文化距离对加拿大文化服务进口影响并不明显。

(5) 加拿大与其贸易对象国的信息网络覆盖程度有利于降低双边交易的匹配

成本及交易成本。从回归结果来看,双边信息网络覆盖程度对双边文化货物进出口有促进作用,但对双边文化服务贸易并无明显影响。

3.4.3　结论与政策建议

通过使用贸易引力模型及加拿大颁布的文化贸易分类统计数据,我们分别对文化货物与文化服务贸易的决定因素进行了对比分析,结果表明:

由于文化货物贸易与文化服务贸易之间存在着替代性,造成了诸种因素对两类贸易的影响截然不同,因而在贸易政策制订上,不应忽视文化货物贸易与文化服务贸易之间的替代性,以免贸易政策产生难以预期的影响或负面效应。

地理距离对文化货物和文化服务贸易都构成了贸易成本,且对文化服务贸易的影响要更大;文化差距越大,越能促进加拿大的文化货物进口及文化服务出口,因此,应该全面加强与文化背景差异较大国家和地区的文化贸易;双边信息网络覆盖程度对双边文化货物进出口有促进作用,但对文化服务贸易并无明显影响。今后应进一步加强通过信息网络宣传文化服务,以发挥其可减少贸易成本而促进贸易发生的积极效应。

第4章
中国文化产业及文化贸易补贴政策分析

　　由于文化产品与服务具有的强外部性及文化市场的信息不对称问题,在中国自贸试验区建设的背景下,对文化贸易与相关文化企业的适当补贴政策可提高我国文化企业的自主创新能力,迅速提升我国文化贸易的国际竞争力,并归纳推广自贸区可复制的政策经验。但长期以来,我国并不善于运用WTO规则允许的补贴政策对文化产业进行培育,不仅限制了文化企业的发展规模与创新能力,而且忽略了与文化贸易发展的相关问题。而从近几年各省份为发展文化产业所实施的补贴政策看,政策内容较为单一,临时性较强,并没达到真正意义上的政策创新和机制创新,这不仅容易造成对文化产业的过度补贴,同时也对其他产业造成资源和竞争扭曲的负效应。相比之下,美国与韩国等国采取的相关政策却取得了明显的积极效果。为有效利用补贴资金,避免政策效果的不确定性及负面效应的发生,更好地利用贸易补贴这一已被实践证明的能促进文化业发展与创新、扩大文化出口以及吸引外国直接投资的战略性贸易政策工具,我们需要设计一套符合我国国情的文化贸易补贴政策。

4.1　服务业及服务贸易补贴理论与研究综述

　　文化贸易包括文化货物贸易及文化服务贸易,而文化服务贸易是服务贸易的一个方面。因此,对文化贸易的补贴政策,除了实施类似于货物贸易的补贴政策外,我们还需要重视文化服务贸易的政策补贴问题。但目前对服务贸易补贴进行研究的还不深入,需要我们首先对这一问题进行归纳分析。

《国际服务贸易总协定》的生效,使得服务贸易壁垒成为非法的贸易措施,并且受到 WTO 体制的严格规制和限制使用,服务贸易补贴因应成为众多国家促进本国服务出口的常用措施,并因为缺乏明确可执行的国际性规范而游离于 WTO 规则之外。尽管目前不少国家力图推动服务贸易纪律谈判,但因为分歧太大而一时无法达成协议,这为我国利用这一时机推动文化贸易发展提供了良好的机遇。

此外,与货物贸易补贴相比,服务贸易补贴形式要更为多样、内容更为复杂、隐蔽性和灵活性更强,使得对其监管要比货物贸易补贴艰难得多,而且除政策目标之外,服务贸易补贴政策也同时会对其他经济或社会变量产生影响。为此,在服务贸易补贴政策实施过程中,为有效利用补贴资金、促进资源有效利用、避免政策效果的不确定性及负面效应的发生,同时预防可能造成的国际贸易摩擦,迫切需要我们对已实施的文化贸易补贴政策进行绩效评估。

4.1.1　服务贸易补贴国内外研究现状

为避免服务贸易补贴产生的扭曲作用,1996 年,WTO 秘书处最先发起了对各国服务贸易补贴政策的对比研究,其中最主要的工作是通过审议各国贸易政策而发布的系列报告(1998—2009),[①]其中覆盖了 106 个成员国的服务贸易补贴信息,由此成为众多学者的研究素材,但该报告仅提供了补贴的有限信息。[②]到目前为止,国内外相关研究主要侧重于从法学角度探讨如何在《服务贸易总协定》(GATS)框架下完善服务贸易补贴的相关政策,而对相应的经济分析则较为欠缺,因而在政策操作上缺乏必要的理论依据。

1. 服务贸易补贴的福利分析

Benitah(2006)认为,服务贸易补贴会扭曲竞争,改变各国以比较优势为基础

---

① Trade Policy Review Mechanism Reports(TPRMs).

② 参见"State Support Measures for Services: An Exploratory Assessment with Scanty Data", United Nations Conference on Trade and Development, Feb 2005.

的服务贸易和资源分配,并通过货物与服务之间互动与重叠的乘数效应,对货物贸易产生影响,因此,对补贴国家和世界经济而言都意味着一种福利损失。尽管在理论上服务贸易补贴政策是无效率和非理性的,但大多数研究认为,它是应对市场失败、利用经济规模及达到社会目标的一种政策方式,在不对称的世界体系里,它仍是发展中国家一种必要的战略性贸易政策工具,但一定要注重政策目标的正确制订、计划与实施安排(UNCTAD,2003)。而且,对发展中国家而言,通过实施服务贸易补贴,可以实现公共政策目标,改善环境,加快落后地区发展,加快研发技术水平,而这在 WTO 规则里是可以进行豁免的。Ahuja(2005)认为,覆盖整个经济体的、非针对特定部门的服务贸易补贴产生的贸易扭曲效应最小,因此,应禁止对特定公司进行补贴(尤其是对金融与电信部门),但对已做出开放承诺度较高的服务部门除外,另外也应对消费补贴进行控制。国际组织的介入对避免服务贸易补贴的扭曲作用十分重要,否则将会扩大现有世界经济体系的不对称性(Prylinski & Mongial,2003;UNCTAD,2005)。侧重于从公共服务的角度,付亦重(2010)尝试对服务补贴的绩效评估进行初步探讨,但并未涉及补贴的进口替代与出口促进作用,与服务贸易补贴的定义与政策目标差距较远。

2. 服务出口补贴的相关研究

在 WTO 的《补贴与反补贴协议》(SCM)内,以预期的出口实绩为条件的出口补贴被列为禁止性补贴,这是由于出口补贴不仅会引起补贴国内部资源配置的扭曲,还会通过负面的贸易效应影响外国市场,尤其对仅有很少部门具有比较优势的发展中国家而言,发达国家的出口补贴行为更应当被限制。目前,在一些地区经济协议里出现了对服务出口补贴进行规制的相关条款,其中最为全面的是欧共体协议(EC Treaty),另外,安第斯共同体(Andean Community)、南方共同市场(MERCOSUR)、澳新紧密关系协定(ANZCERTA)等区域安排协议也出现了相关条款。ESF(1999)和 Grosso(2008)的研究基本得出一致结论:目前服务出口补贴政策在发达国家与发展中国家中被广泛运用,其中对商业服务、运输、旅游以及金融服务部门的补贴最为明显——发达国家主要针对视听服务进行补贴,发展中国家大多针对旅游服务进行补贴;另外,直接税收优惠是最为主要的补贴政策,其次是间接税以及为促进出口而对进口中间投入品实施的进口税减免等。而由于发达国家比发展中国家具有明显的资金与产业发展优势,因此,补贴覆盖的服务部门范围更广,采用的补贴方式更为多样化(金孝柏,2011);艾素君(2009)指出,WTO成员实施服务补贴的措施大多是通过信贷优惠和担保、资金注入、税收激励、免税区及直接补贴等方式进行,且税收激励等间接补贴方式多于直接补贴;谢琲(2009)通过对美国、欧盟、日本等国家的服务贸易补贴政策进行回顾后认为,中国可通过出口奖励、税收优惠等手段,推进海运、中医服务、汉语教育服务等具有比较优势的服务出口。

3. 对服务贸易补贴的规制和服务贸易反补贴制度

目前WTO各成员对服务贸易的补贴措施主要受各自的服务贸易具体承诺表约束。与货物贸易补贴相比,服务贸易补贴的多边纪律比较松散。Prylinski和Mongialo(2003)指出,WTO成员已经意识到补贴在某些情况下会对服务贸易产生扭曲效应,因此需要通过谈判制定多边规则来规避这种扭曲效应。江帆(2005)分析了GATS下服务贸易反补贴制度存在的问题,认为应专门建立服务贸易补贴与反补贴协议,其主要内容可包括服务补贴的定义、分类、补贴效果的衡量、补救措施和对发展中国家成员的优惠措施等。石静霞(2006)对新一轮服务贸易谈判进行研究,指出不当补贴可能对国际服务贸易产生扭曲作用,因此对服务补贴的规制被认为是公平竞争的重要前提,并进一步提出,在多边谈判中最核心的问题主要在于:对"服务补贴"及"扭曲贸易的服务补贴"概念的界定、补贴的衡量标准、对补贴的社会目标作出具体评价等。针对WTO反补贴协议对货物贸易补贴可以进行控诉的"政策特定性"特征,Benitah(2006)对是否应该将提供模式作为一种"特定性"进行了说明。Adlung(2007)认为,与跨境交付与境外消费模式相关的补贴政策应纳入多边规制的框架,而与商业存在与自然人流动模式相关的补贴则可以不用考虑。Poretti(2009)对GATS框架下服务补贴规制的缺陷进行总结,并提出相应的弥补条款及反补贴政策。

总之,从文献资料来看,目前对如何设计服务贸易补贴政策及进行绩效评估,可供参考材料并不丰富。

4.1.2 服务贸易补贴的定义与讨论

1. 服务贸易补贴的定义与分类

贸易补贴是指国家政府或者公共机构采取直接或间接的方式向本国出口企业

提供现金补贴或者财政优惠政策,以降低企业出口成本从而提高其竞争力。据此,WTO 秘书处曾参照 WTO《补贴和反补贴措施协议》的有关条款提出 6 种服务补贴措施,基本为各成员方所接受,它们是:直接拨款、优惠信贷和担保、股权注入、税收优惠、对投入品的免税及自由贸易区政策、其他补贴方式等。而在实践中,服务补贴还包括对基础性服务贸易部门的随意性、临时性补贴、特定部门的补贴、鼓励购买国内商品(服务)的补贴、消费补贴等方式(Ahuja, 2005)。①

　　应当指出的是,在研究中,我们必须要严格区分服务业补贴与服务贸易补贴两者之间的区别,而在许多文献中,对于上述两个概念通常会混淆。国家对所有部门实施的政策,其中一部分政策会影响到服务贸易,如图 4.1 的外圈 A,这是 GATS 协议所覆盖的内容;其中的一个子集 B 涉及到专门对服务业的补贴政策;最内圈 C 为会扭曲贸易与投资的对服务业补贴政策。

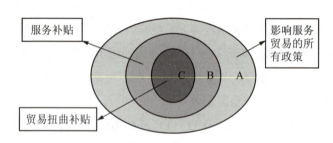

图 4.1　服务补贴相关政策的关系

　　服务业补贴的原因,可能是由于本国服务业发展落后、服务企业或部门出现问题或危机②、部分服务业具有较大的外部性、能提高社会整体福利等;而服务贸易补贴的主要原因在于提升本国服务业的国际竞争力、增加服务出口额或通过补贴增加国内服务的供给,从而减少从国外相关服务的进口,或者吸引国外资金向本国服务业进行的投资等。据此,服务贸易补贴可以划分为加强出口补贴、进口替代补贴和投资转移补贴等 3 种类型(Abugattus, 2002)。因此,服务业补贴

---

① Benitah(2006)指出,给予消费者补贴这种方式并不能称之为服务贸易补贴,因为这种补贴并没有扭曲竞争以及并没有保护当地市场,所有的服务提供商都有同样的机会在市场上提供他们的服务产品。

② 如金融危机期间,美国对本国金融服务业进行援助的相关政策。

与服务贸易补贴两者之间的主要区别在于服务补贴并不一定会引起"跨界影响",而服务贸易补贴会对国外服务的生产和消费产生影响。而为了防止一国的服务贸易补贴政策而对其他国家产生的贸易扭曲作用是当前 WTO 谈判的核心问题之一。①

另外,有学者认为,鉴于货物贸易是通过跨越国境的形式来实现的,因而可以将补贴划分为出口补贴和国内补贴,但在服务贸易领域,由于存在着多种提供模式,而在这些模式下,在提供补贴的国家境内同样会发生贸易扭曲的情况,因此,货物贸易领域中出口补贴和国内补贴的划分,在服务贸易领域并不适用。

2. 服务贸易补贴与 4 种提供模式

与货物贸易只通过跨境交付一种提供模式实现交易不同,服务贸易可通过 4 种方式提供:(1)跨境交付。指从一国境内向另一国境内提供服务,服务者和消费者都不需要流动出境,实际流动的只是服务,这类贸易并不涉及人员的流动,如电讯、邮政和金融等服务(模式 1);(2)境外消费。指在一国境内向其他国家的消费者提供服务,其他国家的消费者作为旅游者、留学生或病人等前往服务提供者境内进行服务消费。一般是通过服务的消费者的跨境流动来实现的,诸如参观博物馆和风景点是境外消费的常例,而非居民的医疗和境外学习也属于此种提供方式的范畴。此外,境外船只维修等服务也包括在内(模式 2);(3)商业存在,指一个国家通过在另一个国家境内建立商业机构(如附属企业、子公司或代表处等)提供服务,如建立外资服务业企业(金融机构、会计事务所、维修中心、研发中心等)从而向东道国境内提供服务(模式 3);(4)自然人流动。指一个国家的个人在另一个国家境内以自然人存在的形式向当地提供服务,通过服务提供者的过境流动来实现,如外籍教师、律师、艺术家等在另一国境内提供服务(模式 4)。

---

① 国际服务贸易补贴的贸易扭曲的含义是,每个国家最好专门生产与其他国家相比自己效率最高的服务。国际服务贸易补贴向补贴接受公司传达了一个关于其实际生产成本的错误信号,这种错误信息会导致该公司过度生产接受补贴的服务。因此,导致资源分配的扭曲,使得具有更高社会价值的服务生产不足。对于补贴国家的国民经济和世界经济来讲,这都意味着一种福利损失,因为接受补贴的服务阻止了其他国家以更有效的方式生产相似的服务产品。在实践中,扭曲贸易的补贴可以基于两个标准进行判断:补贴的专向性和补贴向接受者提供的在自由市场上无法获得的一种利益。

（1）通过4种提供模式的服务出口补贴政策。

模式1：A国政府给予本国跨国公司外国子公司服务收入的税收减免；根据本国居民给外国提供软件出口服务的收入比例，政府给予税收减免政策；国际海运服务收入的税收优惠政策。

模式2：政府根据旅游公司带入的外国游人数量而给予的现金补贴；为吸引外国学生到本国私人教育部门学习而设置的基金。

模式3：对服务公司向外国直接投资的税收优惠政策；对在国外进行的建设项目的税收豁免。

模式4：对通过以自由人的形式在国外取得的服务收入实施收入税豁免。

（2）4种服务贸易补贴提供模式所涉及的"领土"概念。

服务贸易补贴与货物贸易补贴所涉及的"领土"概念有所不同。在货物贸易补贴情况下，一种货物生产得到了A国补贴，然后该货物在A国国内进行生产，并且A国居民没有消费掉的货物最终出口到其他国家，由其他国家的居民分别在他们各自领土内消费掉。而对于服务贸易补贴而言，它所涉及的"领土"概念包含4种提供模式：

模式1：例如A国向位于其领土内的一家电信企业提供补贴（税收减让或直接资金支付），该电信企业可以以更低的服务价格向外国提供其移动电话或互联网服务，这与货物贸易补贴相类似。

模式2：例如A国向位于其领土内的一个本国旅馆提供了补贴，旅馆由此可以降低价格以提高竞争力，而到A国旅游的外国游人因此增加了对此旅馆的消费，同时减少了在A国开设的其他外国旅馆的消费，这也可以算作是一种贸易扭曲行为，①此时，服务的生产与消费都发生在补贴国。

模式3：假设A国提供补贴，支持本国服务公司在B国设立子公司，就可以认

---

① 但这种补贴引起的贸易扭曲应该与国内与国外公司之间的歧视性待遇区分开来。在商业存在模式下，外国服务提供者有权要求享受与国内服务提供者相同的待遇，包括接受政府的财政资助等。但是，在跨境交付和境外消费的情况下，由于外国服务提供者是在东道国以外的其他成员境内提供服务，从经济角度而言，要求进口国政府对其他所有可能具有贸易利益的成员方相关部门的竞争情势进行正确评估并提供公平的竞争环境，无疑是不合理的。因此，国民待遇义务并不要求成员方将此种待遇延伸适用至另一成员方境内的服务提供者。但是，这仍然给以后将给予服务提供者的补贴转化为与服务有关的形式，并且延伸适用至进口的或者在境外消费的同类服务提供可能。

为 A 国的补贴政策对 B 国领土内的服务提供行为产生影响;或者跨国公司在东道国建立服务子公司,子公司受到了东道国的补贴,而这种待遇在母国自由市场上并不能够获得。

模式 4:例如印度给予一名印度电脑程序员一项补贴,然后该程序员到美国为美国公司提供服务,这与货物领域的典型情况相反——产品并不是在印度领土内生产的,至少部分生产程序发生在授予补贴的国家领土之外。

通过上述比较,我们可以得出如下结论:服务贸易补贴给服务公司带来的利益并不必然局限在补贴国领土内的自由市场上无法获得的东西。例如,因为印度可以为呆在美国的电脑程序员支付部分旅馆花费。①而且,上述 4 种补贴方式扭曲的贸易表现也有所不同。

3. 服务贸易补贴的政治经济分析

图 4.2 描述了服务出口补贴的效应。在局部均衡条件下,S 与 D 分别代表本地市场的服务供给与需求曲线。给予服务出口公司补贴将会导致从国外进口价格(P_w)下降到 P_s,而本地市场的服务价格也将降到同样的 P_s 水平。因此,消费者剩余将会增加 $a+b+c+d$ 的面积,而生产者剩余将会减少 a 部分的面积。在这种情况下,受损的当地服务生产商(不出口)将会游说政府实施反补贴政策来寻求保护。假如反补贴政策是成功的话,将会对进口服务品征收关税 c。因此,这种反补贴政策将会消除出口补贴对贸易的促进影响。

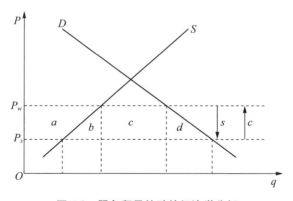

图 4.2　服务贸易补贴的经济学分析

① Marc Benitah(2006).

目前,发展中国家正向处于较高价值链的服务生产移动,假如服务贸易遵循货物贸易发展规律的话,它们很有可能在具有比较优势的服务部门与提供模式上逐渐赶上发达国家;而发达国家向本国服务部门提供的补贴无疑会抑制发展中国家服务贸易的增长(正如在发达国家所实施的农业补贴一样),从而会抑制发展中国家比较优势的发挥。因此,通过彼此协商,对服务贸易补贴进行规制成为了必不可少的程序之一。而这样的规制政策,除了对发展中国家的经济增长有帮助外,通过对不正当补贴行为的控制,也同时会对环境保护起到正面作用。[①]在多边区域协定谈判中,很多发展中国家认为,如果发达国家不对本国的服务补贴政策赋予更大透明度和规制政策的话,它们将不同意开放本国的服务市场,这个主题对于在特定服务业已经形成竞争优势的国家和地区而言尤为激烈,如巴西、智利等。总的来说,发展中国家的服务贸易补贴政策会受到自身金融能力有限的限制,同时发达国家相类似的政策也会减弱或扭曲它们的政策效果。

4.1.3 总结及政策建议

由于服务贸易补贴涉及行业与政策工具较多,并且存在"提供模式"、"领土"等复杂的问题,因此,《服务贸易总协定》(GATS)中并没有对服务贸易补贴的定义、纪律与适用范围做出明确规定;从经济分析角度而言,虽然服务贸易补贴对使用补贴国家和世界经济而言都意味着一种福利损失,但由于"扭曲贸易的服务补贴"并没有在 WTO 中得到很好界定,因此,发达国家可以广泛利用服务贸易补贴政策来作为培育新兴服务业、促进服务出口的战略性贸易工具之一。

作为发展中国家,我国完全可以而且应该充分利用发展中成员的身份,用足、用好 WTO 体制赋予的权利,最大限度发挥服务贸易补贴在促进我国服务贸易发展和实现外贸发展方式转型中的引导和促进作用,着力提高服务贸易部门的自主创新能力,提升服务贸易的国际竞争力,加快推进服务贸易健康发展。通过对近几年中国各部委、各省份出台的服务贸易补贴政策进行回顾后发现,目前的服务贸易

---

① 例如对于旅游业的补贴会造成对自然资源的过度开发及利用,或对周边自然环境造成严重的破坏影响。

补贴政策虽然可以明显提升我国服务贸易的国际竞争力,但同时也存在着很多不足,需要对政策进行经验总结、调整设计及推广。

另外,为避免 WTO 对专向性补贴的禁止政策,我国在制订相关补贴政策时,可充分借鉴美国、欧盟、日本等发达国家在服务补贴方面的经验,采取灵活多样的政府补贴措施,利用我国东西部经济发展的差异,利用国家经济转型和产业升级的契机,侧重于对研发项目、落后地区的补贴和环保支持等方向。

4.2　中国及各地文化业及文化贸易补贴政策梳理

4.2.1　中国文化业及文化贸易补贴政策回顾

近 10 年来,我国逐步建立与完善起专门的服务贸易管理机制和促进体系。首先,确立了服务贸易发展工作的管理机制。2006 年,商务部成立服务贸易司,专门负责牵头拟订服务贸易发展规划、促进服务出口规划与政策并组织实施,承担服务贸易促进和服务贸易统计工作,此外,还负责拟订技术贸易政策和对技术进出口进行管理。其次,建立了服务贸易发展工作的部际联系机制。2007 年,商务部牵头会同发展改革委、财政部、文化部等 34 个部门建立了服务贸易跨部门联系机制。2010 年,又成立了由商务部、中宣部、财政部、文化部等部门和单位组成的文化出口重点企业和项目相关工作部际联系机制,进一步加强文化出口促进工作。再次,强化了对地方服务贸易发展工作的指导和联系机制。2008 年,商务部与上海市人民政府签署《关于共同推进上海市服务贸易发展的合作协议》,鼓励国家服务贸易政策在上海先行先试。此外,国家已认定北京、天津、上海等 21 个服务外包示范城市,并给予了多方面的政策支持。最后,建立和完善了与国际组织、外国政府的工作联系机制,商务部与欧盟建立了服务贸易工作部门对话机制,与世界贸易组织、联合国贸发会议、经合组织等国际组织建立了工作联系,与德国、英国等国签署了关于双边服务贸易促进的谅解备忘录等。

不仅如此,服务贸易促进平台建设也取得实效。一是服务贸易交易平台进一步拓展。2007 年、2009 年、2011 年,商务部成功举办了 3 届中国服务贸易大会,对促进服务贸易发展发挥了积极作用。在此基础上,2012 年,商务部和北京市人民政府共同举办了首届中国(北京)国际服务贸易交易会。近年来,商务部还举办了数届中国(深圳)国际文化产业博览交易会、国际服务贸易(重庆)高峰会、中国(大连)国际软件和信息服务交易会、中国(香港)国际服务贸易洽谈会等展会。2011年,商务部联合科技部、国家知识产权局和上海市人民政府共同发起并组建了上海国际技术进出口促进中心,并于 2013 年 5 月举办了中国(上海)国际技术进出口交易会。服务贸易领域逐步形成了覆盖面广、重点突出的会展格局,为服务贸易企业交易洽谈搭建了平台,创造了商机;二是服务贸易领域的社会中介组织建设取得了实质性进展。2007 年,国务院批准成立中国服务贸易协会,商务部会同相关部门组成了中国服务贸易协会指导委员会。中国服务贸易协会在通信与信息服务、文化贸易、电子商务等领域成立了专业委员会,促进重点领域服务贸易的发展;三是服务贸易信息服务工作扎实推进。2006 年,商务部设立中国服务贸易指南网,提供国内外服务贸易发展动态、政策法规、服务贸易专题研究、最新统计分析、企业数据库等信息,正逐渐成为服务贸易领域政府提供信息服务、促进国际交流、企业开展合作的重要平台。

表 4.1 和表 4.2 分别具体列举了近年来国家各部委与上海对服务贸易进行补贴或促进的相关政策文件(沪津闽粤相关文件见前章节所述)。除了表中列举的以外,中国政府出台的促进服务贸易的相关政策还体现在已签订的双边或多边区域合作协议中,如 2003 年签订的《内地与香港关于建立更紧密经贸关系的安排》(CEPA)、2007 年签订的《中国—东盟自贸区服务贸易协议》等。

表 4.1　中国出台服务贸易补贴及文化贸易相关的政策文件

总体服务业	1.《国务院关于加快发展服务业的若干意见》,2007 2.《国务院办公厅关于加快发展服务业若干政策措施的实施意见》,2008 3.《服务贸易发展"十一五"规划纲要》,2007 4.《关于金融支持服务业加快发展的若干意见》,2008 5.《关于银行业金融机构支持服务业加快发展的指导意见》,2008 6.《营业税改征增值税试点地区适用增值税零税率应税服务免抵退税管理办法》,2011 7.《关于应税服务适用增值税零税率和免税政策的通知》,2011 8.《关于申报 2012 年度中国进出口银行重点支持的服务贸易企业和项目有关事项的通知》,2012 9.《关于"十二五"期间金融支持服务贸易发展的意见》,2012

文化服务	1.《于支持文化企业发展若干税收政策问题的通知》,2009 2.《关于申报"中国银行支持文化产业发展贷款"有关事项的通知》,2009 3.《关于保险业支持文化产业发展有关工作的通知》,2009 4.《财政部国家税务总局关于扶持动漫产业发展有关税收政策问题的通知》,2009 5.《关于进一步推进国家文化出口重点企业和项目目录相关工作的指导意见》,2010

注:表中仅列举了一些有代表性的政策文件。

4.2.2　上海市实施文化产业及文化贸易补贴的相关政策回顾

作为全国服务贸易及文化贸易出口的重点城市,自 2005 年以来,上海市为促进服务贸易及文化贸易发展,出台了多项政策措施,具体见表 4.2。

1. 上海市文化贸易发展现状

2009 年以来,上海市文化产品和服务进出口总额从 132.77 亿美元增长到 2013 年的 159.60 亿美元,年均增长率约为 4.7%,总量基本保持稳定增长。受世界经济低位增长影响,2013 年上海市文化产品和服务进出口总额为 159.6 亿美元,比 2012 年的 168.79 亿美元略有下降,文化服务类的"软件产品"进出口总量有所上升,文化相关产品类的"硬件产品"进出口总量有所下降,结构不断优化;其中,文化产品和服务的进口额为 64.21 亿美元,出口额为 95.39 亿美元,实现顺差 31.19 亿美元,贸易顺差主要集中在文化创意和设计服务、文化用品等几个领域;另外,文化核心产品和服务进出口总额为 33.64 亿美元,比 2012 年的 32.38 亿美元略有增加。在文化核心产品中,文化创意和设计服务的进出口总额为 26.44 亿美元,在文化核心产品进出口总额中所占比重最高,为 56.3%,且出口大于进口。说明上海的文化创意和设计服务在国际市场已具有一定竞争力。

2. 上海市实施文化产业及文化贸易补贴的相关政策

为提升我国文化产品出口竞争力、鼓励出口,我国政府近年来在税收、金融、出口等诸多方面颁布一系列扶持文化出口贸易政策。上海市也根据中央精神,对文化出口贸易方面给予了配套资金扶持。2007 年起,中共上海市委宣传部和浦东新区人民政府共同搭建旨在推动文化产业发展与繁荣、促进中华文化"走出去"的"上海国际文化服务贸易平台"。①从 2010 年开始,上海市商务委发起上海市服务贸易发展专项资金,针对符合相关条件的文化出口企业给予一定的资金支持。2013 年,上海市启动文化"走出去"专项扶持资金项目,重点扶持新闻服务,出版发行和版权服务,广播、电视、电影服务,文化艺术服务等领域文化服务和相关产品的国际贸易。2013 年至 2014 年间,随着上海自贸试验区政策的逐步落地,国家对外文化贸易基地(以下简称"基地")在加快文化产业集聚、探索文化市场扩大开放、推动文化"走出去"、促进对外文化贸易发展、提升中华文化影响力和软实力方面的作用越显突出。2014 年,上海市文广、市文物局的专项资金主要补贴动漫游戏、民营文艺表演团体、公益性演出、民办博物馆、网络视听、新建数字影院、非物质文化遗产保护、公共文化示范区(项目)等。其中在动漫补贴中重点对优秀原创网络、手机动漫、优秀动漫游戏出口产品给予扶持。2014 年 3 月 3 日,国家出台《国务院关于加快发展对外文化贸易的意见》,在此基础上,上海市于 2014 年 11 月 7 日发布《上海市人民政府关于加快发展本市对外文化贸易的实施意见》,提出了上海对外文化贸易的发展目标、重点工作以及保障举措(上海市出台文化产业和文化服务贸易补贴相关的政策文件见表 4.2)。

表 4.2　上海市实施文化产业及文化贸易补贴的相关政策

1.《关于上海加速发展现代服务业若干政策意见的通知》,2005
2.《商务部和上海市人民政府关于共同推进上海市服务贸易发展的合作协议》,2008
3.《浦东新区扶持文化发展的若干意见(试行)》,2008
4.《上海服务贸易中长期发展规划纲要》,2009
5.《上海市服务贸易发展专项资金使用和管理试行办法》,2009
6.《关于促进上海服务贸易全面发展的实施意见》,2010
7.《上海市文化"走出去"专项扶持资金管理办法》,2010
8. 制定了《上海市促进文化创意产业发展财政扶持资金实施办法(试行)》,2012,重点扶持公共服务平台的建设和应用推广
9. 制定发布《上海市文化创意产业紧缺人才开发目录》,2013
10.《上海市版权"走出去"扶持资金管理办法》,2013
11.《上海市人民政府关于加快发展本市对外文化贸易的实施意见》(沪府发〔2014〕71号),2014

---

① 2011 年 10 月被国家文化部正式命名为国内首个"国家对外文化贸易基地"。

续表

12.《中国(上海)自由贸易试验区文化市场开放项目实施细则》,2014

13.《关于促进上海电影发展的若干政策》,2014

14. 设立《上海市服务贸易发展专项资金》和《上海市促进服务外包产业发展专项资金》,对上海市文化贸易企业在出口绩效、人才培训、促进活动、聘请外国专家、语言翻译、平台建设等方面给予扶持,2014 年本市 41 家文化出口企业获得上述专项资金支持,当年支持资金总计 520 万元

15. 上海文化发展基金会在 2014 年第一期项目申报推出资助新举措,对中华文化"走出去"项目大幅增加资助力度

16. 上海市文化"走出去"专项扶持资金通过出口项目资助、贷款贴息、房租补贴等重点扶持新闻、出版和版权、广播、电视、文化艺术等领域文化服务和相关产品的国际贸易。2014年上海市 32 个文化"走出去"项目经评审通过后获专项资金支持,专项资金总额为 482万元

17. 上海市文化广播影视管理局、上海市文物局设立专项资金,在动漫游戏领域,对优秀原创网络、手机动漫、优秀动漫游戏出口产品给予扶持;对民营文艺表演团体走出去参加国内外知名艺术节庆、赛事活动或获得突出成绩、赢得重要荣誉的,给予重点补贴

4.2.3　浙江文化及服务贸易补贴政策回顾

在国际金融危机影响下,浙江服务贸易逆势而上,呈现出较快的增长势头,不但传统服务贸易行业出口平稳增长,而且新兴服务贸易行业出口也快速增长。难能可贵的是,在全国及绝大部省份服务贸易均为逆差的情况下,浙江能够稳固地保持较大服务贸易顺差。因此,我们有必要对近几年浙江服务贸易相关政策进行回顾,以利于总结出相关经验教训。

1. 浙江服务贸易补贴的主要实施政策

2009 年以来,为促进服务贸易发展,浙江出台了多项政策措施,比如《浙江省人民政府关于支持和鼓励国际服务外包产业加快发展的意见》(浙政发〔2009〕20号)、《浙江省人民政府办公厅关于鼓励服务外包产业加快发展的实施意见》(浙政办字〔2011〕2 号)、《浙江省财政厅、省商务厅关于印发浙江省促进国际服务贸易发展专项资金管理办法的通知》(浙财企字〔2009〕184 号)、《浙江省国际服务外包示范园区认定管理办法(试行)》(浙商务科贸发〔2009〕52 号)、《浙江省国际服务外包人才培训机构认定管理办法(试行)》(浙商务科贸发〔2009〕1 号)、《浙江省财政厅、浙江省商务厅关于印发浙江省促进国际服务贸易发展专项资金管理办法的通知》

（浙财企字〔2011〕410号）①等。

杭州市作为浙江省服务贸易，特别是服务贸易发展的带头城市，在促进服务贸易发展方面也根据市情出台了许多具有针对性的政策措施，比如《杭州市人民政府办公厅关于促进杭州市服务外包产业发展的若干意见》（杭政办〔2007〕32号）、《杭州市服务外包发展战略与产业规划》(2008)；《杭州市服务知识产权保护若干规定》（杭州市人民政府令第256号）、《杭州市人民政府办公厅转发市财政局、市外经贸局关于杭州市服务外包专项资金管理办法的通知》（杭政办函〔2010〕359号）、《杭州市对外贸易经济合作局、杭州市财政局关于下达〈杭州市服务外包公共服务平台专项资金使用办法〉的通知》（杭外经贸服贸〔2008〕576号）、《杭州市对外贸易经济合作局关于服务外包培训机构进行认定的通知》（杭外经贸法规〔2008〕284号）、《杭州市服务外包人才培训方案》（杭外经贸法规〔2008〕265号）等。

2. 浙江服务贸易补贴措施的有益经验

从发达国家经验来看，税收优惠②是当今市场经济体制较为完善的国家最为倚重的服务补贴方式；而浙江在促进服务业发展方面也具有相类似的特点。税收优惠一般指国家通过立法或者行政程序对特定的国内服务部门或者服务提供企业给予税收减征或者免征的补贴措施，是服务贸易补贴中最为常见的补贴形式。浙江采取税收优惠的突出特点是，针对各具体服务行业发展的关键性投入要素，出台具有针对性的税收优惠措施。除了国家规定的基本税收优惠外，浙江分别对商贸流通业、金融服务业、物流业、信息服务业、科技服务业、商务服务业、旅游业、文化服务业、社区服务业等具体服务业制订了专门的税收优惠政策。这一做法值得相关部门重视，引为各地借鉴。

(1) 扶持服务企业发展、鼓励服务企业创新的补贴措施。

浙江针对信息服务业、科技服务业、文化服务业和社区服务业等行业的具体情况，以及对国家重点扶持的高新技术企业、小型微利企业、新办软件生产企业、集成电路设计企业等类型的企业，均制订了企业所得税减免的相应措施。同时规定，对

① 此通知发布后，浙财企字〔2009〕184号停止执行。
② 从财政税收学的角度讲，这里称之为具有税收效应的财政手段会更加准确。但在不引起误解的前提下，我们还是在涉及的地方遵循了已经有文献的惯例，使用"税收优惠"这一提法。

服务业企业从事开发新技术、新产品、新工艺发生的相关研究开发费用,可实行优惠的扣除和摊销办法。

(2) 鼓励人力资本投资、改善服务企业激励的补贴措施。

服务行业不同于制造业,实物资产份额相对较小,而人力资产份额相对较大。在人力资本作为关键性投入要素的科技服务业、信息服务业中,减免个人所得税能够有效地降低企业成本,提高企业效率,从而成为重要的政策扶持工具。浙江规定,从事服务业的高技术人才、高技能人才和特殊人才,报经省政府认可后,其发放的奖金免征个人所得税。

(3) 降低服务业用地成本的补贴措施。

为吸引国内外的服务业大公司、大集团落户浙江,发展总部经济,浙江给予减免房产税的优惠,或者减免水利建设专项资金;为了吸引金融机构总部,浙江给予了 3 年内免征房产税、城镇土地使用税和水利建设专项资金的优惠。对于物流企业、创新文化产业基地、转制科研机构、景点类旅游企业等,也都给予了程度不同的优惠,减少了服务企业的用地成本。

(4) 鼓励服务企业业务发展和企业并购的补贴措施。

对于部分具有重要作用的生产性服务,如中小企业信贷和农村信贷服务、国际货物运输劳务、部分保险服务、离岸外包服务、技术转让和技术咨询等服务、中小企业担保服务,以及符合条件的节能服务所实施的合同能源管理服务等,都实行了免征或不同程度的减征优惠。为了鼓励服务企业做大做强,浙江还规定,企业在合并、分立、兼并等企业重组过程中发生转让企业产权涉及的不动产、土地使用权转移行为,不征收营业税。

3. 浙江实行服务贸易补贴中的不足

总体来看,浙江在完善服务贸易补贴体系方面取得了显著成绩,然而这些政策措施主要集中于服务外包领域。实际上,服务外包仅仅是服务业生产方式的创新,不具有产业属性。服务外包这种服务企业生产的组织形式可能存在于各类服务产业中。然而国内,包括浙江及其杭州市的各类政策过分偏向于以信息技术为依托的软件信息服务类企业,产业导向明显,从而限制了服务业整体发展思路的拓展。

实际上,服务外包与传统生产组织方式相比是一种创新,但在服务领域内部,各类外包形式也存在层次的差异。目前,各类政策的导向更多地关注于低层次的软件外包服务,国内接包企业的业务主要是国外企业的非核心业务;高端服务外包内容并不丰富,比如像高端的会计服务外包、法律服务外包、设计服务外包,以及高级研发外包,仍非常有限。

同时,目前的政策更多地关注国内企业作为接包方的角色。这种政策导向忽视了服务外包这种形式对中国国内整体服务产业发展的带动作用。实际上,从中国转变经济增长方式的高度来看,培养中国企业的发包能力,也是提高中国企业竞争力的重要途径。因此,相关政策规定应对发包需求有所重视,然而目前在这方面依旧存在缺失。

除了以上整体思路上的问题外,在政策实施的细节上还有很多技术性问题。总体而言,浙江的服务贸易补贴主要以税收优惠为主,直接性的资金补贴较少,目前主要有服务外包人才培训补贴。然而,这一项补贴在具体执行过程中却出现了不少问题。

首先,一次性的补贴方式不利于高端服务外包人才培养,也不利于高端服务外包企业发展,反而过多地偏向促进低端服务外包的发展。一般而言,从事高端服务外包的企业,企业管理和技术人员规模相对较小,稳定性相对较高;而规模化经营的低端服务外包企业,往往只需要大量具有基本技术水平的初级工作人员,因而流动性较大——根据实地调研发现,部分企业的人员流动性甚至可能高达80%。

对于低端服务外包企业而言,由于政府会给予人才培训补贴,它们往往容易忽视对人才的在岗深造,而过分依赖新招员工,从而造成人才浪费,未能真正解决就业问题;同时,这类企业往往从政府得到补贴最多,也最为积极,从而造成国家资源的浪费。真正代表高端服务外包发展的企业,由于人员稳定,效益较好,却难以得到补贴或奖励,从而形成不利于优质企业的"补贴歧视"。

其次,申领补贴手续繁琐,影响了企业申领积极性,从而限制了该项补贴的实际政策效果。申领此项补贴的企业往往需要向政府部门提交大量的材料,这给企业日常经营带来不少困难。对于人口众多的低端服务外包企业而言,它们往往有专人负责准备材料,而对于人力资本相对稀缺且宝贵的高端服务外包企业而言,这一补贴收益相对于其所费成本更高,因此有可能会选择放弃申领这一补贴。

4.2.4　北京文化及服务贸易补贴政策回顾

1. 北京文化及服务贸易发展现状及问题

2010 年,北京地区服务贸易进出口总额达 798.3 亿美元,同比增长 23.9％,占全年北京对外贸易总额的 20.94％。随着世界经济逐渐走出危机,北京服务贸易进出口总额总量快速增长,规模和发展水平位列全国前列;服务贸易出口对北京对外贸易出口的贡献不断加大,2010 年,占总出口的比重达到 41.17％;服务贸易结构由传统服务贸易行业独占鳌头转向传统服务业与现代服务业齐头并进的发展格局,现代服务业在服务贸易中的作用日益凸显;服务贸易中的商业存在和自然人流动形式的服务贸易增长迅速。

目前,北京服务贸易发展面临的制约因素表现在:(1)北京服务贸易的规模总量和竞争力与国际领先国家和地区相比还存在着很大的差距;(2)北京货物贸易长期存在巨额逆差,服务贸易逆差出现且有不断增大趋势;(3)高端人才、专业化人才不足,人才供给呈现结构性失衡;(4)服务贸易发展标准化建设存在不足和滞后问题,并且水平较低;(5)信用体系建设刚刚起步,相关制度安排存在较多缺失;(6)大多数社会中介组织存在先天性缺陷,中介行业活力不足;(7)体制机制改革不足,资源配置的市场化水平较低,资源优势未得到充分发挥。

2. 北京文化及服务贸易补贴的主要实施政策

在中央政府发展服务贸易的指导思想和宏观政策的指导下,北京地区因地制宜,通过实施一系列的服务贸易补贴政策,为服务贸易发展提供了重要的支撑力量,见表 4.3。作为首都,又是全国政治中心、文化中心和国际经济中心,北京在发展服务贸易方面出台了一系列政策,从宏观的行业政策到具体的资金、税收、劳动人事等方面,都给予服务贸易企业,特别是服务外包企业等以重要支持。并且,北京依托各区域的资源禀赋和产业基础优势,明确区域发展功能定位,积极引导产业集聚发展,推动重点集聚区加快协调发展,逐步形成"一核三带"(即"首都核心功能区"和"科技商务拓展带"、"新城融合服务带"、"生态旅游休闲区")的服务业发展空间布局。一系列的产业发展和布局优化政策,为北京服务业和服务贸易发展提供了良好的政策环境。

表 4.3　北京服务贸易补贴相关的政策文件

文化服务	1.《北京市促进文化创意产业发展的若干政策》 2.《北京市文化创意产业发展专项资金管理办法(试行)》的通知(京文创办发〔2008〕5 号) 3.《北京市文化市场振兴规划》 4.《北京市关于支持中国动漫游戏城发展的实施办法(施行)》 5.《北京市关于支持网略游戏产业发展的实施办法(试行)》 6.《北京市关于支持影视动漫产业发展的实施办法(试行)》
人事管理政策	1.《北京市鼓励留学人员来京创业工作的若干规定实施办法》(京人发〔2001〕123 号) 2.《关于北京市外商投资企业高级人才获得购房购车专项奖励免征个人所得税问题的通知》(京财税〔2003〕617 号) 3.《关于〈北京市吸引高级人才奖励管理规定实施办法〉的通知》(京人发〔2005〕57 号) 4.《关于继续开展高层次留学人才回国资助试点工作有关问题的通知》(京人发〔2005〕20 号)

注:表中仅列举了一些有代表性的政策文件。

　　另外,北京对文化创意产业的发展给予了特别重视。《北京市促进文化创意产业发展的若干政策》从准入、原创、知识产权、资金、交易、集聚、人才、落实 8 个方面为北京未来文化创意产业的发展指明了道路。首先要积极地开拓文化创意海内外市场,政府可以采取税收优惠、奖励等方式,鼓励和支持具有自主知识产权和自主品牌文化创意产品和服务的出口。同时还提出了扩大对文化创意产品和服务的政府采购范围,优先采购自主创新文化创意产品和服务。另外,文化部、北京市人民政府签署了首都文化建设合作协议,这一战略合作协议的签署,标志着中央文化部门和北京在启动资源整合、加强战略协调、创新工作机制、全面推动首都文化建设上取得重要突破。根据协议,文化部和北京市人民政府建立紧密型战略合作关系。文化部在举办国家级文化活动、推动重大文化创意产业项目落地、支持优秀原创文化产品和服务出口等方面,从国家文化发展战略和文化经济政策上予以重点扶持;北京在规划、土地、资金、税收、人才等配套政策保障方面全力配合、积极推进,为国家文化发展战略的实施和中央在京文化单位及时做好服务工作。

4.2.5　天津文化及服务贸易补贴政策回顾

1. 天津文化服务贸易发展现状及问题

天津服务贸易总额稳步增长,到2011年,达到146.2亿美元,位列全国第七,但与天津经济总量相比,目前处于落后状态。另外,天津服务贸易长期处于逆差状态,在2010年和2011年逆差呈现缩小的趋势;同时,天津服务贸易存在严重的行业结构不平衡问题,专利与特许、保险服务、金融服务等高附加值的资本、知识密集型服务贸易占比偏低,运输、旅游、建筑等劳动密集型的低端传统服务贸易仍占据服务贸易的主导地位,且前者的国际竞争力较弱。目前,天津服务贸易发展面临的制约因素表现在:(1)服务业的基础薄弱,表现为供需双层不足、产业结构不合理及分工不明确等;(2)环渤海经济圈内同质化竞争严重;(3)天津在货物贸易方面的优势有待发挥,对服务贸易发展的带动作用弱,两者缺乏协调互动;(4)政府基础性的公共服务不足,促进服务贸易发展的政策有待进一步细化、落实与完善。

2. 天津文化服务贸易补贴措施

(1) 天津服务贸易补贴的政策措施。

中央已决定给位于渤海湾的天津滨海新区在金融、税收、用地等方面的特殊政策扶持,冀望滨海新区带动整个北方经济发展,成为中国经济发展新引擎。在金融方面,中央鼓励滨海新区进行金融改革和创新,支持其在金融企业、金融业务、金融市场和金融开放等方面进行改革,先行先试。同时,可在产业投资基金、创业风险投资、金融业综合经营、多种所有制金融企业、外汇管理政策、离岸金融业务等方面进行改革试验。在土地方面,滨海新区获得了"创新土地管理方式,加大土地管理改革力度"的"特权",可在农村集体建设用地流转、土地收益分配、增强政府对土地供应调控能力等方面进行改革试验。中央还在财政税收方面给予滨海新区扶持。对滨海新区所辖规定范围内、符合条件的高新技术企业,按15%的税率征收企业所得税;对区内的内资企业予以提高计税工资标准的优惠,对企业固定资产和无形资产予以加速折旧的优惠;中央财政在维持现行财政体制的基础上,在一定时期内对滨海新区的开发建设予以专项补助。

① 加强组织领导,加大招商引资。

天津越来越重视投资促进活动的组织开展,不仅锁定目标事件或目标城市开展针对性的对接工作,同时瞄准海外市场,搭建企业对外平台。2011 年,对国内举办的十几场有关服务贸易的博览会、高峰论坛交易会等,包括京交会、杭州服博会、大连软交会、成都中印服务外包合作论坛等,天津有关政府部门协同行业协会带队组织服务贸易企业参加活动,大大促进了招商引资、项目接洽等,如在京交会上,参会的天津展团受到国内外客商广泛关注,3 天达成合作意向近亿元。

天津市政府积极实施"走出去"战略,鼓励和组织服务贸易企业在境外举办或参加各类展会、与海外国家或城市建立密切关系,帮助企业大力开拓海外市场。如 2007 年,新加坡—天津经济贸易理事会成立,理事会着重在经济和贸易领域内发展合作,利用新加坡企业的管理专长及新加坡政府的政策经验,来拓展新加坡和天津企业界的广泛交流与合作。2011 年,天津组团赴英国、爱尔兰、美国、加拿大等国家举行服务外包推介会,并成功引进新企业。

② 强化人才支撑。

人力资本是影响服务贸易发展的重要因素。天津加大对服务贸易人才的培养力度,通过增强人力资本优势来保持和提升自己的服务贸易比较优势。但是,天津某些服务贸易部门人力资本资源不足,在很大程度上制约着服务贸易的发展。要改变这一现状,政府、企业和学校应当加强合作,在培育和留住服务业和服务贸易人才方面做好工作。首先,建立和完善服务业和服务贸易人才的培养与培训机制。其次,通过优惠政策吸引国内外人才,从而有效发挥天津服务业和服务贸易中的技术模仿效应。第三,完善用人制度,不断改善服务贸易人才的工作环境,充分调动服务贸易人才的工作积极性,充分发挥人力资本在服务业和服务贸易中的价值,达到为天津服务业和服务贸易留住人才的目的。

在吸引人才方面,天津采取了"三吸引"举措,即首先吸引东北及华北地区的人才(中初级人才),与外地高校建立紧密合作关系,鼓励企业与外地高校进行合作。天津解决户口问题、个人所得税部分退还、提供廉租房等;其次吸引海外人才(中高级人才),发觉天津籍的海外学生、营造创业氛围、发展资本市场、建设宜居生活环境、给予安家补贴、做好品牌推广等;再次吸引外籍人才(中高级人才),利用激励措施吸引印度、菲律宾、新加坡和马来西亚等国人才,以弥补中层管理人员流失造成的空缺,同时,打造欧美社区和日韩社区、开办国际学校、简化进出境流程等。

　　③ 资金保障。

　　目前,贸易融资支持政策已经成为天津外贸促进政策的重要组成部分。外贸发展基金通过贴息、直接补贴、费用资助等形式,对企业提供贸易融资的支持政策。在全国率先成立中小外经贸企业融资担保中心,促进信贷资金与企业和项目有效对接,有效拓宽了中小外经贸企业融资渠道。与该市 11 家商业银行及中信保天津分公司签订了战略合作协议,进一步加强对中小外经贸企业的金融服务。加大政策宣传力度,提供融资服务政策覆盖面。2010 年底,中国人民银行、商务部、财政部联合下发《关于进一步促进贸易融资发展的通知》,天津抓住这一契机,建立多部门协调机制和贸易融资业务联合工作机制,同时,市商委、市金融办、市财政局等六部门研究起草了《关于进一步促进天津市贸易融资发展的实施意见》,明确了扩大贸易融资规模等六方面的具体措施。

　　2006 年 5 月 26 日,国务院发布《国务院关于推进天津滨海新区开发开放有关问题的意见》(国发〔2006〕20 号),鼓励天津滨海新区进行金融改革和创新。为促进金融与科技的融合,天津成立了全国第一家科技小额贷款公司,成为全国首批科技保险试点城市之一。创建全国首家专为中小企业提供投资银行服务的平台——创业投资之家,实行一对一全流程"诊断式"融资对接。市科委的科技型中小企业服务中心引进私募股权基金、创投基金、担保公司,开办金融服务超市。针对科技型企业股本小、资产轻、无抵押、无担保等瓶颈,全市组织 408 家科技企业"打包贷款"6.55 亿元,缓解融资难问题。2012 年 4 月下旬,天津市知识产权局分别与浦发银行、大连银行达成 35 亿元专利权质押贷款授信。全市已有 60 多家拥有核心技术、快速成长的科技型中小企业利用专利权质押贷款 7.2 亿元。在滨海新区,浦发银行天津分行为 5 家科技型企业推出"集合票据",直接融资 1 亿元。另外,天津科技金融大力支持小微企业,开办了仓单、保单、税单、股权等抵质押担保融资业务。全市小额贷款公司开业运营 80 家,发放各类贷款 183 亿元,设立融资担保机构 126 家,在保 1.2 万户,在保余额 334 亿元。"十二五"期间,市财政安排 240 亿元,通过走初创期拨款资助、成长期贴息支持和发展期股权投资之路,兴办 3 万家科技型中小企业和 1 500 家销售收入过亿元的"小巨人"企业,目前,科技型中小企业达到2.6 万家,"小巨人"企业达 1 280 家。

目前,天津港货物吞吐量居于全球第四。天津充分利用因航运而生的金融要素集聚,设立船舶产业投资基金,首期募集 29.5 亿元,购置大型和特种船舶 47 艘;设立飞机租赁基金、中国航空产业基金,与融资租赁公司协同开办离岸租赁、保税租赁等新型业务。融资租赁是仅次于银行信贷的第二大融资方式,在国务院批准的北方国际航运中心核心功能区——天津港东疆保税港,注册的单机、单船以及总部型的融资租赁公司有 248 家。全市航运基金和融资租赁公司拥有飞机 176 架、船舶 301 艘,资产 600 多亿元,融资租赁合同余额 2 300 亿元,占到全国的 1/4。

④ 政府服务。

天津创新开展"促进贸易便利化服务月"活动。从 2004 年开始至 2012 年,活动已经连续举办了 9 次,成为改善天津开发环境的有效举措。活动月期间,各部门、各区县、各单位高度重视,围绕"优化投资环境,提高服务水平"主题,创新措施和方式,狠抓工作落实。在简化办事程序、提高投资贸易便利化方面创新方法,务求实现新的突破。如 2011 年 5 月、6 月,天津检验检疫局通过"全天候、全方位、全覆盖""三全式"服务,进一步拓展了天津国际贸易与航运服务中心"一站式"服务功能,建立了贸易便利化督查机制,搭建了大宗进出口服务平台。同时,探索货物进出口物质化通关,扩大"分类通关"及"电子支付"应用范围,为大项目、好项目提供"一厂一策、一项一案"服务保障措施,继续深化国际航行船舶电子申报审批通关业务改革,有效地提高了船舶联检和人员通关效率。

⑤ 综合配套环境。

首先,构建自主创新的产业发展体系。天津滨海新区围绕"建设高水平现代制造业和研发转化基础"目标,构建以自主创新为主导的产业创新发展体系,为此,主要在以下两个方面做出了努力:一是从 2006 年开始,制定并实施了"自主创新三年行动方案",充分利用京津地区的科技资源优势,提高天津滨海新区的自主创新能力,推进高新技术产业的发展。2007 年 5 月,天津市人民政府与科技部合作,联合国有大企业中海油共同建设开发滨海高新技术产业区。在国家优惠政策的支持下,高新技术产业区将建成国内顶尖的高新技术园区,有力地带动滨海新区、天津市和环渤海经济区域经济的高速发展。二是完善科技投融资体系,为促进科技成果产业化提供保障。

其次,完善金融和土地等要素市场机制。建立完善的金融和土地等要素市场体系是新经济发展阶段经济体制改革的深层次问题,金融创新和土地制度改革是天津滨海新区"先行先试"的重点。2005 年 12 月 31 日,全国性商业银行天津渤海银行正式挂牌,这是首家在发起设立阶段就引入境外战略投资者的全国性股份制商业银行。2006 年 12 月 30 日,天津首支人民币产业投资基金渤海产业基金成立。2007 年底,天津滨海新区又成为全国保险改革试验区。

再次,打造中国北方的对外开放门户。在打造北方对外开放门户的过程中,天津滨海新区的基本思路是以建设东疆保税港区为重点,加快建设北方国际航运中心和国际物流中心,推进国际化市场体系建设,加强与东北亚国家地区的经贸合作,积极参与经济全球化和区域经济一体化,建立符合市场经济和世贸组织规则要求的涉外经济管理体制和运行机制。从未来发展看,东疆保税港区作为我国规模最大、开放度最高的保税港区,享受国家赋予保税枢纽港及自由贸易区的运作模式,集港口、出口加工、进口保税、出口退税功能于一体,并有开发区、保税区、出口加工区和保税物流园区作支持,将成为与国际接轨的自由贸易区。

最后,构建有效的区域合作机制。改革开放以来,天津一直试图通过自身努力,与环渤海地区其他城市共同建立有效的经济合作和联系机制。1986 年 5 月,首次成功举办环渤海地区经济联合市长联席会议,开始构建多元化和多层次的区域合作机制。2005 年 5 月,在河北廊坊举行"东北亚暨环渤海国际合作论坛",对环渤海地区合作的现状及发展前景进行了深入交流与沟通,对未来各地区经济合作的重点领域、机制和途径达成了广泛共识(该论坛发布的合作建议被称为"廊坊共识")。2006 年 4 月,环渤海地区经济联合市长联席会第十二次会议在天津召开,与会市领导商讨区域经济合作与发展问题,共同签署《推进环渤海区域合作的天津倡议》,表示加强环渤海区域各城市间的全方位合作。

(2)天津重点行业的服务贸易补贴措施。

① 土地及人才政策。

2010 年 3 月 5 日,天津市财政局、市发展和改革委员会、市地方税务局联合制定发布促进现代服务业发展财税优惠政策,包括针对总部经济、金融业、物流业、中介服务业等行业在设立或增资、规划区内购买或自建房、营业税征收、管理人员流动待遇等方面给予优惠激励政策。

随着我国资源成本、环境成本、劳动力成本的上升和人民币升值,服务外包企业面临越来越重的成本压力。首先是人力成本对企业的挑战,有成熟经验的人才紧缺,招聘难,招人成本高;同时,人才流动性大,超过万人的服务外包企业已属凤毛麟角,与印度动辄 10 万人的企业相比差距明显。其次是房租成本上升、管理费和水电费负担加重等因素,越来越挤压企业的利润空间。

2011 年,天津进一步出台了《关于天津市"用三年时间引进千名以上高层次人才"工作的实施意见》,对企业引进高层次人才,在安家、住房、个税、经费资助、子女就读等方面给予支持。

② 文化产业。

"十一五"时期天津文化产业快速发展,实现重大突破:全市文化产业增加值从"十五"末的 80.17 亿元增长到 302.95 亿元,年均增长 30.5%。初步形成文化创意、广播影视、出版发行等八大业态构成的文化产业体系。国家动漫产业综合示范园、中国 3D 影视创意园区、国家影视网络动漫实验园、国家影视网络动漫研究院等国家级文化产业项目落户天津。

2012 年,天津与瑞典、荷兰、芬兰等国家的城市签订文化交流备忘录,举办天津与非洲的文化交流活动,推动文化产品"走出去"。加快落实 34 项中外教育合作项目,办好中国国际青少年交流中心,建设海外示范孔子学院,完善留学生奖学金政策。

根据《天津市文化产业发展"十二五"规划》,"十二五"期间,天津将进一步开发利用区域优势资源,形成特色突出、错位发展的文化产业空间格局,重点打造中心城区都市文化产业带、滨海新区开放型海洋文化产业带、北部山区休闲旅游文化产业带和周边区县民俗文化产业带,发展完善形成"四带多点"文化产业空间布局。在"四带多点"文化产业空间打造 18 个文化产业板块。

为进一步优化发展环境,天津市委、市政府相继下发《关于打好文化大发展大繁荣攻坚战的实施意见》《天津市文化产业振兴规划》和《天津市第一批文化产业振兴重点工作计划》,制定了《文化体制改革中经营性文化事业单位转制为企业的实施意见》《文化体制改革中进一步支持文化企业发展的实施意见》《关于支持文化体制改革和文化产业发展的意见》《关于鼓励和支持我市文化产业发展的实施意见》等相关政策,为推动文化产业发展创造良好政策环境。

4.3　中国及各地文化业及文化贸易补贴政策效果及评价

4.3.1　中国及各地文化贸易补贴政策特点

从前述中央与各地政府出台的与服务贸易补贴及文化贸易补贴有关的政策文件来看,呈现出以下特点:

第一,服务贸易补贴政策的相关文件所涉及的产业变化存在着一定的规律性,随着时间趋势变化,政策文件所支持和促进的服务行业变化趋势为:技术服务→软件服务→运输服务→会计服务→文化服务→服务外包→中医药服务,体现了我国政府对有潜在竞争优势的新型服务贸易的高度关注。以前无论是 GATS 或国内经济学界对服务贸易的具体定义还不明确,但随着服务贸易额迅速增加及研究深入,对服务贸易的定义、产业划分界限越加清晰,从原来单纯把服务贸易理解为技术贸易而慢慢扩展到各个服务产业的贸易。

第二,促进政策涉及范围从原来的针对性行业补贴逐步细化到对微观重点服务企业的直接补贴,从单一部门的补贴演化为其他部门对扶持服务产业的跨部门支持政策。而从政策工具与补贴范围来看,主要包括:(1)针对特定服务行业与重点服务企业的补贴,包括营业税与所得税的减免、优惠贷款、资金的直接补贴、相关金融产品的创新或优惠等方式;(2)对经济特区、经济技术开发区、高新技术园区、示范城市的税收优惠政策,如对上海浦东新区的税收优惠政策;(3)国家政策性银行(包括国家开发银行、中国进出口银行、中国农业发展银行)的优惠贷款;(4)为增加某服务行业贸易而出台的相关政策;(5)鼓励服务外包的相关政策;(6)鼓励投资者进口技术而对相关设备的关税和增值税的减免待遇;(7)其他补贴政策。

第三,服务贸易补贴立法涉及部门多、立法内容散乱。我国服务贸易补贴立法包括国务院及商务部、财政、金融、税收等中央各职能部门颁布的一系列行政法规,也同时包括地方政府发布的一系列地方法规和规章,造成重复立法、多头立法的现象,不利于补贴的统一和公正实施。另外,地方政府及其职能部门为了政绩工程或迫于经济增长的压力,会改变(主要是加大)国家规定的服务贸易补贴的力度和范围,造成事实上的政策扭曲。

第四,从补贴工具来看,补贴的形式比较单一。没有考虑不同服务部门的特殊性需要,没有形成像美国、欧盟、澳大利亚等国家实行的、富有成效的服务贸易补贴政策体系。目前我国出台的服务贸易补贴政策包含了不少WTO的禁止性专项性补贴。如:(1)出口补贴。如针对服务产品或服务出口企业的税收、折旧等方面的优惠政策;(2)进口替代补贴。对一些进口替代型企业给予的特殊税收减免优惠及财政资助,实质上构成了进口替代补贴。虽然WTO尚未制定出服务贸易补贴的统一纪律,在短期内,我国仍然可以继续实施这一类补贴,但从长远来看,我国应该未雨绸缪,尽早制定对策。另外,对WTO体制允许的研发类和技术进步等方面的补贴缺乏规划,补贴力度不够,补贴对象范围过窄,不利于提高服务贸易企业的创新能力和国际竞争力。

第五,从2012年商务部确定的中国进出口银行重点支持的133个服务贸易企业和项目来看,虽然对重点企业进行补贴可以起到示范效应和迅速提升企业的竞争力与贸易量,但由于针对特定服务部门和企业的补贴所产生的扭曲效应较大(竞争、贸易与资源分配),在具体实施过程中虽然短期可以把这种补贴方式应用于特色企业或具有强大正溢出效应的企业或部门,而长期来看,应尽量避免大范围采取这种补贴方式。

4.3.2 中国及各地文化贸易补贴政策效果

分部门来看,2010年,中国服务出口额增长最快的3个部门分别是金融(202.3%)、专利使用费和特许费(93%)、运输(45.1%),而对于这3个部门,国家在当年都出台了较为有力的促进政策,如金融服务贸易方面的文件有:《关于鼓励服务外包产业加快发展的复函》(2010)与《关于示范城市离岸服务外包业务免征营业税的通知》(2010);对于专利使用费和特许费,出台的文件有:《关于鼓励技术出口的若干意见》(2009);运输服务贸易方面的文件有:《关于海峡两岸海上直航营业税和企业所得税政策的通知》(2009)、《关于国际运输劳务免征营业税的通知》(2010)。另外,从中国政府估计的文化服务出口来看,2010年,中国核心文化产品和文化服务出口的增幅达28.7%,取得了可喜的成绩。

另外,从占全国服务贸易额比重最大的上海来看,受国内外经济贸易环境的影响,以及 2010 年上海世博会的成功举办,上海服务贸易进出口重新呈现大幅增长的势头。2010 年,上海服务贸易进出口总额为 1 046.7 亿美元,同比增长 40.1%,其中,出口 406.4 亿美元,同比增长 35.8%;进口 640.3 亿美元,同比增长 42.9%。2010 年,上海服务贸易进出口额占上海国际贸易进出口总额的比重上升到22.1%,占全市生产总值的比重上升到 41.2%,服务贸易对上海经济贸易的贡献程度进一步加强。2010 年,上海服务贸易进出口增速大大高于全国增速(26.4%),上海服务贸易进出口额占全国服务贸易进出口总额的比重达 28.9%,占全国首位。

而从各地情况来看,2010 年,上海服务出口额增长最快的 3 个部门分别是金融(637.5%),专利使用费和特许费(212.5%),电影、音像(82.5%),而在 2009 年,中国政府支持在上海建设"四个中心"的目标。此外,对这些服务部门,上海也相应出台了较有力的促进政策,如:《上海市集聚金融资源加强金融服务促进金融业发展的若干规定》(2010)、《上海市文化"走出去"专项扶持资金管理办法》(2010)等。2010 年,北京文化贸易出口额由 2006 年的 6.75 亿美元增至 2011 年的 13.96 亿美元。这与北京市政府出台的一系列支持文化贸易企业"走出去"的政策密切相关,如资金支持动漫游戏海外推广平台建设;推动成立北京文化贸易专家顾问委员会;北京海关通过优化通关环境、对不同的文化产业提供高效便捷的服务,实施税收方面的优惠政策等。因此,从上述数据可以看出,目前中国政府为鼓励服务出口而推出的激励政策是起到明显促进作用的。

4.3.3　服务贸易补贴政策的评价与经验

通过对全国各地的服务贸易补贴政策进行归类与总结,我们发现目前所推行的一些服务贸易补贴政策存在着不足,需要进行调整或引入新的政策,如:

(1)目前,各地对服务外包的促进政策更多地关注于低层次的软件外包服务,国内接包企业的业务主要是国外企业的非核心业务,涉及高端的服务外包内容并不丰富,比如高端的会计服务外包、法律服务外包、设计服务外包、研发外包等,目前仍非常有限。这种政策导向忽视了服务外包对中国国内服务产业发展的带动作用。此外,政策应同时对国内企业的发包需求有所重视,然而目前的政策依旧有所缺失。

（2）在政策实施的具体细节上存在着很多技术性问题。例如目前各地推行的直接资金补贴政策，补贴对象一般是产值较高的服务企业，对于创新性和发展潜力较大的中小企业重视程度不够，而且申领补贴的手续繁琐，影响企业申领积极性。今后宜合理搭配不同的补贴方式，如采取将税收优惠与直接性资金补贴相搭配，或直接税收与间接税优惠相搭配的政策。在对各服务行业采取相同的直接税优惠政策的同时，对于生产性服务业、高新技术服务业、文化产业等具有战略性、前瞻性的服务行业，可有侧重地实行间接税优惠；对不适于使用税收优惠政策的企业对象和领域，如果它们对服务业和服务贸易发展具有重要影响，可以实施直接性资金补贴，作为税收优惠的有益补充。

（3）适当注重补贴的贸易导向。目前，服务贸易补贴政策多关注于国内服务产业发展，而对于服务产业的贸易导向作用并无针对性的措施。在全球化背景下，服务业与服务贸易发展有着相互的促进效应。因此，除直接税、间接税优惠以外，进口税减免和出口退税也将是重要的补贴措施。

（4）重视建立服务贸易补贴政策的退出机制。在强调建立健全服务贸易补贴措施的同时，必须对补贴这一政策的副作用有清晰认识。过度的补贴可能会损害服务业和服务贸易的长期发展，对国民经济起着负面影响。因此，应建立服务贸易补贴的绩效评价机制，以利于政府在适当的时间对补贴政策进行调整或取消。

（5）借鉴其他发达国家的经验，创新性地设计新型补贴方式。如韩国为了促进本国文化产业的国际影响，出台了以国家补贴外国旅游者的政策，同时给创意产业工作者开设了众多的国内交流与国际交流项目。

另外，在对全国各地服务贸易补贴进行分析后，我们同时注意到，浙江有很多有益的经验值得其他地方借鉴和推广。如浙江针对各具体服务行业发展的关键性投入要素及部门发展特点，除了国家规定的基本税收优惠外，还分别针对信息服务业、科技服务业、文化服务业和社区服务业等行业的具体情况，以及对国家重点扶持的高新技术企业、小型微利企业、新办软件生产企业、集成电路设计企业等类型的企业，均制订了企业所得税减免的相应措施；第二，对于具有重要作用的生产性服务，如国际货物运输劳务、部分保险服务、离岸外包服务、技术转让和技术咨询等服务等，都实行了免征或不同程度的减征优惠；第三，为了鼓励服务企业做大做强，浙江还规定,企业在合并、分立、兼并等企业重组过程中发生转让企业产权涉及的不动产、土地使用权转移行为,不征收营业税;第四,为吸引国内外的服务业大公司、大集团落户浙江,发展总部经济,浙江给予了 3 年内免征房产税、城镇土地使用税和水利建设专项资金的优惠;第五,为了引进高端人才,浙江规定,对从事服务业的高技术人才、高技能人才和特殊人才,报经省政府认可后,其发放的奖金免征个人所得税。

4.3.4　完善文化及服务贸易补贴的政策建议

浙江服务贸易发展走在了全国的前列,其服务补贴的政策效率功不可没。结合国际经验,我国在建立健全服务贸易补贴体系、促进服务贸易发展方面仍要着力解决以下几个方面的政策问题。

第一,合理搭配不同的服务贸易补贴方式,特别是将具有税收效应的财政手段与直接性的资金补贴相搭配,以及将直接税优惠与间接税优惠相搭配等。浙江的补贴结构以税收优惠为主,这与国际经验一致,但在如何合理搭配直接税与间接税上,仍需要探索。一个基本的建议是,对各服务行业采取普遍的直接税优惠,以体现我国尽快提升第三产业比重的战略方向,考虑到中国目前的税制,这还需要中央政府层面在财税体制改革的配合;同时,对于生产性服务业、高新技术服务业、文化产业等具有战略性、前瞻性的服务行业,有侧重地实行间接税优惠。在目前进行的"营改增"试点中,要充分考虑不同类型服务企业的特点,以不增加企业税赋为基本原则,适宜改的要改,不适宜改的,要探索有效减轻各类服务型企业税赋的新办法,并补充到结构性减税的统一政策框架中。

第二,调整改善目前的直接性的资金补贴方式。针对目前的直补方式存在的问题,应该认真总结并加以调整完善。一方面,优化补贴领域和补贴对象,主要将不适于使用税收优惠,但同时对服务业和服务贸易发展有重要影响的领域和对象实行补贴,作为税收优惠的有益补充;另一方面,要改革直接性的资金补贴方式,特别是要注意补贴的长期效果,关键是明确补贴目的,即是扶助后进,还是鼓励先进。针对目前在全国实行的服务贸易人员培训补贴,可考虑采取分批限额发放的方式。

第三,创新性地开发新型的补贴方式。对于服务业和服务贸易而言,除传统的税收减免和资金支持外,给予其他要素形式的补贴,既十分必要,也具有可行性。比如,通过给予优惠的或者免费的土地使用权,建设新兴服务业态聚集的科技园区或产业孵化园,降低服务业和服务贸易的资本准入门槛。此外,在融资和人才方面,也有探索新型补贴方式的空间,比如对于海外归国的高端人才,可遴选进入国内的各类人才库,并享受创业融资、税收减免等优惠政策。

第四,适当注重补贴的贸易导向。浙江的补贴措施更多关注于国内服务产业的发展,而对于服务产业的外向型出口并无针对性的措施。在全球化背景下,服务业的发展离不开服务贸易的推动,服务贸易的大发展也离不开国内服务业的产业基础。服务业的开放程度已经在国民经济各部门中居于前列,因此,采取有利于服务出口的措施,应是浙江下一步调整服务贸易补贴政策的一个战略方向。在出口支持中,除了直接税收优惠、间接税以外,进口税减免和出口退税也将是重要的补贴措施。

第五,处理好全局与地方的关系。在整体上形成合理竞争、整体提升的局面,从而最大化地提高我国服务业在国际上的竞争力,促进服务贸易的快速发展。目前浙江采取的系列服务贸易补贴措施所发挥的作用,在一定程度上会拉开该省与其他省份的差距。如何推广浙江加快服务贸易发展的补贴政策经验,或者将浙江经验上升为国家服务贸易补贴政策,需要前瞻性的战略,并借鉴 WTO/GATS 框架下各国补贴政策的实践经验。

第六,在强调建立健全服务贸易补贴措施的同时,必须对补贴这一政策手段的副作用有清晰认识。过度的补贴可能会损害服务业和服务贸易的长期发展动力,影响国民经济整体格局。因此,服务补贴措施适时退出就显得十分重要。政府应当对相关政策的作用期限和预期目标有合理的预判,在适当的时间,予以调整或者取消补贴。

第5章
自贸试验区管理制度创新对中国文化贸易发展的影响分析

2013 年上海自由贸易试验区的设立,是作为开放型经济发展的体制机制创新突破口。自贸试验区实施的试验性优惠政策,对提升上海文化贸易国际竞争力带来了很好的机遇,对培育一批具有国际竞争力的外向型文化企业,加快文化企业在上海周边地区的集聚等起到了重要的积极推动作用。2014 年,全国人大和国务院决定新增天津、福建和广东 3 个自贸(园)区,沪津闽粤四大自贸试验区定位明确,区域化指向明显:上海建设全球科创中心,福建对接台湾,广东侧重港澳,天津重点面向东北亚并统筹京津冀协同发展。因此,四大自贸试验区区域化特征与发展目标明确,文化贸易发展战略定位与政策设计有所区别。从目前沪津闽粤四大自贸试验区出台的与文化产业领域相关的管理措施来看,确实存在着明显差异,因此,自贸试验区建设必然会对全国文化产业的分布及竞争力产生重要影响。

正是在自贸试验区建设的背景之下,本研究将从理论和实践上深入探讨自贸试验区对提升我国对外文化贸易国际竞争力的机制与作用。沪津闽粤四大自贸区在文化领域的管理措施差异,无疑可为我国其他地区的文化产业与贸易发展提供重要经验,形成我国对外文化贸易发展战略和政策,为我国扩大中国文化出口,由文化资源大国向文化贸易强国的转变具有十分重要的现实意义。

5.1 自贸试验区管理制度创新对中国文化贸易影响的机制分析

从理论上看,针对负面清单管理模式对文化产业影响的文献论述并不十分聚焦,因此对自贸试验区文化产业发展的相关理论亟需探讨与研究。文化产业同一般产业相比,其产品不少都带有思想文化的特殊性,因此导致外商投资文化产业领域不少因涉及思想文化领域而受到禁止或限制,如禁止外资投资新闻媒体、出版机构等。在 2013 年上海自贸试验区对外资实行负面清单管理模式之前,我国一直实行《外商投资产业指导目录》模式,这种模式规定所有的外商投资只能在规定范围内活动。在实施负面清单管理模式之后,扩大了外资可进入的文化领域,将外商投资企业合同章程审批改为备案管理,①这对于提高外资进入效率,增强市场主体经济活力意义重大。

从短期看,自贸试验区的文化服务开放措施不仅会给开放产业带来直接的发展机遇,而且从长远看,还将拓展文化创新业态,推进产业跨界交融发展,产生文化与金融、投资、科技、网络、教育等行业相结合的新业务、新业态;其次,由于在自贸试验区在行政审批、金融服务、财税支持等方面实施先行先试的政策优势,大大降低了文化贸易的交易成本,增加了交易机会;"一线放开,二线安全高效管住,区内货物自由流动"的创新监管服务模式,大大推动了文化产业的市场化和文化贸易的发展,对于出版产业,光碟、印刷机械、相关设备的交易,国际艺术品拍卖、展览与广告、教育和培训等各种服务,甚至作为中小文化企业的孵化器来说都意味着机会;另外,大型国际文化服务企业入驻自贸试验区,使得国际文化企业的先进开发和管理经验进入中国,倒逼中国文化企业深入变革。因此,无论短期还是长期,这些开放举措都将促进中国文化贸易竞争力的提升。

另外,自贸试验区针对文化产业领域的相关优惠政策无疑将有利于加快文化产业在自贸试验区内及周边的进一步集聚,进而提升中国文化贸易国际竞争力并

---

① 国务院规定对国内投资项目保留核准的除外。

对全国形成很好的示范作用。综观发达国家文化业与文化贸易发展的历史经验，文化产业集聚对提升一国文化贸易竞争力、提升城市的等级和功能定位起着重要和积极的作用，而自贸试验区优惠政策将会凝聚形成文化企业集聚带，并进一步构造符合中国经济与社会发展的文化产业空间组织模式及文化产业核心城市群和"文化产业城市圈"的发展模式。

5.1.1　负面清单管理模式扩大了文化产业的对外开放

负面清单管理模式是中国自由贸易试验区的关键内容。负面清单又称"否定清单"、"负面列表"、"否定列表"。与正面清单不同，负面清单仅仅列举法律法规禁止的事项，即"法无禁止即可为"。这样的管理制度与管理体系加强了市场主体行为的自由度，有利于增强市场主体的经济活力。在正面清单管理模式中，市场主体的行为自由受到法律法规明文限制。相对于广大的市场经济领域，法律法规规定的内容不仅有一定程度的局限性，而且无法及时地跟进新领域、新业态的发展，在一定程度上不利于市场主体创造力与活力的发挥。与正面清单相比，负面清单管理模式赋予了市场主体更充分的行为自由，并且在某种程度上限制了政府的自由裁量权，避免了权力寻租等一系列社会问题，促进政府行政行为的公开化与透明化。负面清单可以促使外资企业自检，提高外资进入的效率。对负面清单之外的领域，按照内外资一致的原则，将外商投资项目由核准制改为备案制（国务院规定对国内投资项目保留核准的除外）；将外商投资企业合同章程审批改为备案管理，备案后按国家有关规定办理相关手续；工商登记与商事登记制度改革相衔接，逐步优化登记流程；完善国家安全审查制度，在试验区内试点开展涉及外资的国家安全审查，构建安全高效的开放型经济体系。在上海自贸试验区实行负面清单管理模式之前，我国一直实行《外商投资产业指导目录》模式，在这种模式当中所有的外商投资和商业投资只能在规定的范围内活动。

自由贸易协定（FTA）很早就采用了负面清单。以美国为例，1994 年生效的北美自由贸易区（NAFTA）往往被认为是较早使用负面清单的 FTA 之一，并被其他国家仿效。美国目前已经与 42 个国家和地区签订了以准入前国民待遇和负面清单为基础的双边投资协定（BIT），最新一起生效的是与卢旺达的双边投资协定。

据《印度时报》报道,印度在 2012 年的国家预算中引入了负面清单管理,其与巴基斯坦的国际贸易之间的负面清单极为详尽;瑞士金融业也采取了负面清单管理模式;澳大利亚则是在环境保护方面应用了负面清单管理模式。

关于对国外负面清单管理模式的研究,有以美国为主要研究对象的研究(聂平香、戴丽华,2014),有以外国负面清单管理模式的经验入手,观察和探讨中国自贸试验区负面清单管理模式的发展方向和政策细节(孙婵、肖湘,2014)。面对成立不久的自贸试验区,有将关注点集中于自贸试验区与负面清单管理模式的法理原则和法律模式分析(龚柏华,2013;胡加祥,2014),有对负面清单管理模式的法治精神的解读(张淑芳,2014),也有从负面清单出发,讨论司法对外国公司的审视与评判(王克玉,2014)等。总之,对于探索中的自贸试验区,学者们更多的是探讨制度和政策层面,对于贸易产业的关注度相对不足,真正将负面清单管理模式对文化产业产生的可能影响的论述并不十分集中。关于自贸试验区的文化产业在负面清单管理模式影响下的发展前景亟需探讨与研究,而探讨制度与管理模式对文化产业发展的影响,必将有利于促进文化产业以及其他新兴产业的发展,促进产业结构转型升级。

中国文化产业依托自贸试验区进行发展,是我国对外开放发展的必然选择,同时也是经济结构转型升级的必然选择。首先,外资要"引进来",自贸试验区负面清单为文化投资制度提供了新的机遇。2013 年,外商独资演出经纪机构、外商独资娱乐场所、外资企业从事游戏游艺设备的生产和销售等 3 项文化市场开放政策在上海自贸试验区内落地,2014 年 3 月,上海市文广影视局等 5 个行政管理部门联合出台《中国(上海)自由贸易试验区文化市场开放项目实施细则》,这些政策的落地对推动文化产业的开放具有重要的意义。

1. 对外资文化企业的开放

(1) 允许外资企业在自贸试验区内从事游戏设备的生产和销售,通过文化部门审核的游戏游艺设备将可以在国内市场销售。此次销售家用机硬件的解禁,意味着微软、索尼和任天堂将不再需要改头换面就可以在国内销售,也意味着价值达数千亿元人民币、拥有近 3 亿用户的中国游戏市场对外开放。微软与百视通共同出资 7 900 万美元组建上海百家合信息技术发展有限公司开展游戏等家庭娱乐业务,成为第一家在自贸试验区备案的中外合作企业。该公司从事家庭娱乐和游戏产业的技术研发以及内容聚合,微软 Xbox One 汉化游戏机 2014 年 9 月在国内发售。2014 年 5 月,索尼与东方明珠签订 4 800 万元人民币合同,设立合资企业推广 PS 系列游戏机业务,并于 2015 年初推出 PS4 和 PS Vita 游戏机。游戏市场的开放将为游戏产业的发展带来更大的活力,同时也将带动相关产业(如动漫产业)的发展和集聚。[1]

(2)配合自贸试验区扩大文化开放要求,上海市人民政府办公厅颁布了《中国(上海)自由贸易试验区文化市场开放项目实施细则》,进一步放开外资在自贸试验区内外从事文化产品和服务经营管理的各种限制,如在试验区内取消了外资演出经纪机构的股比限制,自贸试验区内可以成立外资经营的演出经纪机构、演出场所单位。[2]根据这一政策,在自贸试验区内设立的外商独资演出机构,不需要同国内的机构合作,就可以独立申请在上海演出场馆进行演出。该举措将会活跃上海的文化演出市场,在一定程度上促进文艺演出机构在上海地区的集聚。如 2014 年 10 月,美国百老汇知名演艺经纪机构倪德伦环球娱乐公司在自贸试验区注册成立中国首家外商独资演出经纪机构,将在中国全面启动"演艺剧场群"计划,并推动更多中国优秀剧目"走出去"进入美国市场。

(3)在娱乐场所方面,日本太田公司在自贸试验区基地内设立游艺机保税展示体验中心。

(4)在上海自贸试验区挂牌前后,中国图书进出口上海公司浦东分公司、上海华谊兄弟文化艺术投资管理有限公司、佳士得(上海)外高桥有限公司等陆续进驻。

(5)另外,我们也要看到,传统的出版行业、文物拍卖投资、网络游戏运用、投资经营性学前教育、中等职业教育、普通高中教育、高等教育等相关内容也出现在负面清单的内容当中。随着未来自贸试验区相关条例出台以及新的负面清单面

---

[1]　2012 年,中国游戏市场实际销售规模是 602.8 亿元,同比增长 35.1%,预计到 2017 年,中国游戏市场实际销售收入将达到 1 352.2 亿元人民币,同比增长率为 12.4%。2013 年到 2017 年的年复合增长率为 12.3%。2012 年,中国客户端网络游戏市场实际销售收入为 451.2 亿元人民币,同比增长率为 23%。

[2]　此前根据国家发展和改革委员会、商务部发布的《外商投资产业指导目录(2011 年修订)》规定,演出场所的经营鼓励外商投资,但必须是中方控股,而演出经纪机构则属于限制外商投资的产业,也必须由中方控股。

世,将会有更多的相关领域开放。

2.中资企业要"走出去",文化企业依托自贸试验区走向国际市场,参与国际竞争。在自贸试验区境外投资项目核准制向备案制转变的便利化政策推出后,文化资本"走出去"越来越便捷,比如弘毅投资通过自贸试验区平台进行跨境股权投资视频网站PPTV,从提交申请到备案完成,仅用了5天时间。

但需要指出的是,自由贸易试验区对文化产业扩大开放的同时给本土文化产业带来了巨大挑战:第一,外资文化企业进入后,会形成文化企业并购潮;第二,外资企业为保持其技术优势,可能以提供技术为由,取消境内原有技术研发机构,一定程度上会削弱本地文化产业自主创新能力;第三,外国文化企业还会利用其雄厚的资本优势,从国内企业挖走优秀人才;第四,外资文化产业的开放短期内可能对国内基础薄弱、竞争优势小的"幼稚文化产业"造成一定冲击。而且政府在负面清单的制定过程中并不能完全预见新兴文化产业的发展前景,国外资本和外企可能会在我国正处于发展期的文化产业中先发制人,占据市场优势,从而使得国内企业进入该行业的难度增加。因此,在自贸试验区对外资放宽文化产业限制的同时,本土文化保护面临着严峻形势。另外,由于国内知识产权保护制度还不够完善,自贸试验区内有可能出现专利投机型的企业,它们可能利用我国法律和保护机制的漏洞,通过抢注获得本土文化专利。因此,不同于相对封闭的传统文化市场环境,自贸试验区使文化产业监管服务模式面临新的调整,因此,必须建设适应国际文化竞争的监管服务体系。

5.1.2 负面清单管理对文化产业集聚的影响

从国内外的文化产业发展状况看,文化产业集聚发展已经成为了一种比较普遍的现象,在我国,文化产业的发展主要集中分布在北京、上海、广东等经济发达地区。文化产业的竞争力受到产业集聚能力的影响,文化产业的集聚有利于文化资源的优化配置与有效利用;有利于利用市场信息,形成对各种文化资源的吸纳能力和辐射能力;有利于提高创意能力,节约文化资源的流通成本;有利于文化能力向社会能力的转化,在消化吸收现代高新技术的同时,也以产业集群的方式改造社会扩大再生产的方式和途径,进而达到为社会发展提供智力支持和文化生态环境的目的。同时,文化产业的集聚发展又与文化市场的管理制度、无障碍流通与开放的文化市场体系有关。

文化产业的集聚和布局是文化产业资源配置的一种空间状况,它既受到客观社会经济条件的制约和影响,又受到主观的产业政策尤其是政府相关管理政策的影响,而空间成本因素是影响文化产业空间布局的重要因素之一。随着卫星传输系统和互联网的快速发展,内地和沿海接受信息的能力差距正在逐渐缩小,但即便如此,偏远地区的文化产业发展仍然与沿海地区有着较大差距。正是由于空间成本的存在,文化产业才在诸如上海、东京、洛杉矶等交通便利、经济发达的地区形成以大城市为中心的文化产业带。一个地区形成文化产业集聚带,是依托当地的经济、社会、历史等文化资源要素禀赋,而文化产业自身的特点决定了集聚本身的空间成本的节约和相应要素禀赋的丰富。由于受经济社会历史等条件的影响,不同区域的文化发展要素不同,各地文化产业发展条件的差异也是显著的。

负面清单对文化产业集聚有着重要影响,负面清单管理模式影响着上海自由贸易试验区的开放程度,因此也影响着外国直接投资的水平和上海自贸试验区的市场化程度。刘姝(2013)量化分析了 FDI 对上海产业集聚的影响,研究表明,上海 FDI 和其产业集聚程度存在长期稳定关系,从长期来看,两者的变化方向是一致的。外商直接投资增加会诱导产业集聚的发展,产业集聚程度提高也会进一步带来外资的流入,由此看来,负面清单的实施必会影响开放程度,进而提高 FDI 水平,从而进一步推动文化产业集聚发展。另外,袁海(2012)表示,我国东部地区文化产业专业化程度对文化产业效率有正向影响,说明东部地区文化产业集聚程度与专业化程度较高,能够充分利用集聚经济带来的对文化生产与服务效率的提升效应。在这个基础上,负面清单管理模式将通过推动文化产业集聚,带动上海文化产业和服务效率的提升。

文化产业不同于其他产业,具有自己独有的特性:一方面,文化产业与国家民族文化性格、文化特质有着紧密联系,这就决定了文化产业的发展具有民族特色和传统性质。另一方面,负面清单不仅在相关行业上为外资企业标明了投资"禁区",也在某种程度上展现了不同文化间的相关差异。对于外资来说,相关产业的不可为正是中国作为独特文化特征的国家所展现的一种独特性。对于文化产业发展本身,保持独特性一方面有利于文化安全,另一方面有利于外资进行选择性进入。和自由放任相比,负面清单能够使文化产业进行有序集聚,从而有意识有重点地进行文化产业竞争力的发展和产业升级。另外,负面清单有利于刺激文化产业集群的产生,规避集群内部的不正当竞争,同时对于文化产业集聚外部的相关配套设施也有指导作用。

产业集聚是建立在区域文化的基础之上的。单一的文化组织在区域内与其他文化组织相互联系、相互合作、相互竞争,这个过程既需要本地文化氛围,又需要政府的导向调控作用和间接干预体系。而负面清单能够给予外资适应中国本地文化独特性的方向指导,促进区域文化产业有序集聚。因此,负面清单管理模式从政府的管理政策角度来说,能够推动产业集聚,优化区域文化产业内部结构,提供良好外部环境,进而推动文化产业竞争力的发展和转型升级。

5.1.3 自贸试验区简化文化产品贸易的海关监管措施与检验检疫创新政策

根据文化产品对仓储条件的要求,海关积极拓展保税仓储功能,指导企业设立文化产品专用保税仓库,帮助企业降低仓储运营成本。在全面提升文化产品通关速度的同时,为确保安全有效监管,海关通过完善保税仓库管理,将进出库数据与海关监管数据进行对比印证,并结合文化商品特点,加强对重点要素的审核,在"管得住"的前提下让通关更加顺畅。例如:

(1)采用"简化担保"等艺术品新型监管模式,海关就美术品批文事宜与文化管理部门进行协调,共同监管绘画、工艺品、雕塑等艺术作品。

(2)一般而言,国际企业的文化产品进入中国境内参展,需进行进口保税,缴纳关税,进口设备、物资等一般不享受免税政策。就目前来看,区外文化企业尚不能在自贸试验区内展示境外文化商品。但可以通过在自贸区框架内设立文化授权展等措施,充分利用自贸试验区政策优势,以通关、物流、保险、保税仓储一揽子服务,为国内外的文化企业参展开启更多"绿灯",包括审批流程简化,为艺术品保税仓储、展示、交易提供知识产权法律保障等。

(3)海关在出入境环节分别设立文化贸易企业专窗,提供专人专办、预约通关等服务,还为一些特殊商品提供上门查验服务。

（4）自贸试验区推出文化产品"先入区，后报关"等创新政策，明显加快了文化产品的流通速度。在自贸试验区成立之前，境外产品在入境时，必须在到港码头报关，随后才能运送至区内，且只能在区内指定展示。但在海关的"先入区，后报关"等政策出台后，文化产品不需要在码头等待报关，可以先入库再进行报关，节省了在码头等待时间。

（5）2013 年 8 月，国内首个专业艺术品保税仓库——上海国际艺术品交易中心及保税仓库在基地建成并投入运营，总面积约 3 000 平方米。艺术品贸易成为自贸试验区文化方面主要的贸易品种，境外艺术品在国内展览可以采用保税的方式，将相关艺术品暂放在库内，再联系国内展会。国内首个艺术品保税仓储交易中心在上海自贸试验区内建立并投入使用，使得艺术品通关流程从 7 天缩短到了 1 天，提高了安全系数，而且艺术品进境缴纳的保证金也由交易中心代缴，节省了客户的运作成本。同时，艺术品也可以反复出区进行保税展示，由文化基地来做担保抵押，极大地节约了企业的成本和时间。① 在文化基地内企业的艺术品在进行保税展示时，无论是境内艺术品到国外展览，还是国外艺术品到区内展览，艺术品可以在展览现场直接交易。这对文化企业而言，意味着可以节约大量的时间和成本。② 在交易方式上，自贸试验区内保存艺术品可以避免缴纳 24% 的税费，有利于艺术品的再次交易。目前，艺术品保税仓库二期、三期项目也已启动。2013 年 11 月，基地举办了首次艺术品保税拍卖会，成交拍品件数为 73 件，成交率为 81.11%，总成交额约为 868 万元人民币。

（6）文化产品在上海自贸试验区内实现了分拨中转。不采用 ATA 单证方式，而是通过暂时进出境展示的方式来实现。比如有 10 件艺术品从中国香港进来展览，以前展览完毕，就必须全部退回中国香港，因为是以 ATA 的方式进来的，但现

---

① 如果没有保税仓库，这家画廊就只能先到上海租用办公室，并将艺术品进口到境内，这样成本就会很高，因为要缴纳关税。

② 例如，境内的艺术品在美国进行展示时，以往如果有海外买家买下，产品是不能现场交易的。因为这类艺术品是按照 ATA 单证方式出国展览的，所以需要运回国内办完一般贸易出口手续后，才能再次出境交付给买家。在上海自贸区，国家对外文化贸易基地（上海）向海关提出了用"暂时进出境展示"的方式，来完成艺术品的出国展览。这些艺术品可以在展览现场完成交易，无需再运回国办理手续。只需要相关单证回到境内办理即可。同样的，海外艺术品到境内展览时，也可以直接交易。

在可以拆开,例如将其中一件艺术品运到日本去展示交易。①

(7) 在海关方面,实施仓储企业联网监管,批次进出、集中申报和保税展示交易等3项政策已应用在上海自贸试验区外的上海徐汇区西岸艺术品保税仓库的建设上。

(8) 为进一步促进上海自贸试验区国际艺术品保税展示和交易,保障国际艺术品便捷畅通交流,上海检验检疫局起草完成了自贸试验区进出境文化艺术品检验检疫管理办法,将推行文化艺术品监管的新模式。

(9) 文化设备租赁服务。利用自贸试验区拥有的保税租赁优势,为自贸试验区乃至高端进口文化设备提供租赁服务,并以此降低自贸试验区在影视、演艺、出版、传媒等领域文化企业的技术成本,提升其产品和服务加工的能级,增强其参与国际市场竞争的能力。

5.1.4 自贸试验区对文化企业发展平台的建设

自贸试验区将进一步加强文化产权交易、文化金融资助、文化发展平台等措施的有效性,重点发展电影制品、音像制品、广播电视制品、图书出版物、报刊制品、娱乐和游戏以及广告制品等主体文化产品与服务作为贸易对象,这成为促使沪津闽粤四大自贸试验区成为全国文化贸易发展的创新高地的有效政策之一。

(1) 加快国家对外文化贸易基地建设作为自贸试验区建设试点任务之一,是推动自贸试验区文化建设的重要内容。2011年,首个国家对外文化贸易基地——国家对外文化贸易基地(上海)在上海自贸试验区内挂牌成立。这是全国第一个国家级对外文化贸易基地,为进入自贸试验区的中外文化企业提供保税展示、保税租赁、保税仓储等全方位的专业服务和政策支持,为中外文化企业提供完善和高效的发展空间和良好的配套服务,有效降低了企业的费用和成本。入驻基地的文化企业,既可享受到保税区原有在海关、外汇等方面的特殊监管区政策及对文化企业的

---

① ATA模式下,如果美国有10件艺术品到中国展览,企业就必须在美国为10件产品缴纳保证金,在中国则无需缴税直接进关,但在固定时间期限内,这10件艺术品必须全部返回美国方能核销。

财税扶持政策,也可享受到上海文化"走出去"专项扶持资金的项目支持,此外还能享受到自贸试验区最新出台的各类开放政策的支持和优惠,同时,结合自贸试验区的实践探索与文化相融合的创新业务,拓展文化发展与繁荣空间,与国际市场互动对接,以实现文化企业专业化、市场化、多元化和国际化的发展目标。

近两年,国家对外文化贸易基地(上海)在已有的贸易通关、商务咨询等专业服务的基础上,引入了上海文化贸易语言服务基地、上海文创产业法律服务平台及知识产权调解中心,还集聚了银行、证券、保险、律师事务所、会计师事务所等一批专业服务机构,大幅提升了基地的综合服务功能。上海自贸试验区成立以后的 2014 年,该基地已经聚集了 301 家从事国际文化贸易的企业,注册资本达 87 亿元人民币,贸易规模达 90 多亿元人民币。基地入驻企业涵盖演艺、娱乐、影视、动漫游戏、图书出版、印刷、拍卖、贸易、艺术品经营等文化产业各领域,吸引亚洲联创、微软、太田游艺、索尼、佳士得拍卖、倪德伦演艺等一批国际文化龙头企业在自贸试验区注册设立子公司或合资公司。

2014 年,国家对外文化贸易基地(上海)继续通过国际展会活动帮助文化企业开拓国际市场,如与韩国文化产业振兴院共同主办了中韩文化产业交流会,实现基地在国外与所在国政府机构主场举办高端文化活动来推介上海文化企业和产品的重大突破;继续通过各类海外展会帮助文化企业拓展国际市场并实现交易,其中在美国洛杉矶艺术展的成交金额超过 10 万美元,意向合作国际画廊近 30 家,在中国香港国际影视展,多部剧目达成实质性交易或合作意向,交易金额超过 20 万美元;在自贸试验区内开展海外图书保税展和创立自办展会品牌——文化授权交易会等活动推动文化"走出去"。

(2)向外布局拓展文化装备基地。东方汇文公司与上海国际传媒产业园文化装备管理公司建立战略合作关系,共同推动上海国际高科技文化装备产业集聚区的建设与发展。2014 年 10 月,浦东新区宣传部(文广局)、国家对外文化贸易基地(上海)、文化装备产业集聚区共同举办了国际高科技文化装备产业发展论坛,并发起设立高科技文化装备产业联盟。2015 年 4 月 11 日,国家对外文化贸易基地(上海)和 NAB 组织签订了中国(上海)国际跨媒体文化装备及技术博览会暨 NAB 展战略合作协议,协议确定 2015 年 12 月在上海举办文化装备高峰论坛,2016 年合适的时候举办中国(上海)国际跨媒体技术及装备博览会,双方共同在自贸试验区内上海国际高科技文化装备产业示范中心筹备设立常态展示馆和世界最新信息和技术的发布区;共同筹建文化装备技术培训中心等。

(3) 2014 年 9 月 28 日,国家版权局"国家版权贸易基地(上海)"在基地挂牌。作为长三角区域第一家国家级版权贸易基地,将在版权贸易投融资、质押、评估、登记等方面进行积极探索。成功举办首届中国(上海)自由贸易试验区文化授权交易会,为中外产品制造商、授权商、授权经营商、授权代理机构提供展示、交流的商洽平台。2014 年 11 月 13 日至 15 日在上海自贸试验区内举办的 2014 中国(上海)自由贸易试验区文化授权交易会(CCLF),是上海首次在自贸试验区内举办文化授权展。授权展为艺术品、艺术形象拥有者和衍生品开发商搭建起 B2B 高端平台,在物权没有转移的情况下,艺术价值又得到了传播、提升。参展的产业类型涵盖艺术品、动漫卡通、影视娱乐、网络游戏、原创非遗艺术类和文化演出经营类等。主要展示和授权范围涵盖艺术画作、民间手工艺美术品、卡通造型、各类发布或未发布的网络游戏、电动游戏等。

(4) 2013 年 12 月 25 日,文化部下发《文化部关于同意将深圳创意信息港命名为国家对外文化贸易基地的批复》(文外函[2013]1737 号),明确"同意将深圳报业集团在前海深港现代化服务业合作区第九功能单元区对外文化贸易服务平台(深圳创意信息港)命名为国家对外文化贸易基地"。深圳由此成为继北京、上海之后,中国第三个拥有对外文化贸易基地的城市。该基地将探索"平台+园区"模式,力争成为与深圳文博会、深圳文交所、中国文化产业投资基金"三驾马车"并驾齐驱的一个新的国家级平台。基地将链接 8 个专业服务平台、两大园区及集团内外文化产业服务资源,形成完整的文化贸易服务链,打造华南文化进出口高端服务平台,辐射我国港澳地区、东南亚乃至全球文化市场。在"平台+园区"的功能布局中,8个专业平台包括国际文化贸易展示交易平台、创意城市网络国际文化交流合作平台、国际版权交易平台、文化产业国际投融资平台、国际文化品牌宣传推广平台、国际文化贸易人才交流培训平台、粤港国际文化贸易合作平台、国家对外文化贸易理论研究和政策创新平台。同时,基地将重点建设深圳国家对外文化贸易基地运营综合服务平台,为基地 8 个文化贸易专业平台提供配套服务,并配合相关单位做好基地主体园区和基地配套园区规划、建设和运营工作,规划基地文化贸易专业平台体系,推动入驻基地企业与我国驻外机构及国外相关机构合作,为文化产品和文化服务进出口提供完善的文化贸易服务链平台体系支持。园区(包括主体园区和配套园区)规划以深圳创意信息港为基地主体园区,打造国家级、国际化、数字化文化进出口高端服务平台和境内外高端文化企业总部、贸易服务机构、境内外文化创意专业媒体集聚区,同时,规划在前海湾保税港区建设基地配套园区——保税文化贸易园,重点发展国际文化会展、保税文化交易、文化进出口仓储物流、国际文化市场信息服务等业务。

5.1.5　自贸试验区实施的文化贸易发展保障措施

1. 上海自贸试验区

在自贸试验区建设基础上,上海于 2014 年 11 月发布了《上海市人民政府关于加快发展本市对外文化贸易的实施意见》,提出了上海对外文化贸易的发展目标、重点工作以及保障举措,通过多项专项扶持资金和相关政策在资金、税收、金融、进出口等各方面对对外文化贸易发展提供支持,基本形成对外文化贸易的政策支撑体系。

(1)上海市促进文化创意产业发展财政扶持资金大力支持文化创意产业的成果展示、推介和交流合作;大力支持上海文化创意企业开拓海外市场,扩大国际影响力;大力支持利用中国(上海)自由贸易试验区机遇创新实践的相关项目。

(2)上海市文化"走出去"专项扶持资金通过出口项目资助、贷款贴息、房租补贴等举措,重点扶持新闻、出版和版权、广播、电视、文化艺术等领域文化服务和相关产品的国际贸易。2014 年,上海共有 32 个文化"走出去"项目经评审通过后获专项资金支持,专项资金总额为 482 万元。

(3)上海市文化广播影视管理局、上海市文物局设立专项资金,在动漫游戏领域,对优秀原创网络、手机动漫、优秀动漫游戏出口产品给予扶持;对民营文艺表演团体走出去参加国内外知名艺术节庆、赛事活动或获得突出成绩、赢得重要荣誉的,给予重点补贴。

(4)上海文化发展基金会推出资助新举措,对中华文化"走出去"项目大幅增加资助力度。基金会对创作或修改打造具有民族文化艺术特色、适应海外文化市场演出特点和国外受众审美习惯的舞台艺术、影视、美术和歌曲项目,予以政策倾斜。一方面增加项目入选额度,另一方面增强资助力度,为"走出去"项目提供更多帮助,包括配套信贷服务等,积极创造条件促其成行。

(5) 2014 年,中共上海市委宣传部、上海市文化广播影视管理局等上海市九大部门联合出台《关于促进上海电影发展的若干政策》,整合现有扶持政策,每年安排逾 2 亿元资金,支持上海电影全产业链发展,对上海电影企业在境外提供的广播影视节目(作品)发行、播映服务,向境外单位提供的广播影视节目(作品)制作服务实行增值税免税政策,鼓励上海电影企业"走出去"。

(6) 上海市商务委员会通过设立上海市服务贸易发展专项资金和上海市促进服务外包产业发展专项资金,对本市文化贸易企业在出口绩效、人才培训、促进活动、聘请外国专家、语言翻译、平台建设等方面给予扶持。2014 年,上海共有 41 家文化出口企业获得上述专项资金支持,当年支持资金总计 520 万元。

(7) 2013 年,上海市版权局出台《上海市版权"走出去"扶持资金管理办法》,加快实施版权"走出去"战略;上海自贸试验区管委会增设知识产权局,统一承担专利、商标、版权的行政管理和执法工作。上海文创产业法律服务平台及知识产权调解中心快步入驻,为区内中外文化企业提供法律保障。

(8) 2013—2014 年度,上海外文图书公司、上海世纪出版集团、上海众源网络有限公司等 35 家上海文化企业和上海文化贸易语言服务基地、中国上海国际艺术节演出交易会等 12 个项目被商务部、中宣部等国家六部委认定为国家文化出口重点企业和重点项目。

(9) 2014 年 11 月,为贯彻落实《国务院关于推进文化创意和设计服务与相关产业融合发展的若干意见》的文件精神,结合建设国际文化大都市的要求,积极推动文化与金融、科技、装备制造、教育、旅游等多领域融合发展,上海正式发布《上海市关于深入推进文化与金融合作的实施意见》,从完善文化金融合作机制、拓展文化金融合作渠道和优化文化金融合作环境三方面着手,提出 16 项具体举措创新文化和金融合作模式。要求针对影视拍摄、后期制作、舞台展演等重点领域关键环节,继续实施 2014 年全市文化科技领域融合示范工程,加大文化和科技融合力度。探索推动文化与装备制造业融合。

(10) 张江国家级文化和科技融合示范基地制定出台《上海张江国家自主创新示范区促进文化与科技融合产业发展资助办法(试行)》,更加有力地推动文化与科技发展的融合。

2. 广东自贸试验区

(1) 建设文化教育开放先导区是广东自贸试验区横琴片区发展高端服务业的重要目标,已落户横琴的文化创意产业项目投资总额近 500 亿元。以横琴国际广告创意产业园、丽新星艺文创天地为载体,横琴自贸片区聚集国内外文化创意人才、技术和资金,共同开发视觉艺术、影视制作、设计、广告、出版等文化产品,培育具有国际竞争力和自主知识产权的品牌文化企业。此外,横琴还深化教育领域开放,鼓励世界知名高校到横琴合作办学,鼓励港澳投资者在横琴设立各类培训机构、幼儿教育服务机构以及留学中介服务机构。

(2) 全国首个针对香港的整体合作方案《前海深港现代服务业合作区促进深港合作工作方案》于 2014 年 12 月 4 日出台,在资金、用地等方面对港企港人给予支持,这将进一步促进深化前海与香港现代服务业之间的合作。方案显示,前海将向香港企业出让不少于三分之一的土地。同时将为港企提供一系列优惠措施,将文化创意产业的企业所得税由 25% 减至 15%;此外,在前海给予港资企业国民待遇等优惠政策。

3. 天津自贸试验区

2015 年 7 月 22 日,天津自贸试验区对外通报《中国(天津)自贸试验区文化市场开放项目实施细则》情况。《实施细则》进一步简化了考察审批程序和准入门槛,为外商创造了更加便利的条件和周到的服务。为了加强管理,外商投资演出经纪机构、演出场所、娱乐场所的经营活动情况,都将纳入天津文化市场经营主体综合管理体系。

4. 福建自贸试验区

福建自贸试验区将创新两岸文化交流合作的体制机制。深化两岸教育交流合作,推动两岸学历和技能人员职业资格互认,促进两岸人才互相流动。

5.1.6　自贸试验区制度创新带来的便利

(1) 自贸试验区行政审批制度改革采取准入前国民待遇和负面清单管理、准入后监督的模式,政府从根本制度上实现了简政放权。以往企业办理工商执照注册,各类材料齐全以后经过审批,最快也要一个月才能办好,而在自贸试验区里几天就可以全部办好。以微软和百视通的合资公司为例,按照过去的行政审批制度,需要先向相关审批机构申请进行企业名称预先审核,取得批准证书后才可办理工商注册登记,不但要提供大量材料,还要跑很多部门,至少需要 3 个月时间。改为备案制以后,企业通过一口受理仅用 7 个工作日就可领到执照。透明、便捷的制度保障有利于更好地提升文化产业品质。

(2)贸易便利化管理方式不断创新。随着负面清单管理模式的建立,文化领域积极创新管理方式,由上海市文广影视局牵头构建起"一站式、全天候、零时差"服务体系,率先设立文化审批受理的延伸服务窗口,集中受理自贸试验区内中外文化企业的资质审批、艺术品内容审批和演出内容审批等专项业务。自贸试验区管委会增设综合管理机构,统一承担专利、商标、版权的行政管理和文化执法工作。

(3)目前文化产业存在着资本短缺、渠道缺乏、行政协调困难、贸易人才缺乏等诸多难题。因此,需要建立多层次文化产品和要素市场,鼓励金融资本、社会资本、文化资源相结合,这对突破文化产业的瓶颈有重要的作用。文化企业通过和金融、投资以及其他服务业的开放政策对接,能形成很好的连带效应,推动文化企业的发展。目前,在上海自贸试验区内的国家对外文化贸易基地提出了"引导企业利用自贸试验区在金融、教育、电信等多个与文化相关领域的试点政策,挖掘产业发展机会,探索文化产业的业务创新发展道路,扩大文化企业受惠面,释放更多的政策红利"。

5.1.7 自贸试验区对促进中国艺术品交易国际化的影响

在艺术品进行国际贸易时,对艺术品价格需要使用分类定价原则来进行评估和鉴定,对不同时期的艺术品采取不同的税率标准,比如文艺复兴时期的艺术品和当代艺术品就采用不同的关税税率,但我国现在对艺术品依然采用固定税费,跟国际惯例存在着较大的差异。另外,我国目前针对艺术品进口关税税率较高,[①]与全

---

① 在 2012 年,国务院关税税则委员会发布《关于 2012 年关税事实方案的通知》,决定自 2012 年起将三类艺术品进口关税税率降低一半,调至 6%,并征收 17% 的增值税。

世界大多数国家和地区的艺术品进口零关税(美国、加拿大、新西兰、韩国等)相比,还存在着较大的成本差距。

其次,中国对艺术品实施较为严格的出境限制,对从事艺术品拍卖的企业也有严格限制,例如,外资拍卖行在中国境内不能涉足古代书画、近现代书画和古董、瓷杂这三大类别,只能参与到市场规模较小的当代艺术和奢侈品类别,这就造成中国艺术品拍卖市场的国际化程度较低。此外,中国人可以不受限制地从海外购回文物,但自购入一年半以后就不准再贩售境外。而且《中华人民共和国文物保护法》并没有对文物的概念做出明确的界定,而是采取举例的方式,因此,容易造成艺术品与文物的区分不明晰,在一定程度上,对艺术品拍卖产生了抑制的作用。

自由贸易试验区的设立将助推艺术品拍卖,这是因为:(1)在自由贸易试验区中,商品免关税流动,只要中标者不将中标的艺术品带出自由贸易试验区之外,中标者就无需缴税,因此,当艺术品交易可在自由贸易区完成时,买卖双方都无需缴税,这大大减低了跨境艺术品拍卖可能存在的高额贸易成本,为国内外艺术品拍卖企业和竞拍者提供了更加自由的交易环境;(2)自由贸易试验区将简化境外艺术品在自由贸易试验区进行展示和拍卖的相关手续;(3)自由贸易试验区允许外资享受国民待遇,这将吸引国际拍卖业服务机构与投资机构入驻自由贸易试验区,促使中国艺术品市场国际化发展。

5.1.8　自贸试验区设立对周边地区文化产业及产业融合发展的影响

1. 自贸试验区管理制度创新造成文化资源的重新配置

沪津闽粤自贸试验区的设立使四地获得更多的制度红利,一方面自贸试验区采用了负面清单的管理模式,对外资试行准入前国民待遇,以备案制代替审批制,在自贸试验区内对外资扩大开放文化行业,而其他地区的文化产业市场难以享受同等待遇,因此,会削弱周边地区对国际文化资本的吸引力,使引进外资难度加大;另外,自贸试验区实施的一系列针对文化产业与文化贸易发展的相关促进政策,如"一线放开、二线管住"的监管模式,减免部分文化贸易产品税收及扩大退税范围,包含工商、税务、海关等方面的全方位便利化优惠政策,将会极大地吸引周边文化资本积聚到自贸试验区内,从而造成周边地区文化资本外流的现象,从长期来看,还会造成对生产要素资源的重新配置。

2. 自贸试验区文化产业与金融产业的融合发展

金融改革作为沪津闽粤自贸试验区改革的重要举措,将在区内利率市场化、外汇自由兑换、金融业对民营资本和外资机构全面开放,以及金融产品创新等方面实施深化改革与开放。这一改革正契合当前中国文化产业发展瓶颈阶段的金融因素,从"文化—科技"、"文化—创意"和"文化—地产"等发展阶段提升为以"文化—金融"为基础的文化产业中心。而与自贸试验区相比,其他地区的很多民营中小文化企业则面临着融资困难的问题,受金融投资政策限制难以获得境外资本的投入,而且由于受外汇管制及对境外投资的管控,文化企业也难以自由地直接对境外文化产业进行新设、合作和并购,文化产业贸易还较多地停留在低端的文化产品输出上。因此,自贸试验区文化+金融的发展模式将会对其周边地区的文化企业形成竞争压力,同时也会形成示范效应。

3. 自贸试验区文化领域开放对周边地区文化产业发展的辐射作用

自贸试验区内的文化产业的深度开放,将会通过资本流动、劳动力流动以及其他服务业产生的连带效应,推动周边地区文化产业的格局调整及国际化进程,形成明显的扩散效应和示范效应。例如,上海作为长三角文化产业集群的中心城市,在文化服务领域上的开放必然会影响到与其地理上较为接近的浙江;广州作为珠三角文化产业集群的中心城市,在文化服务领域上的开放必然会影响到周边的广西。上海自贸试验区成立后,园区内的房地价短期内飙涨了40%—50%,较高的土地价格和人工成本促使区内文化企业为降低生产成本,将部分文化生产环节进行外包,而毗邻的浙江则借助这一趋势,推进省内文化企业的转型升级。

4. 自贸试验区政策与周边地区优势的结合

浙江一直是电子商务大省,在上海成立自由贸易试验区后,杭州积极谋划申报"中国杭州网上自由贸易区",发展跨境电子商务文化贸易平台,和上海国际文化服务贸易平台实现错位发展,扩大浙江文化产品与服务的营运半径,形成国际文化品牌影响力,成为国家文化出口的前沿阵地;而广西文化企业也可入驻广东自贸试验区,利用长期以来与东盟十国在文化交流上的优势,搭建与东盟文化产业对接的平台。

5.2　沪津闽粤自贸试验区对文化贸易的管理措施差异比较

5.2.1　上海自贸试验区对文化领域开放的回顾

1. 2013 版负面清单中涉及文化产业的相关条目

2013 年 9 月,上海自贸试验区对外公布了负面清单,包括了国民经济所有 18 个经济行业门类,涉及 89 个大类、419 个中类和 1 069 个小类,编制特别管理措施共有 190 项。表 5.1 列示了 2013 年上海自贸试验区对外公布的负面清单中涉及文化产业的具体内容。

表 5.1　上海自贸试验区负面清单中涉及文化产业相关条目(2013 年版本)

内容总数	190 条
C23 印刷和记录媒介复制业	1. C231 印刷:限制投资出版物印刷(中方控股),注册资本不得低于 1 000 万元人民币;2. C233 记录媒介复制:投资只读类光盘复制需合资、合作,且中方控股或占主导地位
C243 工艺美术品制造	禁止投资象牙雕刻、虎骨加工、脱胎漆器、珐琅制品、宣纸、墨锭生产
F514 文化,体育用品及器材批发	除香港、澳门服务提供者可以独资、合资、合作形式提供音像制品(含后期电影产品)分销外,限制其他国家或地区投资者投资音像制品(除电影外)的分销(限于合作)
F518 贸易经纪与代理	禁止投资文物拍卖
F524 文化,体育用品及器材专门零售	1.除同一香港、澳门服务提供者投资图书、报纸期刊连锁经营的出资比例不得超过 65% 外,其他国家或地区投资者投资图书、报纸、期刊连锁经营,连锁门店超过 30 家的不允许控股;2.除香港、澳门服务提供者可以独资、合资、合作形式提供音像制品(含后期电影产品)分销外,限制其他国家或地区投资者投资音像制品(除电影外)的分销(限于合作);3.禁止投资文物商店
I631 电信,I632 广播电视传播服务,I633 卫星传播服务	1.限制投资电信、广播电视和卫星传输服务;2.禁止投资各级广播电台(站)、电视台(站)、广播电视频道(率)、广播电视传播覆盖网

内容总数	190 条
I641 互联网接入及相关服务，I642 互联网信息服务，I649 其他互联网服务	1.除应用商店以外,投资经营其他信息服务业务的外方投资比例不得超过 50%;2.投资经营国内因特网虚拟专用网业务的外方投资比例不得超过 50%;3.禁止投资新闻网站、网络视听节目服务、互联网上网服务营业场所、网络文化经营(音乐除外);4.禁止直接或间接从事和参与网络游戏运营服务
I654 数据处理和存储服务,I659 其他信息技术服务业	1.除投资经营类电子商务的外方投资比例不得超过 55%外,投资经营其他在线数据处理与交易处理业务的外方投资比例不得超过 50%;2.禁止投资经营因特网数据中心业务
L712 文化及日用品出租	1.除同一香港、澳门服务提供者投资图书、报纸、期刊出租连锁经营的出资比例不得超过 65%外,其他国家或地区投资者投资图书、报纸、期刊出租连锁经营,连锁门店超过 30 家的,不允许控股;2.除香港、澳门服务提供者可以独资、合资、合作形式提供音像制品(含后电影产品)出租外,限制其他国家或地区投资者投资音像制品(除电影外)的出租(限于合作)
L727 旅行社及相关服务	投资从事出境旅游业务的旅行社限合资(不得从事赴台湾地区旅游业务)
P821 学前教育,P822 初等教育,P823 中等教育,P824 高等教育,P825 特殊教育,P829 技能培训、教育辅助及其他教育	1.投资经营性教育培训机构、职业技能培训机构限合作;2.投资非经营性学前教育、中等职业教育、普通高中教育、高等教育等教育机构,以及非经营性教育培训机构、职业技能培训机构限合作,不允许设立分支机构;3.禁止投资义务教育以及军事、警察、政治、宗教和党校等特殊领域教育机构,禁止投资经营性学前教育、中等职业教育、普通高中教育、高等教育等教育机构
R851 新闻业	禁止投资新闻机构
R852 出版业	1.禁止投资图书、报纸、期刊的出版业务;2.禁止投资音像制品和电子出版物的出版制作业务
R861 广播,R862 电视,R863 电影和影视节目制作,R864 电影和影视节目发行,R865 电影放映,R866 录音制作	1.限制投资电影院的建设、经营(中方控股);2.限制投资广播电视节目、电影的制作业务(限于合作);3.禁止投资广播电视节目制作经营公司、电影制作公司、发行公司、院线公司

续表

内容总数	190 条
R871 文艺创作与表演，R872 艺术表演场馆，R873 图书馆与档案馆，R874 文物及非物质文化遗产保护，R875 博物馆，R876 烈士陵园、纪念馆，R877 群众文化活动，R879 其他文化艺术业	投资文化艺术业须符合相关规定
R882 体育场馆	禁止投资高尔夫球场的建设、运营
R891 室内娱乐活动	禁止投资互联网上网服务营业场所（网吧活动）
R892 游乐园	限制投资大型主题公园的建设、经营
R893 彩票活动	禁止投资博彩业（含赌博类跑马场）
R899 其他娱乐业	禁止投资色情业

2. 对文化艺术领域的放开

2014 年 3 月 31 日，上海市人民政府办公厅对外发布了由市文广影视局等五部门制定的《中国（上海）自由贸易试验区文化市场开放项目实施细则》，在文化领域提出了 3 项开放措施：(1)允许外资企业从事游戏游艺设备的生产和销售，通过文化主管部门内容审查的游戏游艺设备可面向国内市场销售。(2)取消外资演出经纪机构的股比限制，允许设立外商独资演出经纪机构，为上海市提供服务。(3)允许设立外商独资的娱乐场所，在自贸试验区内提供服务。按照 WTO 把服务贸易分成 4 种提供模式的分类方式（跨境交付、境外消费、商业存在及自然人流动），我们进一步把上海自由贸易试验区对文化艺术领域的放开政策细分为表 5.2 的形式。

表 5.2　上海自贸试验区对文化服务部门在 4 种贸易方式中的开放情况

服务方式 服务类型	分　　类	对应 CPC （大类和小类）	跨境交付	境外消费	商业存在	自然人流动
文化服务领域	演出经纪	娱乐、文化和体育服务/娱乐服务	不变	不变	独资业务范围扩大	不变
	娱乐场所	娱乐、文化和体育服务/娱乐服务	不变	不变	独资	不变

注：1.以上各项开放措施只适用于注册在中国（上海）自由贸易试验区内的企业。2.在跨境交付模式下，业务范围扩大是指该项服务业务可（有条件）向国内市场（游戏机、游艺机销售及服务）或上海市场（建筑服务和演出经纪）提供服务。

另外,世界银行曾采用了服务贸易限制性指数(Service Trade Restrictions Index)算法,对 103 个国家的五大服务部门(电信、金融、运输、分销零售以及专业服务)的开放水平进行了测算。服务贸易的开放(限制)水平分为 5 个层次,分别为完全开放、大部分开放、重要管制、大部分管制、不开放,相对应的限制指数分别为 0、25、50、75、100。根据各部门服务贸易的特点,在世界银行所测算的五大服务部门中,服务的提供方式也有所区别,具体来说,金融、运输部门(国际海运)的服务提供方式仅考虑跨境交付和商业存在;电信、分销零售部门的服务提供方式仅考虑商业存在;专业服务部门的服务提供方式包括跨境交付、商业存在以及自然人流动。据此,我们将表 5.2 中上海自由贸易试验区的服务部门的区内、区外开放情况进行量化,具体见表 5.3。

表 5.3　上海自贸试验区区内外服务贸易限制指数比较

	分类	跨境交付		境外消费		商业存在		自然人流动		限制指数		开放程度
		区内	区外	区内	区外	区内	区外	区内	区外	区内	区外	
文化服务领域	演出经纪	100	100	0	0	50	50	100	100	50	50	0.00%
	娱乐场所	100	100	0	0	25	50	100	100	25	50	50.00%

注:1.通过比对中国(上海)自由贸易试验区的 18 项开放措施的服务行业和世界银行的五大服务部门,我们作出细微调整,如开放措施中的社会服务领域(教育培训、职业技能培训、医疗服务)的限制指数测算归类为专业服务部门的测算方法,专业服务领域的建筑服务部门,因其不存在跨境交付的服务提供形式,在测算该服务部门的限制指数时,仅考虑商业存在和自然人流动两种服务提供形式。2.开放程度是指区外指数减区内指数除以区外指数。

3. 针对文化领域开放所出台的相关文件及法律调整

为了推动开放措施落地,文化部、上海市人民政府分别公布了《文化部关于实施中国(上海)自由贸易试验区文化市场管理政策的通知》、《中国(上海)自由贸易试验区文化市场开放项目实施细则》(见表 5.4)。目前,游艺设备生产和销售、演出经纪机构这两项开放措施已经落地,微软、索尼等全球主要游戏主机厂商、百老汇知名演艺经纪机构倪德伦环球娱乐公司已进驻上海自贸试验区。至于有关娱乐场所的开放措施,由于扩区前的上海自贸试验区地处外高桥,位置比较偏远,所以实际意义并不大。

表5.4 中国(上海)自由贸易试验区1.0出台关于文化业发展的文件

1	文化部	《文化部关于实施中国(上海)自由贸易试验区文化市场管理政策的通知》	文市发〔2013〕47号
2	上海市文广影视局、工商局、质量技监局、上海海关、中国(上海)自由贸易试验区管委会	《中国(上海)自由贸易试验区文化市场开放项目实施细则》	沪府办发〔2014〕18号

表5.5 中国(上海)自由贸易试验区1.0调整暂停法律一览表

《营业性演出管理条例》	行政法规	国务院	取消外资演出经纪机构的股比限制,允许设立外商独资演出经纪机构,为上海市提供服务;暂时停止实施相关规定内容,由国务院文化主管部门制定相关管理办法
《娱乐场所管理条例》	行政法规	国务院	允许设立外商独资的娱乐场所,在试验区内提供服务;暂时停止实施相关规定内容,由国务院文化主管部门制定相关管理办法
《国务院办公厅转发文化部等部门关于开展电子游戏经营场所专项治理意见的通知》	国务院规范性文件	国务院办公厅	允许外资企业从事游戏游艺设备的生产和销售,通过文化主管部门内容审查的游戏游艺设备可面向国内市场销售;暂时停止实施相关规定内容,由国务院文化主管部门制定相关管理办法

5.2.2 2015版负面清单中涉及文化产业的相关条目

2014年7月1日,上海市人民政府公布了新的《中国(上海)自由贸易试验区外商投资准入特别管理措施(负面清单)》。新版的负面清单特别管理措施共计139条,比2013版减少了51条;在139条中,限制性措施110条,禁止性措施29条。另外,2015年沪津闽粤自贸试验区负面清单总共122条,但没有像2013年负面清单版本中按照行业的分类形式进行归类。为了有效对2015年负面清单与2013年负面清单进行对比,我们首先参考表5.1中对文化行业划分的标准,对2015年沪津闽粤自贸试验区负面清单中涉及文化产业相关条目进行了归类,见表5.6。

表 5.6　沪津闽粤自贸试验区负面清单中涉及文化产业相关条目(2015 年版本)

C23 印刷和记录媒介复制业	103.禁止投资经营图书、报纸、期刊、音像制品和电子出版物的出版、制作业务;禁止经营报刊版面。106.出版物印刷属于限制类,须由中方控股
C243 工艺美术品制造	31.禁止投资象牙雕刻、虎骨加工、宣纸和墨锭生产等民族传统工艺
F514 文化、体育用品及器材批发	删除
F518 贸易经纪与代理	112.禁止投资和经营文物拍卖的拍卖企业、文物购销企业
F524 文化、体育用品及器材专门零售	112.禁止投资和经营文物拍卖的拍卖企业、文物购销企业,其余删除
I631 电信,I632 广播电视传播服务,I633 卫星传播服务	60.电信公司属于限制类,限于中国入世承诺开放的电信业务,其中:增值电信业务(电子商务除外)外资比例不超过 50%,基础电信业务经营者须为依法设立的专门从事基础电信业务的公司,且公司中国有股权或者股份不少于51%。96.禁止投资设立和经营各级广播电台(站)、电视台(站)、广播电视频率频道和时段栏目、广播电视传输覆盖网(广播电视发射台、转播台[包括差转台、收转台]、广播电视卫星、卫星上行站、卫星收转站、微波站、监测台[站]及有线广播电视传输覆盖网等),禁止从事广播电视视频点播业务和卫星电视广播地面接收设施安装服务。97.禁止投资广播电视节目制作经营公司。98.对境外卫星频道落地实行审批制度。引进境外影视剧和以卫星传送方式引进其他境外电视节目由新闻出版广电总局指定的单位申报。99.对中外合作制作电视剧(含电视动画片)实行许可制度。
I641 互联网接入及相关服务,I642 互联网信息服务,I649 其他互联网服务	61.禁止投资互联网新闻服务、网络出版服务、网络视听节目服务、网络文化经营(音乐除外)、互联网上网服务营业场所、互联网公众发布信息服务(上述服务中,中国入世承诺中已开放的内容除外)。62.禁止从事互联网地图编制和出版活动(上述服务中,中国入世承诺中已开放的内容除外)。63.互联网新闻信息服务单位与外国投资者进行涉及互联网新闻信息服务业务的合作,应报经中国政府进行安全评估
I654 数据处理和存储服务,I659 其他信息技术服务业	删除
L712 文化及日用品出租	删除

续表

L727 旅行社及相关服务	86.因私出入境中介机构法定代表人须为具有境内常住户口、具有完全民事行为能力的中国公民
P821 学前教育，P822 初等教育，P823 中等教育，P824 高等教育，P825 特殊教育，P829 技能培训、教育辅助及其他教育	93.外国教育机构、其他组织或者个人不得单独设立以中国公民为主要招生对象的学校及其他教育机构(不包括非学制类职业技能培训)。94.外国教育机构可以同中国教育机构合作举办以中国公民为主要招生对象的教育机构，中外合作办学者可以合作举办各级各类教育机构，但是：(1)不得举办实施义务教育和实施军事、警察、政治和党校等特殊领域教育机构；(2)外国宗教组织、宗教机构、宗教院校和宗教教职人员不得在中国境内从事合作办学活动，中外合作办学机构不得进行宗教教育和开展宗教活动；(3)普通高中教育机构、高等教育机构和学前教育属于限制类，须由中方主导(校长或者主要行政负责人应当具有中国国籍，在中国境内定居；理事会、董事会或者联合管理委员会的中方组成人员不得少于 1/2；教育教学活动和课程教材须遵守我国相关法律法规及有关规定)
R851 新闻业	100.禁止投资设立通讯社、报刊社、出版社以及新闻机构
R852 出版业	103.禁止投资经营图书、报纸、期刊、音像制品和电子出版物的出版、制作业务；禁止经营报刊版面
R861 广播，R862 电视，R863 电影和影视节目制作，R864 电影和影视节目发行，R865 电影放映，R866 录音制作	105.禁止从事电影、广播电视节目、美术品和数字文献数据库及其出版物等文化产品进口业务(上述服务中，中国入世承诺中已开放的内容除外)。109.禁止投资电影制作公司、发行公司、院线公司。110.中国政府对中外合作摄制电影片实行许可制度。111.电影院的建设、经营须由中方控股。放映电影片，应当符合中国政府规定的国产电影片与进口电影片放映的时间比例。放映单位年放映国产电影片的时间不得低于年放映电影片时间总和的 2/3
R871 文艺创作与表演，R872 艺术表演场馆，R873 图书馆与档案馆，R874 文物及非物质文化遗产保护，R875 博物馆，R876 烈士陵园、纪念馆，R877 群众文化活动，R879 其他文化艺术	112.禁止投资和经营文物拍卖的拍卖企业、文物购销企业。113.禁止投资和运营国有文物博物馆。114.禁止不可移动文物及国家禁止出境的文物转让、抵押、出租给外国人。115.禁止设立与经营非物质文化遗产调查机构。116.境外组织或个人在中国境内进行非物质文化遗产调查和考古调查、勘探、发掘，应采取与中国合作的形式并经专门审批许可。117.禁止设立文艺表演团体。118.演出经纪机构属于限制类，须由中方控股(为本省市提供服务的除外)

R882 体育场馆	此处删除
R891 室内娱乐活动	参考 61.禁止投资互联网上网服务营业场所
R892 游乐园	119.大型主题公园的建设、经营属于限制类
R893 彩票活动	40.对彩票发行、销售实行特许经营,禁止在中华人民共和国境内发行、销售境外彩票
R899 其他娱乐业	此处删除

除了上述表格列示外,2015 年版负面清单中还新增了以下 6 条:

(1) 39.对免税商品销售业务实行特许经营和集中统一管理。

(2) 90.禁止设立和运营人文社会科学研究机构。

(3) 101.外国新闻机构在中国境内设立常驻新闻机构、向中国派遣常驻记者,应当经中国政府批准。

(4) 102.外国通讯社在中国境内提供新闻的服务业务须由中国政府审批。

(5) 104.中外新闻机构业务合作、中外合作新闻出版项目,须中方主导,且须经中国政府批准(经中国政府批准,允许境内科学技术类期刊与境外期刊建立版权合作关系,合作期限不超过 5 年,合作期满需延长的,须再次申请报批。中方掌握内容的终审权,外方人员不得参与中方期刊的编辑、出版活动)。

(6) 108.境外传媒(包括外国和港澳台地区报社、期刊社、图书出版社、音像出版社、电子出版物出版公司以及广播、电影、电视等大众传播机构)不得在中国境内设立代理机构或编辑部。如需设立办事机构,须经审批。

5.2.3　2015 版负面清单中涉及文化产业的相关条目与 2013 年版进行对比情况

从两个版本的负面清单来看,2015 版在涉及文化产业条目方面,要比 2013 版更为开放,众多领域取消了外资的独资、合资限制条件,放宽了外资的投资业务范围以及细化了相关规定。具体对比见表 5.7。

表 5.7　2015 版负面清单涉及文化产业条目与 2013 年版对比情况

C23 印刷和记录媒介复制业	1. 取消:投资出版物印刷(中方控股)注册资本不低于 1 000 万元人民币; 2. 新增限制:投资经营图书、报纸、期刊、音像制品和电子出版物的出版、制作业务;禁止经营报刊版面
F514 文化、体育用品及器材批发	取消合作限制条件
F524 文化、体育用品及器材专门零售	除保留禁止投资文物商店条件外,其余限制条件取消
I631 电信,I632 广播电视传播服务,I633 卫星传播服务	1. 细化了电信类投资条件; 2. 新增限制:对境外卫星频道、引进境外影视剧和以卫星传送方式引进其他境外电视节目、引进中外合作制作电视剧(含电视动画片)的审批和许可制度。
I641 互联网接入及相关服务,I642 互联网信息服务,I649 其他互联网服务	1. 取消:除应用商店外,投资经营其他信息服务业务的外方投资比例不得超过 50%; 2. 取消:投资经营国内因特网虚拟专用网业务的外方投资比例不得超过 50%; 3. 放开:网络游戏运营服务; 4. 新增限制:禁止从事互联网地图编制和出版活动; 5. 新增限制:互联网新闻信息服务单位与外国投资者合作要经中国政府进行安全评估
I654 数据处理和存储服务,I659 其他信息技术服务业	取消原有外方投资比例限制条件及禁止投资经营因特网数据中心业务的要求
L712 文化及日用品出租	取消控股与合作条件
L727 旅行社及相关服务	由合资限制修改为:法定代表人须为具有境内常住户口、具有完全民事行为能力的中国公民
P821 学前教育,P822 初等教育,P823 中等教育,P824 高等教育,P825 特殊教育,P829 技能培训、教育辅助及其他教育	基本限制条款基本一致,只是修改了阐述方式
R861 广播,R862 电视,R863 电影和影视节目制作,R864 电影和影视节目发行,R865 电影放映,R866 录音制作	1. 取消:限制投资广播电视节目、电影的制作业务(限于合作),修改为:中国政府对中外合作摄制电影片实行许可制度; 2. 新增限制:禁止从事电影、广播电视节目、美术品和数字文献数据库及其出版物等文化产品进口业务; 3. 新增限制:国产电影片与进口电影片放映的时间比例

R871 文艺创作与表演，R872 艺术表演场馆，R873 图书馆与档案馆，R874 文物及非物质文化遗产保护，R875 博物馆，R876 烈士陵园、纪念馆，R877 群众文化活动，R879 其他文化艺术业	细化了相关规定
R882 体育场馆	删除：禁止投资高尔夫球场的建设、运营
R893 彩票活动	由禁止投资博彩业（含赌博类跑马场）修改为对彩票发行、销售实行特许经营，禁止在中华人民共和国境内发行、销售境外彩票
R899 其他娱乐业	删除禁止投资色情业的要求，解释是国内已经有相关规定

2015年出台的负面清单较前两年有较大改动，其中部分条目的删除对文化业开放的影响尤为明显。在2015年的负面清单中，在印刷和记录媒介复制业领域，删除了对出版物印刷的注册资本限制，只要为中方控股，均可投资建设，这大大降低了该行业的投资准入门槛，提高了行业开放程度，但同时也增强了该行业的竞争压力，逼迫投资者和生产商提高产品质量和服务水平，增强行业整体实力；删除了音像制品分销的相关限制，拓宽了音像制品分销的广度，使得不同国家和地区、不同领域的人可以加入到分销商群体之中，为音像制品分销注入了新的活力；删除了对图书、报纸、期刊的出租连锁经营的相关限制，大大拓宽了对传统大众媒体出租业务的投资渠道，使得传统媒体的覆盖面更广泛，影响力有所提升，同时也对社会大众多角度、多渠道地获取信息产生了积极影响；删除了"投资文化艺术业须符合相关规定"的条目，允许在自贸试验区内投资高尔夫球场建设、互联网上网服务营业场所（网吧活动）等，有利于进一步丰富人民大众的文娱生活，拓展民众获取信息的渠道，满足大众精神文化层面的需要，提高大众的生活质量，同时带动一系列相关产业尤其是服务业的发展，从而促进产业结构的优化升级。

在负面清单中，虽然自贸试验区放宽了对外资文化产业进入的限制，但我们也注意到自贸试验区对文化领域的保护意图明确。在自贸试验区对外公布的外商投资负面清单中，针对18个门类的国内经济行业所列明的特别管理措施多用"限制"

一词,但对于文化、体育和娱乐业中的新闻和出版以及广播电视电影和影视录音制作业,尤其是在广播电视节目制作经营公司、电影制作公司、发行公司和院线公司方面,用的都是"禁止"一词,此举有其现实意义。文化产业对我国经济结构调整有重要促进作用,因此,中央政府将文化产业置于战略性发展产业高度,为其发展提供了较为宽松的环境。我国文化产业起步较晚、底子较薄,相比国外文化产业仍存在较大差距,如果在自贸试验区中对国外文化企业不加限制,将对我国文化产业发展造成较大冲击,尤其是图书、影视、广播等行业,因其区域局限性较小、影响范围广,外资进入对国内文化具有严重破坏性。目前,我国影视、出版等文化行业正处于迅速发展期,为了保持其增长速度,对外资有所限制是明智之举。但是,在文化领域中限制外资并非长远之计,这与自贸试验区的意义相违背。事实上,政府已经在娱乐性企业、游戏主机生产等方面有所开放,影视、出版等领域的开放也将是必然之势。现阶段,我国经济的高速发展为文化产业崛起提供了良好环境,文化产业的市场需求量达到空前高度。然而在我国文化市场蓬勃发展之际,国外市场却已进入饱和状态。中投顾问发布的《2013—2017 年中国文化产业投资分析及前景预测报告》中指出,2012 年,中国文化产业总产值突破 4 万亿元,比 2011 年得到进一步提升,文化产业在我国的经济地位日益凸显。然而,面对外资进入,我国当前依然需要保持谨慎态度,首先开放一部分影响范围较小的文化领域,然后逐渐开放其他关键领域,否则将对国内文化企业产生较大冲击。

总的来说,2015 年出台的负面清单在保护民族企业和民族文化的前提下,在很多方面扩大了对外资开放的空间,提供了大量就业机会,有利于文化产业的蓬勃发展,促进了经济结构的转型升级。此外,2015 年的负面清单适用范围扩展到了上海、天津、福建、广东 4 个自贸试验区,不仅从整体上提高了中国市场的对外开放程度,而且对文化产业的分布也产生了一定影响。

5.2.4　沪津闽粤自贸试验区管理措施中涉及文化产业领域的政策对比

自贸试验区除了在负面清单中体现出对文化领域实施更为开放的政策外,在自贸试验区对外公布的管理措施中,也体现出对文化领域进行深入改革与开放的各种政策,对文化业的发展产生重要的影响,例如福建对台、广东对港澳的文化产业与服务开放政策都在具体的管理措施中得到反映。因此,虽然沪津闽粤自贸试验区同时实施同一张负面清单,但为了了解 4 个自贸试验区文化政策的区别,我们必须要对它们针对文化政策的管理措施进行综合比对。

1. 沪津闽粤自贸试验区在管理办法中涉及文化产业政策的描述①

(1)上海:深化贸易平台功能,依法合规开展文化版权交易、艺术品交易、印刷品对外加工等贸易,大力发展知识产权专业服务业。……在文化服务和社会服务等领域扩大开放,暂停或者取消投资者资质要求、股比限制、经营范围限制等准入限制措施。

(2)天津:自贸试验区在文化服务领域扩大对外开放,积极有效吸引外资。……鼓励开展文化服务贸易等新型贸易业务。……推动建立教育国际化综合改革试验区,支持引进境外优质教育资源,开展合作办学。

(3)福建:进一步扩大通信、运输、旅游、医疗等行业的对台开放。……赋予平潭制定相应从业规范和标准的权限,在框架协议下,允许台湾建筑、规划、医疗、旅游等服务机构的执业人员,持台湾有关机构颁发的证书,按规定范围在自贸试验区内开展业务。

(4)广东:在 CEPA 框架下实施对港澳更深度开放,重点在科技文化服务等领域,暂停、取消或者放宽对港澳投资者资质要求、股比限制、经营范围等准入限制措施。……依托港澳在信息资讯等方面的优势,将自贸试验区建设成为内地"走出去"的重要窗口和综合服务平台,支持内地企业和个人参与"21 世纪海上丝绸之路"建设,扩大对外投资。……在自贸试验区推动与粤港澳商贸、旅游、物流、信息等服务贸易自由化相适应的金融创新。……珠海横琴新区片区重点发展旅游休闲健康、商务金融服务、文化科教和高新技术等产业,建设文化教育开放先导区和国际商务服务休闲旅游基地,打造促进澳门经济适度多元发展新载体。

2. 沪津闽粤自贸试验区实际推进文化产业及文化贸易改革的创新措施对比

(1)上海自贸试验区推进文化产业及文化贸易改革的创新措施情况。

为了推动开放措施落地,文化部、上海市人民政府办公厅分别公布了《文化部

---

① 参考《国务院关于印发进一步深化中国(上海)自由贸易试验区改革开放方案的通知》(国发〔2015〕21 号)、《中国(天津)自由贸易试验区管理办法》、《中国(上海)自由贸易试验区管理办法》(2013)、《中国(福建)自由贸易试验区管理办法》、《国务院关于印发中国(广东)自由贸易试验区总体方案的通知》。

关于实施中国(上海)自由贸易试验区文化市场管理政策的通知》《中国(上海)自由贸易试验区文化市场开放项目实施细则》;另外,在上海自贸试验区设计总方案中明确指出,选择金融、航运、商贸、专业服务、文化服务与社会服务等领域扩大开放,暂停或取消对投资者的资质要求、股比限制、经营范围限制等准入限制措施,营造有利于各类投资者平等准入的市场环境。在上述措施中,除文化服务作为直接推进文化贸易发展的重要方面之外,金融服务放宽将从资本角度推进文化贸易的发展,外资、民营资本的进入将为我国文化贸易的发展提供资本的原始动力,从而推动中国文化贸易竞争力的提升。此外,"一线放开,二线安全高效管住,区内货物自由流动"的创新监管服务模式以及简政放权,将大大地推动文化产业的市场化,直接或间接地推进文化贸易的发展。尽管自贸试验区的文化市场开放政策仅限于自贸试验区内,但这些相关政策首开中国文化开放先例,许多大型国际文化服务厂商入驻自贸试验区,使得国际文化服务行业先进的开发和管理经验得以进入中国,让我国文化企业有机会学习国外经验,倒逼中国文化企业深入变革。因此,无论短期还是长期,这些开放举措都将促进中国文化贸易竞争力的提升。

　　① 在上海自贸试验区内设立国家对外文化贸易基地(上海),这是国内第一个国家级对外文化贸易基地,由上海东方汇文国际文化服务贸易有限公司负责运营与管理。目前,基地已聚集 200 多家中外文化企业,其中不乏百家合信息技术、佳士得拍卖、东方明珠文化发展、华谊兄弟、盛大国际、中图上海浦东、亚洲联创、时代出版等一批行业领头与自贸试验区开放概念的骨干企业。目前国家对外文化贸易基地(上海)已成功实现了以下几项主要功能:第一,提供文化保税贸易、制作和加工便利;第二,创设国际艺术品交易中心,打造艺术品服务全产业链;第三,提供国际文化贸易信息、咨询、商务等综合服务;第四,提供国际文化贸易的展示与推介服务。长期以来,举办文化类展会需经过复杂的审批核准制度。国际企业及展品参加文化艺术类展会必须办理一系列的入关审批报税手续,如文化贸易企业的文化产品进入中国境内,需办理进口保税、缴纳关税等各种手续,进口设备、物资等一般不享受免税政策,国家对外文化贸易基地的设立无疑为海外展品进入中国提供了一个较好的渠道;第五,结合自贸试验区开放政策,实践文化与其他产业政策融合发展新业务。由于在上海自贸试验区提供与进出口贸易相关的国际展销、国际采购、国际结算、进出口代理、保税展示、保税租赁、保税仓储、金融投资、政策咨询、人

才培训等一揽子服务,因此,自贸试验区的上述服务功能同样也覆盖了文化进出口贸易。在文化审批方面,境内外的文化产品内容审批不再需要较长的等待周期,基地内专门设有上海市文化广播影视管理局(以下简称上海市文广影视局)的文化审批受理延伸服务窗口,受理自贸试验区内的文化内容审批,使自贸试验区内文化企业在业务办理上更加方便和快捷。目前,基地正在探索开展国际品牌授权①、版权贸易、影视数据处理等业务和服务,努力搭建更具实践意义和拓展能级的文化公共服务平台。基地可以利用自身的政策优势和便利条件做出多种尝试:与当地文化产业园区互动,将监管区域放大、延长;引进外资的同时,可以在保税区内展示、收藏一些价格高昂的文化产品,生产与制作所需的高精设备,通过租赁等模式,将文化产品的生产流程纳入保税区,并在保税区内实现产品外销……。在知识产权法律保障方面,基地引入了上海文化创意产业法律服务平台——知识产权调解中心,帮助中外当事人解决在知识产权领域的纠纷,有助于自贸试验区内的文化企业快捷、高效、经济、灵活地处理知识产权纠纷。

② 在上海自贸试验区内设立上海国际艺术品交易中心。在进出口贸易方面,境外艺术品进入自贸试验区,将不需要办理较复杂的进口流程,取而代之的是更灵活快捷的贸易展示方式。自贸试验区内的国际艺术品交易中心,将以其特许业务,为国际艺术品在保税状态下进行仓储、长期展示、交易以及开展保险、鉴定、评估、质押、融资、租赁等业务提供专业服务。2013年9月26日,外资拍卖行佳士得以1.53亿元人民币总成交额实现中国内地首拍,拍品通关、仓储服务就是由国家对外文化贸易基地(上海)和国际艺术品交易中心完成的,其全部拍品均通过基地的专业服务,以保税方式进入上海市区(非保区)进行预展和拍卖。自贸试验区成立以来在金融创新等方面的新政策,将给艺术品交易带来更大的便利。无论是买家、藏家,还是机构,在艺术品交易过程中获得的成本更低,过程更便捷,对成交的可能性也会带来更大的推动。此外,自贸试验区对外资律师事务所和外资教育培训机构的开放,都会为艺术品交易营造一个更有利的法律环境和人才环境保障。2015年

---

① 所谓文化授权,是一种以文化艺术创作作为主体的授权类型,即授权商将所代理的艺术家作品著作权以合同形式授予商家使用,进行商业开发,授权商所得收益将按一定比例回馈给提供著作权的艺术家。事实上,授权展在国外已有成熟市场,每年6月举办的美国拉斯维加斯品牌授权展迄今已历经30多年,成为国际授权领域最权威的展示交易平台。

6月,国际艺术交易中心在创新设立保税仓库的基础上,推出 6 000 平方米的展示区,围绕艺术品交易上中下游全服务体系,继续构建更具规模、更为先进的服务功能设施。

③ 上海自贸试验区设立国家版权贸易基地,这是长三角区域第一个国家级的版权贸易基地。国家版权局希望自贸试验区能利用多重改革举措和制度创新,在版权贸易的海关、外汇、工商、税收,以及投融资、质押、评估、登记等方面进行积极探索和突破。同时,依托上海文化产权交易所,探索新技术条件下的文化产权、版权的交易品种、交易方式、渠道策略等,推动文化服务产品交易市场发展。上海也可考虑争取"中国文化产业监管体制改革试验区"地位,在体制改革上实现突破。

④ 依托上海自贸试验区金融开放、保税展示等先行先试的制度创新,浦东新区在洋山保税港区设立高科技文化装备产业基地,成为国内首个高科技文化装备产业集聚平台。文化装备产业包括文化装备制造业和关联服务业在内的文化装备产业,作为一种发展势头强劲、空间巨大的新业态,已经涵盖了影视装备、舞台装备、影院装备、印刷装备、游艺娱乐装备、移动互联装备六大类,国内市场交易额超过万亿元,占国内文化产业总产值的四分之一,并以年均 20% 以上的速度增长。洋山国际文化装备基地也将充分利用自贸试验区的进入政策和税收优惠政策,为国内外文化装备企业提供进出口代理、集成展示、交易租赁、文化金融等服务。与此同时,上海还成立了高科技文化装备产业联盟。

⑤ 定期举办自贸试验区文化授权展,让文化版权、品牌、创意等通过授权得以拓展更大的市场和渠道,繁荣文化贸易的方式和业态。

⑥ 海关主动顺应文化贸易产业发展需求,不断优化艺术品及相关设备的通关流程,尝试采用"简化担保"等艺术品新型监管模式,以更好地监管服务支持自贸试验区内的文化贸易产业发展。2014 年至 2015 年上半年,自贸试验区艺术品进口贸易额累计约为 5.5 亿元人民币,进口艺术品达 437 件;出口贸易约为 7.8 亿元人民币,出口艺术品达 493 件。

⑦ 艺术品通过保税形式拍卖可以暂缓缴纳各种进口税费。在运作成本方面,原本艺术品从口岸进入,需要交纳等同货值 1.5 倍的保证金,现在由外高桥国际文化艺术发展有限公司代为缴纳,可以降低艺术机构的运营成本。

⑧ 外高桥国际艺术岛目前正在建设中,预计将于 2017 年底交付使用。项目

地处方圆 6 平方公里的森兰国际社区内的人工湖半岛上,规划内容包括五星级艺术酒店、占地 8 700 多平方米的美术馆,以及 2 万平方米的艺术品交易区。建成后的国际艺术岛俨然将成为目前国内交易量最大、品种最齐全的艺术品交易中心,也将成为自贸试验区在文化产业上的"核心"功能布局。艺术岛中的交易中心将采用实物交易的形式运营。工作日期间,所有买家可以前来实地看货,交易完成后,买家可与交易中心签订协议,将所购艺术品放置于中心展出或销售。在周末,交易中心则将启用"博物馆"的功能向市民开放。将累计导入万件艺术品在自贸试验区集中展示和销售。国际艺术岛艺术品交易中心建成后,包括艺术品保险、交易、质押、融资以及租赁等一系列的金融服务也将同时在自贸试验区"上线"。

⑨ 在文化产业与金融业的融合方面,农业银行已与上海外高桥国际文化艺术发展有限公司签订《合作备忘录》,酝酿艺术品质押融资等金融服务;中国进出口银行也已根据文化产品的特殊贸易模式,推出创新型文化担保及融资服务;上海文化产权交易所则与工商银行上海分行合作设立"品牌支行",直接为品牌商提供资产评估、质押融资等金融化手段服务。

⑩ 自 2015 年 7 月 1 日起,上海海关、上海市文广影视局将在上海自贸试验区 4 个海关特殊监管区内(外高桥保税区、外高桥保税物流园区、洋山保税港区和上海浦东机场综合保税区)简化美术品①审批及监管手续,以进一步推动自贸试验区内国家对外文化贸易基地(上海)发展,促进贸易便利。开展美术品保税仓储业务的,在 4 个海关特殊监管区域与境外之间进出货物的备案环节,上海市文广影视局不再核发批准文件,自贸试验区主管海关不再验核相关批准文件。此外,保税仓储的美术品在区内外展示、展览的,凭上海市文广影视局核发的展示、展览用批准文件办理海关监管手续;发生美术品进出口经营活动的,凭上海市文广影视局核发的准予进出口批准文件办理海关验放手续。另外,上海市文广影视局核发的批准文件在有效期内可一证多批使用,但最多不超过 6 批。

⑪ 保税港区建立上海国际高科技文化装备应用示范中心,以加快文化装备产业发展,这将是我国第一个国际高科技文化装备产业集聚平台。上海国际高科技

---

① 美术品进出口经营活动,是指从 4 个海关特殊监管区域至境内区外或者从境内区外至 4 个海关特殊监管区域的美术品实质性进出口贸易行为。

文化装备应用示范中心的一期项目已落户洋山自贸试验区 CBD 商务中心，二期还将建设国际高科技文化装备产业大厦，项目预计在 2016 年建成。上海三鑫科技发展有限公司、上海东方明珠文化发展有限公司、上海河马动画设计股份有限公司、上海数字电视国家工程研究中心有限公司、上海集成电路研发中心有限公司、上海华博信息服务有限公司等一批文化装备产业龙头企业将陆续入驻洋山高科技文化装备产业基地。未来，该基地还将通过高科技文化装备产业联盟，整合中国高科技文化装备制造链上的资源，汇聚更多国内外优秀高科技文化装备企业，促进高科技文化装备上下游产业融合发展，全面提升中国高科技文化装备企业核心竞争力。目前，包括文化装备制造业和关联服务业在内的文化装备产业，作为一种发展势头强劲、空间巨大的新业态，已经涵盖了影视装备、舞台装备、影院装备、印刷装备、游艺娱乐装备、移动互联装备六大类，国内市场交易额超过万亿元，占国内文化产业总产值的四分之一，并以年均 20％以上的速度增长。

（2）天津自贸试验区推进文化产业及文化贸易改革的创新措施情况。

在 2015 年国务院正式印发的《中国（天津）自由贸易试验区总体方案》中，就明确天津自贸试验区将扩大在文化服务领域的对外开放，发展服务外包业务，建设文化服务贸易基地。

2015 年 7 月 22 日，天津自贸试验区对外通报《中国（天津）自贸试验区文化市场开放项目实施细则》情况。《实施细则》主要包括 3 项举措：一是允许在天津自贸试验区内设立外资经营的演出经纪机构，为天津市提供服务；二是允许在天津自贸试验区内设立外资经营的演出场所经营单位；三是允许在天津自贸试验区内设立外资经营的娱乐场所。这 3 项措施主要涵盖了演出和娱乐两大领域。在演出方面，允许外商投资企业直接在自贸试验区兴办演出经纪机构，为天津市提供服务。外资演出经纪机构在天津市内举办经营性演出活动，只需向市文广局相关部门提出申请即可，这将推动和吸引更多国际性的演出活动来到天津，助推天津文化产业的发展。在娱乐场所方面，取消了自贸试验区内对于娱乐场所的外资持股比例限制，允许合资、独资建立娱乐场所，由天津市文广局有关部门自受理之日起 20 日内做出决定。

《实施细则》进一步简化了考察审批程序和准入门槛，为外商创造了更加便利的条件和周到的服务。为了加强管理，外商投资演出经纪机构、演出场所、娱乐场所的经营活动情况,都将纳入天津文化市场经营主体综合管理体系。

此次天津自贸试验区出台新的政策,不光可以推动本地文化产业的发展,同时还给其他地域文化产业的发展提供了参考。

总之,从上述目前 4 个自贸试验区实施的促进文化贸易发展的管理措施来看,作为海派文化发源地的上海,其所实施的文化贸易发展政策无疑是排在第一位的。上海自贸试验区不仅可重点依托国家对外文化贸易基地(上海)、国家版权贸易基地、上海国际艺术品交易中心、自贸试验区文化授权展、国际艺术岛、上海国际高科技文化装备应用示范中心等平台推动上海国际文化贸易的发展,探索新技术条件下文化产权、版权的交易品种、交易方式、渠道策略等,推动文化交易市场发展;另外,上海也可考虑在全国争取"中国文化产业监管体制改革试验区"地位,在体制改革上实现突破。

(3) 福建自贸试验区推进文化产业及文化贸易改革的创新措施情况。

① 支持平潭国际旅游岛建设,将在改革试验、资金安排、规划及实施、国际旅游市场拓展、人才培养和队伍建设等方面给予大力支持。

② 推动实现自贸试验区口岸过境免签或自贸试验区所在省、市长时间停留等更加便捷的签注措施,并在口岸通关、监管查验、码头设置、牌照互认、航行区域规划等方面的政策难点进行重点突破。

③ 扩大旅行社业开放,支持在福建自贸试验区内设立的外资合资旅行社经营大陆居民出国(境)(不包括赴台湾地区)的团队旅游业务;允许 3 家台资合资旅行社试点经营福建居民赴台湾地区团队旅游业务。

④ 放宽旅游从业人员限制,支持台湾合法导游、领队经培训认证后在自贸试验区所在设区市(或试验区)执业;支持在自贸试验区内居住一年以上的台籍居民报考导游资格证,并按规定申领导游证后在大陆执业。

⑤ 促进特色医疗、娱乐演艺、职业教育、旅游装备等领域进一步开放。

⑥ 允许台湾服务提供者以跨境交付方式在自贸试验区内试点举办展览,委托福建省按规定审批在自贸试验区内举办的涉台经济技术展览会。

⑦ 对符合条件的台商,投资自贸试验区内服务行业的资质、门槛要求比照大陆企业。允许持台湾地区身份证明文件的自然人到自贸试验区注册个体工商户,无需经过外资备案(不包括特许经营,具体营业范围由工商总局会同福建省发布)。

⑧ 发展知识产权服务业,扩大对台知识产权服务,开展两岸知识产权经济发展试点。

⑨ 探索实现区内区外联动,支持邮轮、度假区、低空飞行等领域的企业纳入自贸试验区框架管理。

⑩ 鼓励旅游金融创新,开拓适合旅游业特点的对外投资、融资、并购多种渠道,提升旅游产业的国际化和现代化水平。

⑪ 推进境外旅客购物离境退税政策,对台湾服务提供者在自贸试验区内投资设立旅行社进行无年旅游经营总额限制,推动特色医疗、娱乐演艺、职业教育、旅游装备等相关领域的开放,加快培育旅游装备制造、康体养身、国际会展、医疗旅游、电子商务、教育旅游等旅游新兴业态等相关政策落地。

⑫ 推进厦门文化保税区建设。

⑬ 福州将以中国船政文化城为载体,发挥船政文化"海峡两岸交流基地"作用,打造"海峡两岸文化融合产业基地"。

虽然福建自贸试验区实施了上述推进文化产业发展的措施,但也存在着文化产业发展的障碍与问题,如:①福建自贸试验区对台文化产业交流存在合作意愿不平等、缺乏市场需要的中介服务平台、缺乏公共信息交流平台等问题;②两岸要扩展文化产业的合作领域,强化两岸文化产业交流的深度和广度,关键要产业对接,产业落地;③厦门文化保税区问题较多。首先,定位不明确。目前全国有 15 个保税区,但凡竞争优势明显的文化保税区,都定位明确、特色鲜明。例如北京天竺综合保税区中的文化保税园的特色交易品类是宝石、艺术品,上海外高桥保税区内的国家对外文化贸易基地的特色交易品类是影视、动漫,而厦门文化保税区内的交易品类主要以从全球征集来的艺术品为主,包括艺术品、古代书画、古董瓷杂、珠宝钟表、高端红酒等,征集到什么算什么,导致厦门文化保税区没有固定或明确的特色交易品类;第二,文化保税产业链条不完整。目前,厦门文化保税区的保税业务主要集中在艺术品的交易、拍卖、展示等文化产业交易环节,不仅交易规模小,而且艺术品的鉴定、评估、修复、保险、仓储、物流等配套业务发展较慢,文化产业链中的文化创意、离岸生产制作、版权交易、文化科技交流、文化信息传播服务、文化艺术培训与教育等具有增值业务的高端环节还未涵盖;第三,艺术品交易政策不完善。完成交易后入关的文化产品要缴纳交易价

30％以上的税费（超过 100 年的古物除外）和 15％的拍卖佣金，进口商因此要承担 45％以上的税费。从整个贸易链条看，保税区虽然节省了中间费用、物流成本和关税押金等，但文化商品一旦成交入关，保税区就没有了任何意义，只是延迟了税负缴纳时间。相比香港的零税率，厦门文化保税区的保税优势并不明显。另外，对一些当代艺术品，文化保税区目前还提供不了减免关税等服务，导致交易不活跃；第四，专业配套设施不足。目前，厦门文化保税区只在象屿保税区中开辟了一个具备基本储藏和安保条件的保税仓库，其仓储条件远未达到安全存放艺术品的要求。此外，文化保税区还缺乏展览展示及仓储物流中心、商品交易服务中心等，这些都影响了艺术品在文化保税区内的保存、展览、交易等活动。而纵观世界艺术品交易中心，都拥有顶级的专业艺术品仓储公司、配套设施和专业技术；第五，艺术品价格形成和保真鉴定机制不健全。导致艺术品在鉴定、评估、拍卖等交易过程中的价值难以确定或程序非常繁琐，在一定程度上成为制约文化保税区业务发展的瓶颈。

（4）广东自贸试验区推进文化产业及文化贸易改革的创新措施情况。

与其他自贸试验区相比，广东自贸试验区的特色在于既面向全球开放，又立足粤港澳深度合作，在 CEPA 总体框架下，探索对港澳更深度开放。广东已研究提出涵盖文化服务的自贸试验区专门针对港澳的扩大开放措施。2014 年 12 月 18 日，《内地与香港关于内地在广东与香港基本实现服务贸易自由化的协议》（CEPA）的签订为广东与香港基本实现服务贸易自由化奠定基础。该协议是首次采用"准入前国民待遇加负面清单"的创新混合管理模式，文化服务作为少数敏感部门继续采用正面清单的开放方式。协议的签订使内地在广东对香港文化产业开放的广度和深度上都大幅提升。

广东自贸试验区 3 个片区（南沙、横琴、前海蛇口）是粤港澳合作的三大平台，它们均具备发展文化贸易所需的承载空间。目前，这三大片区均涵盖了海关特殊监管区域和非海关特殊监管区域，且选取的都是未来规划内可开发、可建设的空间，发展潜力很大。

① 南沙新区实施文化产业与文化贸易发展措施。

a. 支持南沙新区在 CEPA 下探索港澳机构合资、合作、独资出版物出版、版权交易等业务，在涉外、涉港澳营业演出、电影制作、发行放映等率先突破。支持探索港澳机构成立演出经纪机构,兴建演出、娱乐等场所,发展新媒体与全媒体。支持建设南沙滨海休闲体育圈。

b. 支持南沙新区集聚国际教育和国内外高端医疗资源。支持开展教育国际合作交流综合改革试验,探索创新与港澳及国际知名大学合作办学,引进职业培训机构合作技能培训。

c. 争取国家在南沙新区试点,允许港澳地区具备执业资格的领队、导游人员在南沙新区的旅游企业从事领队、导游工作。

d. 支持南沙新区主办或承办大型国际会议以及商业旅游、展览、论坛、体育赛事和文化活动等对外交流事项。

② 横琴片区实施文化产业与文化贸易发展措施。

按照国家部署,横琴自贸片区总面积约为 28 平方公里,首要任务是构建跟港澳的体制规则相适应、相衔接的开放型经济新体制,实现粤港澳深度合作,重点发展旅游休闲健康、商务金融服务、文化科教和高新技术等产业,建设文化教育开放先导区和国际商务服务休闲旅游基地,与南沙、前海实现错位发展,发挥协同效应,共同建设粤港澳深度合作示范区。

a. 港澳旅游产业发达,横琴自贸片区以粤港澳大湾区概念,积极与港澳共建世界休闲旅游中心,在旅游投资、旅游运营、旅游管理等方面与澳门一起共同构建与国际旅游市场相衔接的规则体系,更好推进两地旅游产业合作。一是促进横琴和澳门间旅游要素跨境的便利流动;二是推动两地旅游业界的深度合作;三是推动已经落户的重大旅游项目的加快建设。目前,横琴国际旅游岛格局已初步显现,以长隆国际海洋度假区为龙头,做大做强休闲旅游业;以 WTA 超级精英赛为平台,积极发展体育旅游;以建设美国麻省总医院中国医院为抓手,探索发展医疗旅游。其中,长隆国际海洋度假区累计完成 215 亿元投资,累计接待游客超过 1 300 万人次,成为内地首个成功荣获"世界主题公园杰出贡献奖"的度假区;四是正与港澳合作,建立健全网络互联、信息互通、客源互惠的区域性旅游合作机制,共同开拓海内外旅游市场;五是发展与港澳地区保险服务贸易,探索与港澳地区保险产品互认、资金互通、市场互联的机制。2014 年 9 月,横琴已开启澳门车牌的车辆可在珠海横琴买两地车险通道。

b. 建设文化教育开放先导区是横琴发展高端服务业的重要目标,已落户横琴的文化创意产业项目投资总额近 500 亿元。以横琴国际广告创意产业园、丽新星艺文创天地为载体,横琴自贸片区聚集国内外文化创意人才、技术和资金,共同开发视觉艺术、影视制作、设计、广告、出版等文化产品,培育具有国际竞争力和自主知识产权的品牌文化企业。此外,横琴还深化教育领域开放,鼓励世界知名高校到横琴合作办学,鼓励港澳投资者在横琴设立各类培训机构、幼儿教育服务机构以及留学中介服务机构。

c. 粤港澳文化创意产业园已经正式落户横琴,建成后将全力培育文化创意产业发展。长隆国际海洋度假区等一批旗舰型文化产业项目正在陆续投入运营,横琴自贸试验区希望能吸引更多港澳文化项目落户。在政策扶持方面,横琴新区企业所得税优惠目录中涵盖文化创意产业 5 个条目,包括动漫、游戏创作及衍生产品研发、文化创意设计服务等数字产品研发与内容服务。

③ 前海蛇口片区实施文化产业与文化贸易发展措施。

前海作为国内唯一的深港现代服务业合作区,战略定位之一就是努力打造香港与内地紧密合作的先导区。2014 年 12 月 4 日,全国首个针对香港的整体合作方案《前海深港现代服务业合作区促进深港合作工作方案》出台,在资金、用地等方面对港企港人给予支持,进一步促进了深化前海与香港现代服务业之间的合作。根据方案,前海为港企提供一系列优惠措施,将物流、资讯服务、科技服务、文化创意产业的企业所得税由 25% 减至 15%;此外,在前海给予港资企业国民待遇等优惠政策。

5.3 2014 年以来中国文化产业与文化贸易政策梳理

2014 年以来,中国文化产业政策密集发布,为中国文化产业及文化贸易的发展提供了指导性意见并奠定了基础。

1. "一带一路"国家战略出台

"一带一路"战略是以经贸合作为主要形式的、新时期我国对内对外开放战略,也是基于新安全观的周边外交战略。就目前"一带一路"战略构想初期的实践情况而言,这一战略架构仍需要不断建构与完善,尤其在文化软实力方面,相关配套战略建构与策略部署仍相对模糊。文化是"一带一路"建设不可或缺的核心组成部分,"一带一路"战略在最本质的层面上讲,终归是文化与文明的战略。

2. 2014 年 2 月 26 日,国务院出台《关于推进文化创意和设计服务与相关产业融合发展的若干意见》

《意见》提出塑造制造业新优势、加快数字内容产业发展、提升人居环境质量、提升旅游发展文化内涵、挖掘特色农业发展潜力、拓展体育产业发展空间和提升文化产业整体实力 7 项重点任务。同时,《意见》要求增加文化产业发展专项资金规模,加大对文化创意和设计服务企业支持力度,并建立完善文化创意和设计服务企业无形资产评估体系。

3. 2014 年 2 月 28 日,中央全面深化改革领导小组第二次会议审议通过《深化文化体制改革实施方案》

将启动实施 80 多项改革任务,大体有 3 个方面:一是积极推进的改革任务,包括基本完成省级新闻出版、广播电影电视部门的整合,依法减少和规范文化行政审批,推进国有经营性文化单位转企改制,建立公共文化服务体系建设协调机制,加强现代文化市场体系建设等。二是稳妥推进的试点任务,包括传媒企业实行特殊管理股制度试点,公共图书馆、博物馆、文化馆、科技馆等组建理事会试点,基层综合性文化服务中心建设试点等。三是研究制定的政策文件,包括制定构建现代公共文化服务体系的意见,明确国家基本公共文化服务标准和指标体系,出台支持经营性文化事业单位转企改制和文化企业发展政策的实施细则,制定促进电影发展的经济政策,以及扶持地方戏曲发展、实体书店发展政策等。

4. 2014 年 3 月,国务院以国发〔2014〕13 号印发《关于加快发展对外文化贸易的意见》

《意见》从 4 个方面、15 个分类全面系统地提出了支持对外文化贸易发展的政策措施。一是明确支持重点内容。鼓励各种所有制文化企业从事对外文化贸易业务,要求进一步完善《文化产品和服务出口指导目录》,提出了支持企业加强内容创新、拓展出口平台和渠道、开展技术创新等 3 个重点工作方向。二是加大财税支持力度。充分发挥财政资金的杠杆作用,中央和地方有关文化发展的财政专项资金和基金要加大对文化出口的支持力度。明确对国家重点鼓励的文化产品和服务出口全部实现增值税零税率或免税。同时文化企业也可享受服务外包企业相关税收优惠政策。三是强化金融支持措施。从信贷、债券、保险、担保、外汇管理等方面加大支持力度,为文化企业从事产品和服务出口、海外并购投资等业务拓展新的融资渠道,降低汇率风险,提供结算便利和有效担保。四是完善服务保障措施。在便利化方面,将出口重点企业与海关企业分类管理相衔接,优先提供通关便利;对书、报、刊等时效性较强的文化产品,实行集中申报。在减少行政审批方面,对国有文化企业相关业务人员不设出国(境)指标,简化因公出国(境)审批手续,出国一次审批、全年有效。此外,还给面向境外市场生产销售外语出版物的民营文化企业配置了专项出版权。在提供公共服务方面,加强知识产权保护、为文化企业开拓海外市场提供公共信息服务、加强人才培养、建立健全中介组织等具体措施,营造良好发展环境。

5. 2014 年 3 月 5 日,文化部、财政部发布《藏羌彝文化产业走廊总体规划》

《规划》提出将重点发展文化旅游、演艺娱乐、工艺美术、文化创意等新兴业态。

6. 2014 年 3 月 17 日,文化部、中国人民银行、财政部三部委联合印发《关于深入推进文化金融合作的意见》(文产发〔2014〕14 号)

《意见》为落实十八届三中全会关于"鼓励金融资本、社会资本、文化资源相结合"的要求,巩固扩大九部门《关于金融支持文化产业振兴和发展繁荣的指导意见》(银发〔2010〕94 号)的实施成果。

7. 2014 年 4 月 16 日,国务院办公厅发布《关于印发文化体制改革中经营性文化事业单位转制为企业和进一步支持文化企业发展两个规定的通知》

两个规定即《文化体制改革中经营性文化事业单位转制为企业的规定》和《进一步支持文化企业发展的规定》,主要涉及财政税收、投资融资、资产管理、土地处置、收入分配、社会保障、人员安置、工商管理等多方面支持政策。

8. 2014 年 6 月 19 日,财政部、国家发展改革委、国土资源部、住房和城乡建设部、中国人民银行、国家税务总局、新闻出版广电总局联合发布《关于支持电影发展若干经济政策的通知》(财教〔2014〕56 号)

《通知》就专项资金支持、金融、税收等方面推出支持电影发展若干经济政策。

9. 2014 年 7 月 11 日,文化部、工业和信息化部、财政部以文产发〔2014〕27 号印发《关于大力支持小微文化企业发展的实施意见》

10. 2014 年 8 月 18 日,中央全面深化改革领导小组第四次会议审议通过了《关于推动传统媒体和新兴媒体融合发展的指导意见》

《意见》要求,"要着力打造一批形态多样、手段先进、具有竞争力的新型主流媒体,建成几家拥有强大实力和传播力、公信力、影响力的新型媒体集团"。

11. 2014 年 8 月 26 日,文化部、财政部发布《关于推动特色文化产业发展的指导意见》(文产发〔2014〕28 号)

《意见》要求加大财政对特色文化产业发展的支持力度,把特色文化产业发展工程纳入中央财政文化产业发展专项资金扶持范围,分步实施、逐年推进。充分发挥财政资金杠杆作用,重点支持具有地域特色和民族风情的民族工艺品创意设计、文化旅游开发、演艺剧目制作、特色文化资源向现代文化产品转化和特色文化品牌推广,支持丝绸之路文化产业带、藏羌彝文化产业走廊建设。

12. 2014 年 9 月 10 日,财政部发布《2014 年度文化产业发展专项资金拟支持项目公示》

2014 年度文化产业发展专项资金拟支持项目包括"重大项目"和"一般项目"两大类共计 800 项,其中"重大项目"又包括 8 个类别共计 495 项,约占全部项目的62%。而"一般项目"中支持文化产业升级的项目最多,达 145 项。2014 年度文化产业发展专项资金拟支持项目中,文化金融扶持计划、推动电影产业发展、加快特色文化产业发展、实体书店扶持试点等备受关注的重大项目得到广泛支持。

13. 2014 年 9 月 25 日,财政部发布《关于编报 2015 年中央文化企业国有资本经营预算支出项目计划的通知》

《通知》提出,2015 年资本预算编制将结合当前中央文化企业改革发展实际,进一步完善《财政部关于做好中央文化企业国有资本经营预算支出管理工作的通知》(财文资〔2012〕9 号)。文件规定了 3 项重点,即支持兼并重组与深化企业改革、推动文化与科技融和创新、推动文化"走出去"。

14. 2014 年 10 月,国家新闻出版广电总局出台《非公有制文化企业参与对外专项出版业务试点办法》,并启动非公有制文化企业参与对外专项出版业务试点工作

15. 2014 年 11 月 27 日,财政部、海关总署、国家税务总局等三部委联合下发《关于继续实施支持文化企业发展若干税收政策的通知》(财税〔2014〕85 号)

按照《通知》精神,财政部将继续实施支持文化企业发展的税收优惠政策。《通

知》规定,新闻出版广电行政主管部门(包括中央、省、地市及具级)按照各自职能权限批准从事电影制片、发行、放映的电影集团公司(含成员企业)、电影制片厂及其他电影企业取得的销售电影拷贝(含数字拷贝)收入、转让电影版权(包括转让和许可使用)收入、电影发行收入以及在农村取得的电影放映收入免征增值税。一般纳税人提供的城市电影放映服务,可以按现行政策规定,选择按照简易计税办法计算缴纳增值税。此外,为承担国家鼓励类文化产业项目而进口国内不能生产的自用设备及配套件、备件,在政策规定范围内,免征进口关税。支持文化产品和服务出口的税收优惠政策由财政部、税务总局会同有关部门另行制定。

16. 2014 年 12 月 2 日,财政部、国家税务总局、中宣部等三部委联合发布《关于继续实施文化体制改革中经营性文化事业单位转制为企业若干税收政策的通知》

根据《通知》,经营性文化事业单位转制为企业的,自转制注册之日起免征企业所得税;由财政部门拨付事业经费的文化单位转制为企业,自转制注册之日起对其自用房产免征房产税;党报、党刊将其发行、印刷业务及相应的经营性资产剥离组建的文化企业,自注册之日起取得的党报、党刊发行收入和印刷收入免征增值税;对经营性文化事业单位转制中资产评估增值、资产转让或划转涉及的企业所得税、增值税、营业税、城市维护建设税、印花税、契税等,符合现行规定的享受相应税收优惠政策;转制为企业的出版、发行单位处置库存呆滞出版物形成的损失,允许按照税收法律法规的规定在企业所得税前扣除。

17. 2014 年 12 月 10 日,国务院办公厅转发知识产权局等单位《深入实施国家知识产权战略行动计划(2014—2020 年)》(国办发〔2014〕64 号)

18. 2014 年 12 月 30 日,财政部和国家税务总局联合发布《关于支持文化服务出口等营业税政策的通知》财税〔2014〕118 号

《通知》提出,为落实《国务院关于加快发展对外文化贸易的意见》精神,对纳税人为境外单位或个人在境外提供下列服务免征营业税:(1)文物、遗址等的修复保护服务;(2)纳入国家级非物质文化遗产名录的传统医药诊疗保健服务。

19. 按照财政部《关于动漫产业增值税和营业税政策的通知》(财税〔2013〕98 号)等多项文件,对境内新办动漫企业实施税收激励

(1)对属于增值税一般纳税人的动漫企业销售其自主开发生产的动漫软件,按

17％的税率征收增值税后,对其增值税实际税负超过 3％的部分,实行即征即退政策。(2)经国务院有关部门认定的动漫企业自主开发、生产动漫直接产品,确需进口的商品可享受免征进口关税及进口环节增值税的优惠政策。(3)我国境内新办的符合条件的动漫企业,经认定后,在 2017 年 12 月 31 日前自获利年度起计算优惠期,第一年至第二年免征企业所得税,第三年至第五年按照 25％的法定税率减半征收企业所得税,并享受至期满为止。

20. 2015 年 1 月,国家新闻出版广电总局发布《关于推动网络文学健康发展的指导意见》

《意见》提出了把握正确导向、实施精品工程、不断提升作品质量、健全编辑管理机制、建立完善作品管理制度、推动内容投送平台建设、大力培育市场主体、开展对外交流等 8 项重点任务。

21. 2015 年 1 月,中共中央办公厅、国务院办公厅发布《关于加快构建现代公共文化服务体系的意见》

《意见》对加快构建现代公共文化服务体系、推进基本公共文化服务标准化均等化、保障人民群众基本文化权益作了全面部署。《国家基本公共文化服务指导标准》一并印发。

22. 2015 年 1 月,国家旅游局发布《关于促进智慧旅游发展的指导意见》

《意见》提出了 10 项主要任务,包括夯实智慧旅游发展信息化基础,建立完善旅游信息基础数据平台,建立游客信息服务体系,建立智慧旅游管理体系,构建智慧旅游营销体系,推动智慧旅游产业发展,加强示范标准建设,加快创新融合发展,建立景区门票预约制度,推进数据开放共享等。

23. 2015 年 1 月,文化部发布《国家文化创新研究中心管理办法(暂行)》

《暂行办法》规定了国家文化创新研究中心的申报、认定、运行、管理等各方面内容。

24. 财政部和国家税务总局 2015 年 1 月 12 日发布消息:自 2015 年 1 月 1 日起,对部分文化服务出口、现行养老机构提供的养老服务免征营业税,旨在支持对外文化贸易,加快发展养老服务业

25. 2015 年 2 月,国务院发布《关于加快发展服务贸易的若干意见》

《意见》提出,要积极推动文化艺术、广播影视、新闻出版、教育等承载中华文化

核心价值的文化服务出口,大力促进文化创意、数字出版、动漫游戏等新型文化服务出口,加强中医药、体育、餐饮等特色服务领域的国际交流合作,提升中华文化软实力和影响力。

26. 2015 年 3 月,财政部、国家税务总局发布《关于小型微利企业所得税优惠政策的通知》

《通知》规定,自 2015 年 1 月 1 日至 2017 年 12 月 31 日,对年应纳税所得额低于 20 万元(含 20 万元)的小型微利企业,其所得减按 50% 计入应纳税所得额,按 20% 的税率缴纳企业所得税。其中,小型微利企业是指符合《中华人民共和国企业所得税法》及其实施条例规定的小型微利企业。

27. 2015 年 4 月,国家知识产权局发布《关于进一步推动知识产权金融服务工作的意见》

《意见》提出了 5 项工作重点,包括深化和拓展知识产权质押融资工作,加快培育和规范专利保险市场,积极实践知识产权资本化新模式,加强知识产权金融服务能力建设,强化知识产权金融服务工作保障机制等。

28. 2015 年 4 月,国务院发布《关于进一步促进展览业改革发展的若干意见》

《意见》首次全面系统地提出了展览业发展的战略目标和主要任务,并对进一步促进展览业改革发展作出全面部署。《意见》强调,促进展览业改革发展,关键要坚持专业化、国际化、品牌化、信息化方向,培育壮大市场主体。

29. 2015 年 5 月,《公共文化服务保障法草案(稿)》发布

《草案(稿)》提出,为深入推进公共文化服务保障法工作,促进科学立法、民主立法,全国人大教科文卫委员会按照中央的要求和全国人大常委会的立法规划,牵头和组织起草公共文化服务保障法。

30. 2015 年 5 月,国务院办公厅转发文化部、财政部、新闻出版广电总局、体育总局《关于做好政府向社会力量购买公共文化服务工作的意见》

《意见》对政府向社会力量购买公共文化服务的购买主体、承接主体、购买内容、购买机制、资金保障、监管机制、绩效评价等内容作出了规定,并明确提出了目标。

31. 2015 年 5 月,文化部办公厅发布《2015 年扶持成长型小微文化企业工作方案》

《方案》提出了 6 项主要任务,包括以推动政策落实和提升政府支持工作能力

水平为重点,进一步完善支持小微文化企业发展的政策措施;以提升经营管理能力及品牌塑造营销水平为重点,进一步支持文化领域创新创业和小微文化企业发展;以建设完善公共服务平台为重点,进一步优化小微文化企业创业发展环境;以鼓励金融创新、拓宽融资渠道为重点,进一步缓解小微文化企业融资难问题;以谋划"十三五"时期小微文化企业发展为重点,进一步加强对支持小微文化企业发展工作的指导;以营造文化领域创新创业和小微文化企业发展的良好舆论氛围为重点,进一步加大宣传力度。

32. 2015 年 5 月,国家旅游局发布《关于促进旅游业与信息化融合发展的若干意见》(征求意见稿)

《意见》提出 9 项重点任务、8 项保障措施。其中提到,要加快网络新媒体在旅游宣传推广中的应用,切实保证旅游信息化的资金需求。

33. 2015 年 5 月,国务院批复北京市人民政府及商务部《北京市服务业扩大开放综合试点总体方案》

《方案》要求,要率先推动文化教育服务、商务和旅游服务等六大重点领域开放。要深化旅游综合改革试点,进一步完善扩大旅游业开放机制。

34. 2015 年 6 月,国务院发布《关于修改〈中国公民往来台湾地区管理办法〉的决定》

《决定》一是取消了《管理办法》中涉及台湾居民来往大陆办理签注以及签注管理的相关规定。二是简化台湾居民申请台胞证手续,取消了《管理办法》第十四条第三、四、五项规定提交的证明材料。《决定》自 2015 年 7 月 1 日起施行后,台湾居民可以凭有效台胞证,无需办理签注,即可经开放口岸来往大陆并在大陆停留、居留。

35. 2015 年 6 月,文化部文化市场司发布《文化市场黑名单管理办法(征求意见稿)》

《征求意见稿》明确,文化市场黑名单是指记录含有禁止内容的文化产品或者严重违法的经营主体、从业人员的名单,包括文化产品黑名单、经营主体黑名单、从业人员黑名单。《征求意见稿》还明确了各项黑名单的列入标准。

另外,为扶持中央文化企业壮大和出海,财政部 2014 年 12 月 15 日称,近日下达 10 亿元人民币用于支持 72 家中央文化企业。财政部表示,这笔资金将重点支持 3 个方向。一是支持中央文化企业作为兼并主体,通过购买、控股等方式取得其他文化企业所有权、控股权,或合并组建新企业、集团公司。二是支持中央文化企业进行数字化转型升级、数字资源库等项目建设。三是支持具有竞争优势、品牌优势和经营管理能力的中央文化企业与国外有实力的文化机构进行项目合作,建设文化产品国际营销网络,推动文化产品和服务出口,开拓国际市场。据财政部数据,2011 年至 2014 年,中央财政已累计安排 30.6 亿元,为促进企业资源整合、传统出版业与新媒体融合发展,以及推动中国文化"走出去"提供资金支持。①2015 年度财政部已下达文化产业发展专项资金 50 亿元,共支持项目 850 个,项目数较 2014年增长 6.25%。财政部数据显示,截至上述消息发布时,文化产业发展专项资金已累计安排 242 亿元,支持项目 4 100 多个。

---

① 据中新社北京 12 月 15 日消息。

第6章
自贸试验区背景下中国文化贸易发展问题与对策

6.1 自贸试验区背景下中国文化贸易发展问题分析

从前述章节我们可知,自我国四大自贸试验区成立后,各自贸试验区都密集发布了促进文化贸易发展的相关文件,文化贸易发展速度加快,发展前景良好。但长久以来,我国文化贸易发展缺乏统一的纲领性方针,文化贸易促进政策碎片化、零散化,因此,即使短期内在自贸试验区内文化贸易取得了较为明显的成绩,但仍需从总体上关注我国文化贸易发展的问题,以实现以点带面,对中国文化贸易的发展起到积极的拉动升级作用。

1. 中国区域之间文化产业趋同并产生无序竞争

由于中国国土面积辽阔、各区域发展差异较大,容易造成区域与区域之间的产业同构问题而导致的竞争,这不仅对文化产业的发展产生不利影响,也会最终影响到文化贸易的健康发展。如位于长三角的上海、浙江及江苏三省份,虽然文化产业的发展都具备了一定基础,但因同处长三角,在文化产业的发展模式及资源的获得上有一定的趋同性,所以,在文化产业经营和文化产品开发过程中如何有效避免同质竞争,是在开始制订文化贸易相关政策时就必须要慎重考虑的问题,而目前,三地的动漫产业和创意产业等存在着一定的恶性竞争和无序竞争现象。

相反,如果政府和文化企业重视差异化定位,寻求区域和产业间的互补,无疑就会形成各地产业发展的共赢局面。文化企业的差异化定位,更多来自于从地域文化上寻求灵感,挖掘特色,打造符合自身发展的文化产业。同时,政府如能对这些特色企业,选择具有比较优势的项目给予重点支持,则会有利于企业的健康成长。如上海的"海派文化"、浙江的"吴越文化"、江苏独领风骚的书画艺术等都给三地文化产业的差异化发展提供了基础。

2. 区域文化贸易发展不平衡

作为发展中国家,我国地区经济发展和文化资源禀赋区域差异较大。根据目前区域对外文化贸易发展现状,可将我国文化贸易按四大板块进行考察:一是环渤海地区,包括北京、天津、河北、山东、辽宁等省市。该区域是我国文化贸易的重镇,2012年,该区域入选国家文化出口重点企业名录的文化企业达到了65家,初步建立了对外文化品牌;二是泛长三角地区,包括安徽、湖南、湖北、江苏、浙江、上海等省市。该区域以上海为文化产业发展龙头,国际化程度高,资本雄厚(2013年,仅江苏省就有28家企业入选国家文化出口重点企业名录),且进行精细产品协作,行业互补优势非常强;三是泛珠三角地区,涵盖了广东、广西、福建以及云贵等省区。随着中国—东盟自由贸易区的建成,该区域成为我国和东南亚文化交往的前站;四是内陆地区。该区域文化资源丰富,但与其他区域相比,文化产业发展相对缓慢,入选国家文化出口重点企业名录较少。由此可见,我国地区间文化发展存在着严重的区域不平衡问题。

3. 缺乏具有国际影响力的文化品牌和文化企业

相对美国等发达国家拥有像时代华纳等极具竞争力的跨国文化公司而言,虽然中国有着深厚的文化底蕴和丰富的文化资源,但目前中国文化企业规模相对较小,缺乏具有国际影响力的文化品牌和科技含量高及竞争力强的优势文化产品,因此比较难以开拓海外市场。例如在2013—2014年度全国118家文化出口重点企业目录中,上海占到了35家,包括民营企业23家、国营企业10家、外资企业2家,民营企业比例为65.71%,占到了大半壁江山。国有文化资本在图书、广播、演艺等部分传统文化领域的原有优势不再明显,同时在文化创意和设计等新兴领域又缺乏引领能力,而民营文化企业在新兴领域比较活跃,逐步取代国有企业成为上海文化贸易的主体。然而,虽然民营文化企业新兴文化领域走在前面,但在企业规模、行业影响、技术水准、品牌塑造等方面尚不具备显著优势,目前尚缺乏有核心竞争力的大型跨国企业。

4. 缺乏原创类文化产品出口，文化产品地方特色有待提高

据统计，在全世界原创文化产品的出口和交易之中，美国、英国等发达国家占70％到80％，而中国文化产品企业主要以从事乐器、装饰品、手工艺品的加工贸易为主。2013 年，我国文化产品出口 251.3 亿美元，其中真正体现中国原创文化内容的出口产品占比不足 15％。另外，虽然近年来上海文化服务类的"软件产品"进出口总量有所上升，新闻出版、广播影视、文化艺术、创意设计等核心文化产品项目均有了较大增长，但在文化进出口总额中的比例仅占三成，而文化设备等"硬件产品"的份额比重仍高达 70％。中国拥有深厚的文化积淀与传承，发展文化产业的潜力无穷，如何利用好中国元素，打造具有自主知识产权、高利润和高附加值的原创文化产品，是我国文化产品走向世界、打出品牌的关键。

5. 自贸试验区文化产业知识产权保护的相关法律需要与时俱进

文化产业的发展有赖于知识产权的保护。以影视产业为例，一张空白的光盘或软磁盘售价不过几元钱，而录制上影视节目后售价可达数十元，甚至数百元，其差价就是知识产权所保护的智力劳动成果。而我国现阶段的知识产权保护还存在很大的问题，主要表现为知识产权保护的国民意识有所欠缺及现行法律对知识产权的侵权行为惩罚措施不力，知识产权执法力度不够，同时，我国的知识产权相关法律与发达国家相比还存在着一些漏洞和不足，虽然有对著作权、商标权、计算机软件等相关知识产权的保护，但是比较宽泛，没有《演出法》《广播法》以及与网络游戏、影视、动漫产业等新型文化创意产品相关的知识产权法。自贸试验区可作为试行知识产权保护相关法规的试验地，为我国完善相关法律提供可复制参考的先行经验。

6. 自贸试验区在涉及重要文化领域的外商投资时需要制定更为细化的安全审查制度

外商投资国家安全审查是维护国家安全的有效工具，尤其是在负面清单管理模式之下，国家安全审查将成为外资市场准入的"安全阀"，要严防黄赌毒进入自贸试验区后普及到中国内地，其中涉及商品的外包装设计、往来人员的集会活动，网站放开后的信息、广播、电视节目内容、历史教育、相关资料的流入，娱乐场所点播器，中国法律严禁流通商品，危害文化品，不良社会风气等，所以在加强文化交流的同时要加强事中事后监管力度。2015 年 4 月 20 日，《自由贸易试验区外商投资国家安全审查试行办法》颁布，统一适用于上海、广东、天津、福建 4 个自贸试验区。

虽然目前我国已出台上述外商投资国家安全审查制度,但审查标准较为原则化、抽象化,缺乏具体的实施细则和配套条例,在涉及重要文化领域的外商投资时仍然需要更为细化的审查制度。

7. 改变文化企业"走出去"的错误认识

我国在鼓励文化企业"走出去"时往往把重心放在中国文化的国际推广方面,错误地把文化"走出去"等同于文化企业"走出去"。以出版业为例,斯普林格、培生等国际出版巨头都是就地取材、就地写作、就地编辑、就地制作、就地出版、就地发行、就地销售、就地盈利。然而,目前我国出版界的做法却是在国内出版外文书,然后到国外推广发行,结果销售欠佳。其主要原因在于西方主流社会对中国的关注度还不高,中国题材的书刊还没有足够的消费市场支撑;另外,"走出去"的中文出版物的目标市场主要是各国当地华人,市场之小可以预知。所以,这种对"走出去"的错误认识和定位,是导致当前文化贸易低水平现状的根源之一。

8. 文化创意产业链不完整,盈利模式相对不成熟

文化产业链条的上下游联动是关系文化贸易发展和市场盈利能力的关键。文化创意产业链包含了前端的创意、设计、策划,中间的生产、法律、金融,以及后端的营销、传播等环节。而且文化创意产业关联度比较大,与数码、电讯、网络、设计等相互渗透。所以,文化创意产业中某一功能的实现,必须要依赖内外辅助产业的有效支撑及良好的文化产业生态链。例如美国电影大部分利润来自于电视、录像带的出租、纪念品销售以及改编的游戏与小说等,票房收入通常不足总收入的40%;美国百老汇的作品除了巡演外,制片人还会出版光碟、动画片、戏剧表演的商品;迪士尼动画的卡通形象不仅会在电视、电影中出现,而且还延伸到相关服装、文具用品、广告、电子游戏和主题公园等方面;日本动漫产业已经形成漫画出版—动画制作播出—版权授权—衍生产品的生产及销售—部分动漫作品授权外销—动漫产品的深度开发及新产品开发—主题公园建设的产业模式。相比之下,中国的文化市场结构相对传统、单一,文化产业链条并不健全,文化产品多数局限于商品本身而无法向上下游及横向延伸,附加值低,利润率低。同时,UNCTAD的统计数据也表明,中国创意服务出口贸易额占世界创意服务出口贸易总额的比重在2002年仅有0.6%,在2011年这一比重仅提高为2.8%,这说明中国创意服务贸易的世界市场占有率低、出口竞争力差。

9. 贸易对象过于集中

上海文化产品与服务的贸易伙伴主要集中在东南亚华人聚居区,与我国港澳台地区和日本、韩国、泰国、新加坡的文化贸易占上海市文化贸易总额的一半以上,而与欧美等西方发达国家的文化贸易往来较少,如图书版权输往北美、欧盟、澳大利亚等发达国家的比例不到10%。对外文化贸易输出地区过于狭小和集中,表明了中国文化对外贸易存在着国际化程度相对较低、文化产业辐射面小、出口对地域依赖度高等问题。

10. 政府管制缺乏弹性,文化产品分级制度管理措施亟须改革

我国对图书、电影、漫画等文化产品有着严格的审批制度。能在电影院放映的电影都必须送至广电总局审核,通过批准后才可放映。目前我国尚不存在分级制度,一些优秀题材的电影、图书作品等由于部分内容的不合格而遭到封杀和禁播。又如以电影进口为例,也因为电影分级制度在我国的缺失,我国在进口公映外国电影方面障碍重重(如哈里波特3就曾因其中有暴力画面被推迟上映),同时也无法解决在境内相关题材电影的投资与制作问题。这使得我国的电影产业链存在一定程度的缺失,而且题材相对匮乏,严重影响电影产业的健康发展。自贸试验区可以凭借制度创新优势,试行电影分级制度政策改革的试点。

11. 我国文化贸易金融支持体系存在的问题

文化产业经营必须有必要的资金支持。文化产品从开发、包装,推广、营销再到出口至国际市场,无不需要投入大量资本。资金短缺是大多数文化企业面临的共同难题。近年来,在推动文化产品"走出去"过程中,高昂的推广宣传费用、巨大的综合运作成本,再加上资金筹措困难重重,使许多文化企业感叹文化"走出去"实在不易。从目前我国对文化贸易的金融支持政策来看,存在以下问题:第一,扶持政策不健全。尽管政府近年来加大了对文化贸易的支持力度,但关于金融支持的部分多散见于各政策文件之中,如:《关于金融支持文化出口的指导意见》(商服贸发[2009]191号)、《关于金融支持文化产业振兴和发展繁荣的指导意见》(银发[2010]94号)、《关于深入推进文化金融合作的意见》(文产发[2014]14号)等,政策较为零散,且多宏观指导,缺乏具体操作路径。其次,由于我国无形资产评估机构专业化水平不足,无法对文化企业的无形资产进行合理的评估,再加上保险、担保等金融机构的缺位,极大地限制了文化、金融与贸易的结合。第三,我国文化产业

存在限制及禁止的投资领域,对国资与民资、内资与外资进行区别对待,使得民间投资渠道不畅,外资利用水平低,这既不利于文化贸易金融支持体系的建设,也不利于文化企业和产业国际化水平的提升。此外,文化贸易与服务贸易支持政策之间的对接,也是需要解决的问题。

12. 缺乏高素质的文化经营贸易人才

文化产业往往属于风险高的行业,不仅需要资金的支持,更需要较强的创新能力。而文化创新在于文化与科技的融合,文化产业要想在国际文化贸易中大显身手,需要提升文化产品的科技含量。其中人才是文化产品创新的关键因素之一,促进文化贸易发展需要拥有宽广的人文视野、具备创新思想和一定技术水平、懂得经营管理和文化贸易实务的高素质人才作为重要支柱。例如美国的百老汇亚洲公司在中国、韩国、马来西亚、新加坡、泰国等许多国家和地区进行巡回表演,都有专业人才进行制片、管理、营销,对地方市场进行调研。中国国内文化产业从业人员质量参差不齐,知识结构欠缺,缺乏专门研究国际文化市场的人才,因此在文化商品和服务出口上造成了一定的困难,使我国文化产品的营销与科技创新受到限制。

13. 国际市场营销重视不够

国际上发达国家的文化贸易非常重视市场营销,而我国文化市场还不完善,大多数文化企业也同时不重视国际市场营销,这主要体现在以下 3 个方面:一是在宣传方面投入不够,对文化产品不重视包装,不能在国际市场上形成文化名牌;二是国际市场销售渠道不畅通,没有形成制度完善的中介机制,使国内一些原本可以在国际市场上获得一席之地的优秀文化产品错失在国际市场上的表现机会;三是没有开展深入细致的国际市场调查,对国际市场的需求缺乏全面认识,往往没有根据国际市场需求偏好定制文化产品。

6.2 自贸试验区背景下中国文化贸易发展的政策建议

中国要迈向世界文化强国之列,必然要拥有强大的对外文化贸易能力。有鉴于此,要针对近年来全球贸易规则的新变化,通过平台建设帮助我国文化企业把握国际文化贸易的新规则和竞争态势,掌握全球文化贸易的高端资源和市场制高点。要借鉴自贸试验区的经验,建立与国际接轨的文化贸易服务新机制,将非歧视、市场化、贸易便利化、投资扩大化等确立为基本原则,以制度创新探索文化贸易发展的新途径。

1. 明确文化服务扩大开放的"底线",探索"文化内容服务负面清单管理"新模式

文化服务不同于其他领域的服务,文化内容属于精神生产领域,具有鲜明的意识形态属性。与文化服务对外开放的"底线"原则相适应的,是对文化服务领域的"内容管控",要严格管控中国法律严禁的文化品及不良社会风气借助自贸试验区进入内地,要探索使用"内容底线"原则替代"生产环节"原则。同时,要加强事中事后监管力度,监控包括如商品的外包装设计、某些网站放开后的信息、广播、电视节目内容、历史教育、相关资料的流入,歌舞娱乐场点播系统、播放曲目、屏幕画面及游艺娱乐项目电子游戏机的游戏项目,以及网吧、演出、艺术品市场开放等方面的内容。

2. 借助自贸试验区在行政审批、金融服务、财税支持等方面先行先试的政策优势,建立与健全文化产业与贸易相关的法律法规与促进政策,继续探索文化贸易开放作为自贸试验区的"试验区"功能

目前,我国对外文化贸易的政策扶持在资金补助、税收减免、出口奖励等方面力度还不够。在资金方面,文化企业的资产结构(无形资产多,实物资产少)使其很难从银行贷款,同时,文化产品"走出去"的前期宣传成本又很高,这就造成了文化企业的资金困难,而近年来我国针对重点文化企业进行资金补贴的经费十分有限,不能从根本上解决问题。在政策方面,要继续深化探索自贸试验区现有的政策空间,挖掘政策潜力。如研究文化产品保税仓储、保税展示、保税租赁等政策,进一步推进区内试点经认定的文化企业自用进口文化设备全面享受减免税等适合文化企业的税收优惠政策,进一步落实和实施文化产品和服务出口退免税政策以及建立适应文化企业的外汇政策等。建立一整套包括文化贸易的外汇管制、项目审批、商品结构调整、税收优惠、信贷优惠及金融服务等在内的法律法规,这对于有效降低文化企业的生产运营成本,提高文化企业的国际竞争力有着很大的意义;健全包括贷款贴息、投资基金、文化产权评估交易等配套机制,推动文化企业重组并购和文

化体制改革;出台鼓励发展专业文化贸易企业和中介机构的政策,充分发挥它们的桥梁作用;鼓励和引导民间资本和外资进入文化产业等。待上述政策在自贸试验区内运行成熟之后,可在国内其他地区进行推广。

3. 将 4 个自贸试验区打造成全国现代文化市场体系的"文化金融服务中心",支持条件成熟区域探索创建文化金融合作试验区

大力发展自贸试验区文化金融服务,形成全国文化市场体系的金融核心地位和辐射功能。除了直接投资外,还可以通过多种政策杠杆对符合条件的文化企业给予贷款贴息、保费补贴、税收优惠以及对优秀的文化企业或项目给予无偿资助和奖励。支持银行业金融机构有效衔接信贷业务与结算业务、国际业务、投行业务,满足文化"走出去"的金融需求。支持符合条件的文化出口企业通过发行企业债券、公司债券、非金融企业债务融资工具等方式融资。推动在信用保险保单下的无抵押融资和借助出口信用保险业务进行再融资。研究文化出口企业出口信用保险保费支持政策,引导企业积极投保。鼓励信保机构为文化出口企业提供海外提单报告、买家资信报告等资信服务和风险控制管理咨询服务。引导和促进银行业、证券业、保险业、金融机构等各类资本创新金融产品,改进服务模式,搭建服务平台,为文化企业提供融资支持和金融服务。推动文化金融中介组织建设,鼓励建设一批专业从事文化金融服务的中介组织,如担保机构、小额贷款公司、版权托管机构、评估机构、信用管理机构、版权代理机构等,成为文化金融创新的重要支撑平台。

4. 在自贸试验区内支持文化企业和科技的融合发展

鼓励文化企业开展技术创新,增加对文化出口产品和服务的研发投入,开发具有自主知识产权的关键技术和核心技术;鼓励舞台剧目、影视动画、音乐、美术、文化遗产的数字化转化,支持开发适用于互联网、移动终端的数字文化产品;支持文化企业充分运用高新技术手段提升文化出口产品和服务的质量;支持文化企业引进数字和网络信息等国际先进技术,提升消化、吸收和再创新能力。

5. 支持在自贸试验区内实施"电子商务+文化贸易"的发展模式

文化产品和服务通过电子商务进行国际贸易是大势所趋,随着数字技术成熟应用,电子商务为文化产品和文化服务的国际贸易提供了条件,有很大市场空间。"电子商务+文化贸易"的融合,将对原有的国际贸易方式进行颠覆式创新,会创造更多的市场机会。传统的国际贸易流程要经过 19 个环节,而电子商务使国际贸易

的环节减少到 7 个,节省了约 10％的成本,但目前"电商＋文化"这种贸易模式还没有被广泛应用。文化产品的生产者与电子商务领域信息不对称,相互认知度不高,需要增强相互了解和互通。同时,文化产品和服务与电子商务的结合,还存在亟待解决的一系列问题,比如知识产权保护、政策壁垒、支付结算方式等,这些都需要在将来予以解决。因此,可以在自贸试验区内试行对跨境电商更为优惠的文化产品贸易税率,或创新文化贸易发展模式,鼓励文化企业借助电子商务等新型交易模式拓展国际业务。另外,可充分运用大数据提升跨境文化电商企业竞争力。使用大数据,能有效解决文化产品供需脱节的矛盾,有益于解决我国原创文化内容水平不高的问题。通过大数据技术,对大规模人群的喜好数据进行分析,能够明确目标受众的品位和需求,创造出适销对路的文化产品。跨境电商企业通过大数据应用,可以探索个人化、个性化、精确化和智能化地进行广告推送和推广服务,创立比现有广告和产品推广形式性价比更高的全新商业模式。同时,跨境电商企业也可以通过对大数据的把握,开发新产品和新服务,降低运营成本的方法和途径。

6. 积极打造国内文化企业跨区域合作平台与跨自贸试验区的合作机制

中国的文化产业资源分布广泛,环渤海、泛长三角、泛珠三角、沿边以及内陆地区的文化资源优势各不相同,但区域内的联动效应并不明显,区域间的合作亦很缺乏。4 个自贸试验区的建立为打通各个区域文化企业的合作提供了一种模式,如在各自贸试验区文化产品进出口信息共享、跨自贸试验区的文化产品展示合作等方面。另外,中国文化产业往往分属不同系统进行管理,像广播电影电视、文化和新闻出版管理机构大多各自为政,因此,政府及有关部门应为文化部门之间与文化企业之间搭建合作平台,尽快起草制定相关合作方案,促进各部门间的交流和合作,以发挥各自的文化资源优势,激发市场活力。

7. 以自贸试验区战略布局定位拓展在双边和多边自由贸易协定之下的文化区域合作

中国(上海)自由贸易试验区作为中国开设的第一个自贸试验区,是面向全球、应对美国主导的 TTP 全球化趋势的重要举措,在改革过程中需要尝试推行与目前国际贸易规则相符合或者是更具前瞻性的改革措施,因此,上海自贸试验区的使命并非政策洼地,而属先行先试的"全球性、综合性"压力测试平台,其文化贸易发展的定位应是针对性地建立全球文化商品交流和交易中心。而从另外 3 个自贸试验区战略布局来看,福建对接台湾,广东侧重港澳,天津重点面向东北亚并统筹京津冀协同发展,区域化特征与目标指向明确,可以在原先签订双边贸易协定基础上加入推进文化贸易的新条款,或者以建立双边文化贸易合作城市(创意产业共建园、合办展会、文化贸易资源共建共享)、建立"平行文化创意园区"等方式,加快提升发展全国文化贸易竞争力。

8. 培育外向型文化企业和机构入驻自贸试验区

依托自贸试验区内的文化贸易基地、文化创意产业园区、影视创作基地、数字出版基地、网游动漫产业基地,鼓励和支持国有、民营、外资等各种所有制文化企业入驻自贸试验区,鼓励和引导具有一定国际影响、行业带动力强的外向型文化企业和机构入驻自贸试验区,从事国家法律法规允许经营的对外文化贸易业务,并享有同等待遇,在此基础上培育一批具有一定出口规模、具有国际竞争力的本土跨国文化企业。

9. 以 4 个自贸试验区的区域定位为着眼点,开拓与我国文化有较多相似性的东亚和东南亚地区市场

这些地区历史上受中国文化(汉文化)影响较深,同时也有着庞大的华人华侨消费群体,对中国文化产品和服务存在着需求偏好。另外,需加强对欧美文化市场的调研,深入了解其文化商品生产和消费习惯;同时,加强中国文化的推介宣传,让欧美文化企业和消费者认识、理解并喜爱中国文化,降低文化隔阂,以利于今后扩大文化商品出口。

10. 依托自由贸易试验区和海关特殊监管区域,支持对外文化贸易创新,开展文化服务领域改革试点

建立健全外资文化市场准入机制,创新文化服务对外开放新形式,开辟"文化贸易服务"新领域,如文化产品仓储服务、文化设备租赁服务、文化产品展示服务、文化服务外包服务、文化衍生后期服务,以及吸引国内外著名文化服务中介机构入驻[①]等方面。大力发展国际文化会展、保税文化交易、文化进出口仓储物流、国际文化市场信息服务等业态,打造文化进出口高端服务平台。大力发展文化衍生产

---

① 文化创意产业依其产业属性,可以分为文化创意核心产业、文化创意支持产业、文化创意配套产业和文化创意衍生产业。

业,提升后期制作服务功能,可以作为自贸试验区文化服务扩大开放的优先发展途径。可利用保税、免税的优势,吸引国际影视动漫游戏制作企业和设备供应商在自贸试验区集聚,增强自贸区在国际影视动漫游戏制作方面的服务功能,并以此加快文化科技的国际产业转移。

11. 进一步创新自由贸易试验区内针对文化贸易的海关监管与管理制度

完善文化产品和服务出口的通关管理措施,提升通关效率。支持将自由贸易试验区内文化贸易重点企业培育成为海关高信用企业,享受海关便捷通关措施。对图书、报纸、期刊等品种多、时效性强、出口次数频繁的文化产品,经海关批准后实行集中申报管理。为文化产品出口提供 24 小时预约通关服务等便利措施。对文化企业出境演出、展览、进行影视节目摄制和后期加工等需暂时进出境货物,可实施加速验放。对使用暂准免税进口单证册(ATA)向海关申报的暂时出境货物,免于向海关提供其他担保。对自由贸易试验区内从事文化出口业务的编创、演职、营销人员,进一步简化其出国(境)手续。

12. 加强自由贸易试验区内文化贸易知识产权的保护工作

加快推进知识产权快速维权中心建设,在 4 个自由贸易试验之间推广复制知识产权快速维权经验。研究开展文化知识产权价值评估,及时提供海外知识产权法律咨询,支持自由贸易试验内文化企业开展涉外知识产权维权工作。加强版权保护工作,积极开展著作权法律法规宣传,打击和查处侵权盗版案件。另外,对文化企业开展国际管理体系认证、产品认证、境外专利申请、境外广告宣传和商标注册、境外收购技术和品牌等予以扶持。

13. 推进自由贸易试验区文化贸易投资外汇管理便利化

以建设自由贸易试验区为契机,推进文化贸易投资的外汇管理便利化,确保文化出口跨境收付与汇兑顺畅,满足文化企业进出口和跨境投资的用汇需求。支持文化企业采用出口收入存放境外等方式提高外汇资金使用效率。鼓励支持文化企业开展跨境人民币结算业务。鼓励境内金融机构开展境外项目人民币贷款业务,支持文化企业从事境外投资及开展境外放款业务。

14. 加大财税支持力度

对国家重点鼓励的文化产品出口实行增值税零税率。对纳入增值税征收范围的文化服务出口实行增值税零税率或免税。在自贸试验区内从事服务外包业务的文化企业,符合现行税收优惠政策规定的技术先进型服务企业相关条件的,经认定可享受减按 15% 的税率征收企业所得税。

15. 推动文化企业"走出去"

目前中国对外文化贸易存在严重的贸易逆差,而自由贸易试验区是一个较好地促进文化企业对外投资的平台。可以试行在自由贸易试验区内鼓励各类企业通过新设、收购、合作等方式,在境外开展文化领域投资合作;支持对文化企业境外参展、商业演出等活动;通过财政扶持政策,扩大对内容原创版权输出的扶持,支持影视、动漫、网游、艺术品、音乐及出版等多行业的版权输出,建立版权输出奖励制度;充分发挥海外文化中心、驻境外经贸代表机构等平台作用,积极推广具有中华文化特色的产品和服务。发挥地缘人缘优势,支持企业积极参与国家"一带一路"文化项目工程。加快影视音像、网络动漫、出版物、文艺演出等国际营销网络建设。推动海派文化、广府文化、客家文化、潮汕文化等特色文化企业对外投资与出口。另外,文化服务外包也是国内文化企业"走出去"的重要形式之一,在中国文化产业发展水平相对较低的状态下,国内的文化企业可通过文化服务外包提高创意能力和制作水平,可试点在自贸试验区内建设影视动漫游戏制作服务外包分发平台,推动国内优秀制作力量与国际创意、国际资本接轨。

16. 积极打造与拓展自贸试验区文化贸易平台功能

推动现有文化产品和服务出口交易平台建设,积极利用现有上海国家文化贸易基地、深圳国家文化贸易基地、中国(深圳)国际文化产业博览交易会、中国国际影视动漫版权保护和贸易博览会、中国(广州)国际纪录片节等平台与大型展会,拓展境内外文化市场信息与交易的渠道,支持文化企业参加境内外重要国际性展会。对现有文化贸易平台进行"大数据、云计算、平台化、移动性"平台建设创新,为进一步扩大对外文化开放提供全方位的配套服务创新机制。

17. 进一步推动在自由贸易试验区内进行艺术品拍卖

在自由贸易试验区内进一步放开外资拍卖公司的限制。允许在自由贸易试验区内设立中外合资、中外合作和外商独资的艺术品拍卖企业和咨询公司,引进国际化经营模式,加强艺术品拍卖企业间的竞争,促进市场多元化发展。建立、健全艺术品拍卖监督法规。在引入外资拍卖企业的同时,对这些企业进行多渠道监管。严格执行《中华人民共和国文物保护法》,引导自由试验区艺术品拍卖以当代艺术、珠宝、手表等奢侈品为主的差异化发展方向。实现政府部门的监管信息共享，加强对这些机构的监管，将日常监管、规范核查、调查研究和指导服务结合起来，实行动态监管和全过程监督。

18. 加大自贸试验区负面清单中印刷业政策突破的推进力度

要加快境外印刷品电子审读和备案统一管理平台、多语种境外出版物关键字电子审读平台、境外印刷品印刷和境外图书进口统一管理平台、出版物进出口按需印刷管理平台四大平台建设。①

19. 大力发展文化服务中介机构

吸引境内外著名文化服务中介机构入驻，引导其加强与海内外文化企业的对接合作，形成以自贸试验区为中心的贸易代理、金融服务、推介宣传、法律服务等各类国际文化贸易中介服务机构群，提升自贸试验区面向国际国内文化企业的贸易配套服务能力。如自贸试验区可以积极依托商务部和上海市人民政府共同主办的中国(上海)国际跨国采购大会，积极发展一批有助于促进我国国际文化贸易的专业文化贸易公司和海外代理机构。

20. 有重点、有针对性地开拓国外市场，扩大中国对外文化产品的贸易联系

要充分利用中国与部分国家文化社会相近的"地缘文化"优势，特别是针对中华文化圈内国家和地区的出口贸易，继续巩固原有文化产品出口市场份额；其次，要深度融入"一带一路"的国家发展战略。"一带一路"战略倡导的互联互通中，既包含了基础设施的互联互通，又包含了制度文化和人员交流的互联互通。有关国家在承接中国工业和资本输出的过程中，自然会对中国文化产生更多的兴趣，文化贸易企业要充分利用这个重大机遇。

21. 利用上海特有的海派文化资源，发展"海派文化"相关产业，提高文化产业竞争软实力

上海自贸试验区因地制宜，利用自身独有的海派文化发展文化产业，为其他地区的因地制宜发挥特色提供指导作用，同时可利用上海自贸试验区拥有的保税仓

---

① 境外印刷品电子审读和备案统一管理平台类似于审读中心；多语种境外出版物关键字电子审读平台是针对有特点的境外出版物；境外印刷品印刷和境外图书进口统一管理平台，则是把进出口的印刷品和图书进行二合一统一管理的平台；出版物进出口按需印刷管理平台指的是，内容审核完后放在网上，根据需求可以多次印刷、多次进口或者出口。

储物流、离岸保税功能、保税租赁等优势,开辟诸如文化产品仓储服务,文化设备租赁服务,文化产品展示服务、中介、外包服务等一系列文化服务对外开放的新形式,开辟"海派文化"对外文化贸易新领域。

22. 拓展自贸试验区内文化保税产业链条

文化保税业务不仅包含艺术品交易、拍卖、展示等文化产业交易环节,而且覆盖艺术品的鉴定、评估、修复、保险、仓储、物流等配套业务,涵盖文化产业链中的文化创意、离岸生产制作、版权交易、文化科技交流、文化信息传播服务、文化艺术培训与教育等具有增值业务的高端环节。完整的产业链条布局与高附加值的业态集聚,对于文化保税产业的深入发展和市场竞争力的提升至关重要。例如瑞士凭借其自由港地位,提供复原、装帧、认证、估价以及专业运输等系列特色服务,吸引了世界各地的买家和藏家,从而跻身世界艺术品交易中心的行列。

23. 减免自贸试验区内艺术品交易的相关税收

如厦门文化保税区内,完成交易后入关的文化产品要缴纳交易价30%以上的税费(超过100年的古物除外)、15%的拍卖佣金,进口商因此要承担45%以上的税费。从整个贸易链条看,保税区虽然节省了中间费用、物流成本和关税押金等,但文化商品一旦成交入关,保税区就没有了任何意义,只是延迟了税负缴纳时间,相比香港的零税率,保税优势并不明显。同时,对一些当代艺术品,文化保税区目前还提供不了减免关税等服务,导致交易不活跃。因此,可进一步考虑减免在自贸试验区内艺术品交易的相关税收,以吸引国际艺术品交易商家并形成艺术品交易规模市场。

24. 避免中国法律严禁流通商品、危害文化品、不良思想和社会风气借自贸试验区进入内地

在加强双边文化,娱乐交流的同时,要加强事中事后监管力度。以文化市场安全为中心,以治安防控体系建设为抓手,以网吧、演出、艺术品市场为整治重点,采取有力措施,加强事中事后控制,保证文化市场繁荣。如对网站放开后的信息、广播、电视节目内容和历史教育、相关资料的流入,商品的外包装设计,往来人员的集会活动,歌舞场所点播系统与境外的曲库连接,歌舞娱乐场所播放的曲目,屏幕画面以及游艺娱乐项目电子游戏机的游戏项目含有《娱乐场所管理条例》第十三条禁止条例,以及未成年人进入歌舞厅等情形,加强事中事后监管力度。

25. 在已有的负面清单条件下，重点提高文化产业规模化、集约化、专业化水平，利用外资促进文化贸易发展

在调整缩减涉及文化服务业的负面清单的同时，要引进具有国际营销渠道、品牌影响力和产业竞争力的外资文化企业、商会协会和总部基地等，搭建境内外文化产业、企业、产品和服务交流合作平台，创新文化服务开放的管理体制和机制。拓宽文化"走出去"渠道。培育和认定一批在文化贸易领域具有代表性和引领性，具有一定出口规模或出口潜力较大的对外文化贸易示范基地和交易平台。并鼓励文化企业通过新设、收购、合作等方式，在境外收购文化企业、演出剧场和文化项目实体，在境外设立演艺经纪公司、艺术品经营机构、文化经营机构，将本土文化产品和服务逐步拓展至新兴市场和"一带一路"沿线国家和地区市场。此外，还应充分利用现有政策优势，将自贸区打造成全国现代文化市场体系的"文化金融服务中心"。一方面，利用自贸区现有的政策和服务空间，挖掘政策潜力。另一方面，大力发展文化金融服务，形成自贸区之于上海乃至全国的文化市场体系的核心地位和辐射功能。

附　录

表 A1　文化统计框架 2009 年修订草案"(UNESCO, 2009)

文化贸易类别	子行业统计标准（括号内为对应 HS07 分类号）
A. 文化和自然遗产	古董（970500，970600）
B. 演出和庆祝	①音乐器械（830610，920110，920120，920190，920210，920290，920510，920590，920600，920710，920790，920810，920890）；②录音媒介（852321，852329，852351，852359，852380，490400）
C. 视觉艺术和手工业品	①画（970110，970190，491191）；②其他视觉艺术（970200，970300，392640，442010，442090，691310，691390，701890，830621，830629，960110，960190）；③手工业品（580500，580610，580620，580631，580632，580639，580640，580810，580890，580900，581010，581091，581092，581099，581100，600240，600290，600310，600320，600330，600340，600390，600410，600490）；④珠宝（711311，711319，711320，711411，711419，711420，711610，711620）；⑤照相器材（370510，370590）
D. 书本和媒体	①书本（490110，490191，490199）；②报纸（490210，490290）；③其他印刷品（490300，490591，490510，490599，490900，491000）
E. 音像和互动媒介	电影和录像（370610，370690，950410）
F. 设计和创新服务	建筑和设计（490600）
G. 旅游	
H. 运动和娱乐	

参 考 文 献

Acheson, K., 2006, "Culture in International Trade", *Handbook of the Economics of Art and Culture*, 1, pp.1141—1182.

Anne-Célia D., Silvio T., Lionel F., et al., 2010, "Bilateral Trade of Cultural Goods", *Review of World Economics*, 145(4).

Bala, V. and Long, N.V., 2005, "International Trade and Cultural Diversity with Preference Selection". *European Journal of Political Economy*, 21(1), pp.143—162.

Balassa, B., 1979, "The Changing Pattern of Comparative Advantage in Manufactured Goods". *The Review of Economics and Statistics*, 61(2), pp.259—266.

Bandyopadhyay, S., et al., 2008, "Ethnic Networks and U.S.Exports", *Review of International Economics*, 16(1), pp.199—213.

Bardhan, A.D., and Guhathakurta, S., 2004, "Global Linkages of Subnational Regions: Coastal Exports and International Networks", *Contemporary Economic Policy*, Western Economic Association International, 22(2), pp.225—236.

Burri, M., 2010, "Trade and Culture in International Law: Paths to (Re) conciliation", *Journal of World Trade*, 44(1), pp.49—80.

Chen, C.S. and Maxwell, T., 2010, "Three Decades of Bilateral Copyright Negotiations: Mainland China and the United States", *Government Information Quarterly*, 27(2), pp.196—207.

Ching, Hsianghoo S and Li-Lu Chen., 2000, "Links between Emigrants and the Home Country: The Case of Trade between Taiwan and Canada, in Hirotada Kohno, Peter Nijkamp and Jacques Poot eds", *Regional cohesion and competition in the age of globalization*(Cheltenham: Edward Elgar), pp.185—198.

Curtin, Phillip D., 1984, *Cross-Cultural Trade in World History*. Cambridge: Cambridge University Press.

DirkCzarnitzki and Andreas Fier, 2001, "Do R&D Subsidies Matter? Evidence for the German Service Sector", Centre for European Economic Research, Discussion Paper No.01—19.

Disdier, A.C., Head, K. and Mayer, T., 2010, "Exposure to Foreign Media and Changes in Cultural Traits: Evidence from Naming Patterns in France". *Journal of International Economics*, 80(2), pp.226—238.

Disdier A.C. Tai S.Fontagne L. and Mayer T., 2010, "Bilateral Trade of Cultural Good", *Review of World Economics*, Vol.145(4), pp.575—595.

Dunlevy, J., 2006, "The Influence of Corruption and Language on the Protrade Effect of Immigrants: Evidence from the American States", *Review of Economics and Statistics*, 88(1), pp.182—186.

Dunlevy, J.A. and Hutchinson, W.K., 1999, "The Impact of Immigration on American Import Trade in the Late Nineteenth and Early Twentieth Centuries", *Journal of Economic History*, 59(4), pp.1043—1062.

Dunlevy, J.A. and Hutchinson, W.K., 2001, "The Pro-Trade effects of Immigration on American Exports during the Period 1870 to 1910". Vanderbilt University, Nashville, TN. Working Paper 01—25.

European Service Forum, 1999, ESF Preliminary Views on Subsidies in Services, Brussels.

Felbermayr G. J., Jung B., Toubal F., 2010, "Ethnic Networks, Information, and International Trade: Revisiting the evidence", *Annals of Economics and Statistics/Annales d'Économie et de Statistique*, pp.41—70.

Felbermayr G.J., Toubal F., 2012, "Revisiting the Trade-Migration Nexus: Evidence from New OECD data", *World Development*, 40(5), pp.928—937.

Francois J.F., 2001, "Wootton I., Market Structure, Trade Liberalization, and the GATS", *European Journal of Political Economy*, (17).

Frank B., 1992, "A Note on the International Dominance of the U.S. in the Trade in Movies and Television Fiction", *Journal of Media Economics*, (5), pp.31—38.

Girma, Sourafel and Zhihao Yu. 2000, "The Link between Immigration and Trade: Evidence from the UK", Nottingham, University of Nottingham, Centre for Research on Globalisation and Labour Markets, Research Paper No 2000/23.

Helpman, E., Melitz, M. and Rubinstein, Y., 2008, "Estimating Trade Flows: Trading Partners and Trading Volumes", *Quarterly Journal of Economics*, 123(2), pp.441—487.

Herander, M.G., and Saavedra, L.A., 2005, "Exports and the Structure of Immigrant-Based Networks: The Role of Geographic Proximity", *The Review of Economics and Statistics*, 87(2), pp.323—335.

Hoskins C., Mcfadyen S., Finn A., et al., 1995, "Film and Television Co-production: Evidence from Canadian-European Experience", *European Journal of Communication*, 10(2), pp.221—243.

Jan Tinbergen, 1962, *Shaping the World Economy*, New York: Twenty Century Fund.

Markusen J.R., 1989, "Trade in Producer Services and in Other Specialized Intermediate inputs", *American Economic Review*, (79).

MarcBeintah, 2005, Subsidies, Services and Sustainable Development, ICTSD issued paper No.1, February.

Massimo Geloso Grosso, 2007, Analysis of Subsidies for Services: the Case of Export Subsidies, OECD Trade Policy Working Paper No.66.

Marrewijk C., Stibora J., De Vaal A., et al., 1997, "Producer Service, Comparative Advantage, and International Trade Patterns", *Journal of International Economics*, 42(1).

Marvasti A., 1994, "International Trade in Cultural Goods: a Cross-sectional Analysis", *Journal of Cultural Economics*, 18(2), pp.135—148.

Mas-Colell A., 1999, "Should Cultural Goods be Treated Differently?",

Journal of Cultural Economics, 23(1), pp.87—93.

Minnaert, T., 2014, "Footprint or Fingerprint: International Cultural Policy as Identity Policy", *International Journal of Cultural Policy*, 20(1), pp.99—113.

Parsons Christopher, 2012, "Do Migrants Really Foster Trade? The Trade-Migration Nexus, a Panel Approach 1960—2000", The World Bank, Policy Research Working Paper 6034.

Perroni, Carlo and Whalley, J., 2000, "The New Regionalism: Trade Liberalization or Insurance?", *Canadian Journal of Economics*, 33(1), pp.1—24.

Pietro Poretti, 2009, "The Regulation of Subsidies with the General Agreement on Trade in Service of the WTO: Problems and Prospects", The Netherlands: Kluwer Law International BV.

Pratt, A.C., 2005, "Cultural Industries and Public Policy: An Oxymoron?", *International Journal of Cultural Policy*, 11(1), pp.31—44.

Rauch, James E. and Vitor Trindade, 2002, "Ethnic Chinese networks in International Trade", *Review of Economics and Statistics*, 84(1), pp.116—130.

Robert Prylinski and Dariusz Mongialo, 2003, "Towards Pro-Sustainable Development Rules for Subsidies In Trade in Services", Geneva: Trade in Services and Sustainable Development.

RudolfAdlung, 2007, "Negotiation on Safeguards and Subsidies in Services: A Never-ending Story", *Journal of International Economic Law*, 10 (2): 235—265.

Ryuta Ray Kato, 2010, "Tax and Subsidy Policies for the Medical Service Sector and the Pharmaceutical Industry: A Computable General Equilibrium Approach", working paper.

Sapir, A., 1993, "Regionalism and the New Theory of International Trade: Do the Bells Toll for the GATT? A European Outlook", *World Economics*, 16 (4), pp.423—438.

Schulze G., 1999, "International Trade in Art", *Journal of Cultural Economics*, 23(1—2), pp.109—136.

Shore, J., 2009, "Homogenization and Specialization Effects of International Trade: Are Cultural Goods Exceptional?", *World Development*, 38(1), pp.37—47.

Tadesse B. and White R., 2009, "Cultural Distance as a Determinant of Bilateral Trade Flows: Do Immigrants Counter the Effect of Cultural Differences", *Applied Economics Letters*, Vol.17(2), pp.147—152.

Tadesse B. and White R., 2008, "Do Immigrants Counter the Effect of Cultural Distance on Trade? Evidence from US State-level Exports", *The Journal of Socio-Economics*, 37(6), pp.2304—2318.

Tadesse B. and White R., 2010, "Does Cultural Distance Hinder Trade in Goods? A Comparative Study of Nine OECD Member Nations", *Open Econ Rev*, 21(2), pp.237—261.

Tadesse B. and White R., 2008, "Immigrants, Cultural Distance and U.S. State-level Exports of Cultural Products", *North American Journal of Economics and Finance*, 19(3), pp.331—348.

Throsby D., 1999, "Cultural Capital", *Journal of Cultural Economics*, 23(1), pp.3—12.

Throsby, D., 2008, "Modelling the Cultural Industries", *International Journal of Cultural Policy*, 14(3), 217—232.

UNCTAD, 2005, State Support Measurement for Services: An Exploratory Assessment with Scanty Data, Discussion Paper.

UNESCO Institutefor Statistics, 2005, International Flows of Selected Cultural Goods And Services, 1994—2003, Defining and Capturing The Flows of Global Cultural Trade, Montreal.

UNESCO Institutefor Statistics, 2000, International Flows of Selected Cultural Goods, 1980—1998, Montreal.

UNESCO, 2009, The 2009 UNESCO Framework for Cultural Statistics (FCS), UNESCO Institute For Statistics.

Wagner, D., Head, K. And Ries, J., 2002, "Immigration and Trade in The Provinces", *Scottish Journal Of Political Economy*, 49(5), pp.507—525.

Wildman S., Siwek S., 1998, "International Trade In Films And Television", *American Enterprise Institute/Ballinger Publications*, Cambridge.

安虎森、皮亚彬、薄文广:《市场规模、贸易成本与出口企业生产率"悖论"》,《财经研究》2013 年第 5 期。

陈春慧、纪秋颖:《中美文化禀赋差异和国际贸易进入策略探索》,《商业研究》2008 年第 1 期。

陈晓清、詹正茂:《国际文化贸易影响因素的实证分析——以美国 1996—2006 年对外文化贸易双边数据样本为例》,《南京社会科学》2008 年第 4 期。

陈加友:《论我国文化产业政策的调整与优化》,《云南民族大学学报(哲学社会科学版)》2015 年第 2 期。

冯子标、焦斌龙:《分工、比较优势与文化产业发展》,商务印书馆,2005 年版。

付亦重:《服务补贴制度与绩效评估——基于美国服务补贴制度的研究与启示》,对外经济贸易大学出版社 2010 年版。

龚柏华:《中国(上海)自由贸易试验区外资准入"负面清单"模式法律分析》,《世界贸易组织动态与研究》2013 年第 11 期。

顾江、吴建军、胡慧源:《中国文化产业发展的区域特征与成因研究——基于第五次和第六次人口普查数据》,《经济地理》2013 年第 7 期。

郭国峰、郑召锋:《我国中部六省文化产业发展绩效评价与研究》,《中国工业经济》2009 年第 12 期。

胡加祥:《国际投资准入前国民待遇法律问题探析——兼论上海自贸区负面清单》,《上海交通大学学报(哲学社会科学版)》2014 年第 1 期。

霍步刚:《中国文化贸易偏离需求相似理论的实证检验》,《财经问题研究》2008 年第 7 期。

胡惠林:《文化产业学概论》,书海出版社 2006 年版。

洪伟成、黄思宇:《海派文化走出去,交流与贸易并举》,《中国文化报》2015 年 4 月 23 日。

蒋多:《构建新型对外文化贸易促进机制——美日韩文化贸易战略动向及其对我国的启示》,《东岳论丛》2014 年第 2 期。

蒋萍、王勇:《全口径中国文化产业投入产出效率研究——基于三阶段 DEA 模型和超效率 DEA 模型的分析》,《数量经济技术经济研究》2011 年第 12 期。

姜义茂:《我国文化服务贸易发展的三步战略》,《国际贸易》2007 年第 5 期。

金孝柏:《服务贸易补贴与我国外贸发展方式转型》,《国际贸易》2011 年第 6 期。

乐祥海、陈晓红:《中国文化产业技术效率度量研究:2000—2011 年》,《中国软科学》2013 年第 1 期。

雷宏振:《中国文化产业空间集聚水平测度及影响因素研究——基于省级面板数据的分析》,《经济问题探索》2012 年第 2 期。

蓝庆新、郑学党:《中国文化产业国际竞争力评价及策略研究——基于 2010 年横截面数据的分析》,《财经问题研究》2012 年第 3 期。

[美]理查德·E.凯夫斯:《创意产业经济学:艺术的商业之道》,新华出版社 2004 年版。

李春顶、石晓军、邢春冰:《"出口—生产率悖论":对中国经验的进一步考察》,《经济学动态》2010 年第 8 期。

李怀亮:《论国际文化贸易的现状、问题及对策》,《首都师范大学学报(社会科学版)》2003 年第 2 期。

李鸿阶:《世界自贸区发展趋势与福建自贸区建设选择》,《学术评论》2014 年第 2 期。

李桐:《广东文化展业发展现状及制约因素分析》,《科技管理研究》2012 年第 20 期。

李卫强:《北京市文化产业竞争力的实证研究》,《国际贸易问题》2012 年第 3 期。

李亚波、郭羽诞:《上海自贸区将助推中国艺术品拍卖》,《上海企业》2014 年第 4 期。

厉无畏:《创新金融服务,支持文化创意产业发展》,《中国浦东干部学院学报》2014 年第 1 期。

刘萌:《中韩文化贸易发展状况分析》,《北方经贸》2014 年第 11 期。

吕清华、罗芳:《中国(上海)自贸区与我国服务贸易发展研究》,《改革与开放》2015 年第 5 期。

聂平香、戴丽华:《美国负面清单管理模式探析及对我国的借鉴》,《国际贸易》

2014 年第 4 期。

　　庞英姿:《新加坡文化产业发展的经验及启示》,《东南亚南亚研究》2013 年第
4 期。

　　曲如晓、韩丽丽:《中国文化商品贸易影响因素的实证研究》,《中国软科学》
2010 年第 11 期。

　　曲如晓、杨修:《本地市场效应、要素禀赋优势与中国文化产品贸易》,《经济与
管理研究》2015 年第 5 期。

　　沈国兵:《上海自由贸易试验区建立对中国经贸发展的影响》,《社会科学家》
2013 年第 12 期。

　　识局:《上海自贸区与世界主要自贸区的政策比较》,《中国对外贸易》2015 年
第 6 期。

　　石静霞:《新一轮服务贸易谈判若干问题》,《法学研究》2006 年第 3 期。

　　宋春峰:《金融支持助力文化产业大发展》,《中国国情国力》2015 年第 3 期。

　　田纪鹏、刘少湃、蔡萌、姚昆遗:《自贸区与文化产业发展:上海问题与国际经
验》,《上海对外经贸大学学报》2015 年第 2 期。

　　涂鸣华:《中国(上海)自由贸易试验区文化产业政策解读》,《声屏世界》2014
年第 4 期。

　　孙婵、肖湘:《负面清单制度的国际经验及其对上海自贸区的启示》,《重庆社会
科学》2014 年第 5 期。

　　孙逊:《"海派文化":近代中国都市文化的先行者》,《江西社会科学》2010 年第
10 期。

　　孙元欣、吉莉、周任远:《上海自由贸易试验区负面清单(2013 版)及其改进》,
《外国经济与管理》2014 年第 3 期。

　　孙玉梅、秦俊丽:《山西省文化旅游资源的特征与文化产业发展模式》,《地理研
究》2011 年第 5 期。

　　王慧:《借助上海自贸区平台拓展上海文化出口贸易的新途径》,《对外经贸实
务》2015 年第 5 期。

　　王珂:《中国对外文化贸易发展的 PEST 模型分析》,《蚌埠学院学报》2014 年
第 4 期。

王克玉:《"负面清单"模式下司法对外国公司的审视与评判——基于"自贸区"外国投资主体的维度》,《暨南学报(哲学社会科学版)》2014 年第 6 期。

王家庭、张容:《基于三阶段 DEA 模型的中国 31 省市文化产业效率研究》,《中国软科学》2009 年第 9 期。

汪素芹、汪丽:《京沪粤苏浙五省市文化贸易比较研究》,《浙江树人大学学报(人文社会科学版)》2015 年第 1 期。

魏婷、夏宝莲:《中国影视文化贸易现状及原因分析》,《国际经贸探索》2008 年第 3 期。

夏善晨:《中国(上海)自由贸易区:理念和功能定位》,《国际经济合作》2013 年第 7 期。

徐豪:《负面清单管理释放市场红利》,《中国报道》2013 年第 10 期。

徐敏:《中美文化贸易的竞争性研究和结论启示》,《东方企业文化》2014 年第 21 期。

杨宇、王子龙、许箫迪:《文化产业集聚水平测度的实证研究》,《华东经济管理》2014 年第 2 期。

余淼杰:《加工贸易与中国企业生产率——企业异质性理论和实证研究》,北京大学出版社 2013 年版。

袁海:《中国省域文化产业集聚影响因素实证分析》,《经济经纬》2010 年第 3 期。

袁海:《中国省域文化产业效率测算及影响因素实证分析》,《软科学》2012 年第 3 期。

张璐璐:《知识产权保护与市场化对产业集聚的影响研究》,浙江大学硕士学位论文,2013 年。

张淑芳:《负面清单管理模式的法治精神解读》,《政治与法律》2014 年第 2 期。

张燕清、龚高健:《福建文化产业发展现状、趋势及对策》,《福州党校学报》2012 年第 2 期。

赵彦云、余毅、马文涛:《中国文化产业竞争力评价和分析》,《中国人民大学学报》2006 年第 4 期。

赵有广:《我国对外文化贸易逆差及其原因分析》,《国际贸易》2006 年第

10 期。

曾军、段似膺:《扩大自贸试验区文化服务开放,推进上海对外文化贸易发展》,《科学发展》2014 年第 1 期。

郑维炜:《社会主义文化产业发展中的民商事法律制度研究》,《中国法学》2012 年第 6 期。

周经、刘厚俊:《世界文化创意产品的比较优势与产业内贸易研究》,《软科学》2011 年第 6 期。

朱宁:《上海自由贸易区试验改革风险》,《股市动态分析》2013 年第 34 期。

朱晓辉、张佑林:《自贸区框架下上海文化贸易发展所面临的问题和对策研究》,《浙江理工大学学报》2015 年第 4 期。

图书在版编目(CIP)数据

自贸试验区背景下中国文化贸易发展战略研究/蒙
英华著.—上海:格致出版社:上海人民出版社,
2016.8
(自贸区研究系列)
ISBN 978-7-5432-2640-1

Ⅰ.①自… Ⅱ.①蒙… Ⅲ.①文化产业-对外贸易-
发展战略-研究-中国 Ⅳ.①G124

中国版本图书馆 CIP 数据核字(2016)第 149574 号

责任编辑 贺俊逸
装帧设计 路 静

自贸区研究系列

自贸试验区背景下中国文化贸易发展战略研究

蒙英华 著

出 版	世纪出版股份有限公司 格致出版社 世纪出版集团 上海人民出版社 (200001 上海福建中路 193 号 www.ewen.co) 编辑部热线 021-63914988 市场部热线 021-63914081 www.hibooks.cn	印 刷	苏州望电印刷有限公司
		开 本	787×1092 1/16
		印 张	14
		插 页	3
		字 数	227,000
		版 次	2016 年 8 月第 1 版
发 行	上海世纪出版股份有限公司发行中心	印 次	2016 年 8 月第 1 次印刷

ISBN 978-7-5432-2640-1/F·942   定价:45.00 元